AF202416

KARIN HILDEBRANDT

Planet der Freiheit

Roman

© 2019 Karin Hildebrandt

1. Auflage 2019

Autor: Karin Hildebrandt
Umschlaggestaltung, Illustration: Christiane Kurschildgen

Verlag und Druck: tredition GmbH, Halenreie 40-44, 22359 Hamburg

ISBN Hardcover: 978-3-7482-8395-9
ISBN Paperback: 978-3-7482-8394-2
ISBN e-Book: 978-3-7482-8396-6

Bibliografische Information der Deutschen Nationalbibliothek:
Die Deutsche Nationalbibliothek verzeichnet diese Publikation in der
Deutschen Nationalbibliografie; detaillierte bibliografische Daten sind im
Internet über http://dnb.d-nb.de abrufbar.

Das Salz der Erde

Ist der Mensch das Salz der Erde?
Ist das wirklich, ist das wahr,
dass sie ohne ihn nichts werde,
als ein tierischer Boulevard?

Ist der Mensch das Salz der Erde,
auch wenn er sie fast zerstört
und auf keinerlei Beschwerde
aus dem Universum hört?

Ist der Mensch das Salz der Erde
oder nur ein armer Wicht,
der mit großer Show-Gebärde
alle Daseinsregeln bricht?

Ist der Mensch das Salz der Erde,
weil er ist, so wie er ist,
weil er lebt in seiner Herde
wie ein blinder Optimist?

Ist der Mensch das Salz der Erde
der sie letztlich doch verehrt,
weil er ohne sie nichts werde
und auch ihren Schutz begehrt?

Vorbemerkung der Autorin:
Aix la Chapelle ist die französische Bezeichnung der Stadt Aachen. Ich habe diesen Namen für mein Buch gewählt, weil sich zwei bedeutende Charakteristiken in ihm widerspiegeln: die Heilquellen und die Pfalzkapelle Karls des Großen, der heutige Dom. Dieser geschichtsträchtige Ort soll die Schönheit und den Erhaltungswert unserer Städte symbolisieren. Hier spielt meine Geschichte, in der alle Personen und Handlungen fiktiv sind. Je nach Bedarf fließen historische Bauten und örtliche Gegebenheiten in die Geschehnisse ein oder sie werden den Bedürfnissen des Romanverlaufs angepasst.

Das Universum friert und spricht:
Vergeudet unsre Liebe nicht.

Omega

Ratlos und irritiert wandern ihre Augen über die Halde. Das ist ein Fehler, denn die leeren schwarzen Augenhöhlen, die ihr jetzt begegnen, starren sie grotesk an. Aber auch unendlich traurig, fast resigniert und dennoch auf eine unbestimmte Art und Weise wie erlöst. Sie spürt zwar die Eigenartigkeit dieser Interpretation, jedoch kein Bedürfnis, sich näher mit ihr zu beschäftigen. Und dennoch hindert sie dieser Gedanke daran, möglichst schnell weiterzugehen. Wieder ein Fehler. Denn bei genauerem Hinsehen glaubt sie jetzt, in dem fratzenhaften Gesichtsausdruck eine Häme zu entdecken, die ihr abrupt das Mitleid entreißt. An diesem befreienden Gefühl könnte sie durchaus Gefallen finden, wenn sich das Erbarmen der Grimasse nicht auf sie selbst gerichtet hätte, und das geht ja wohl eindeutig zu weit. Obwohl - ein Fünkchen Wahrheit könnte man vielleicht doch, nein, könnte man nicht! Entschlossen, diesem scheußlichen Spuk rasch ein Ende zu setzen, wendet sie sich von dem Kadaver ab und strauchelt nun wesentlich achtsamer, aber immer noch orientierungslos weiter. Sicherlich ist das nicht die einzige tote Katze auf diesem gruseligen Gelände, doch jetzt ist sie auf derartige Überraschungen vorbereitet.

Sie kommt nur langsam voran. Jeden Schritt muss sie sorgfältig setzen, um sich nicht zu verletzen oder in einer Pampe undefinierbarer Substanzen einzusinken. Noch schlimmer wäre es, den Halt zu verlieren und in diesem Unrat auszurutschen. Ein Gedanke, der ihr fast den Verstand raubt. So konzentriert sie sich auf den Boden vor sich und versucht, die Berge von verklebten und halb verrotteten Pappbechern, Kunststofftellern mit und ohne Essensresten, besudelten Lumpen, fleckigen Bierfässern, auf denen keine Aufschrift mehr leserlich ist, massenweisen Dosen, zersplitterten Glasflaschen, tonnenweisen Papierresten, überfüllten, leeren oder zerrissenen halbvollen Mülltüten in allen Farben, die meisten in blau und gelb, Haushaltsgeräten, alten Fahrrädern oder Teilen von ihnen, Autoreifen, Schuhen, Metallstücken, Holztischen und Plastikstühlen, Mullbinden, Spritzen und Lebensmitteln in großen Mengen zu ignorieren. Ein Gefühl der Hilflosigkeit überrollt sie. Außerdem ist der Gestank widerwärtig und behindert ihre Atmung. Erst jetzt hört sie das Gekreische der aasfressenden Vögel über sich. Sie kreisen über einem fortlaufend gedeckten Büffet. Für sie muss dieser Ort das Paradies auf Erden sein. Vielleicht sollte sie lediglich ihre Sichtweise ändern, um sich hier ebenso wohl zu fühlen. Ein spöttischer Zug gräbt sich in ihre Mundwinkel. Welch ein grässlicher Gedanke!

Doch ihr ist nicht nach Sarkasmus zumute. Stattdessen breitet sich langsam eine dunkle Vorahnung in ihr aus. Was hat dieser Treffpunkt zu bedeuten? Natürlich ist er nicht zufällig gewählt. Der Begriff Zufall existiert ausschließlich auf der Erde, also in ihrem Zuständigkeitsbereich. Er ist eine Erfindung der Menschen, die sich weigern, Gesetzmäßigkeiten außerhalb ihres Vorstellungsvermögens anzuerkennen. Sicherlich eine etwas vermessene Einstellung, aber aus der eingeschränkten menschlichen Perspektive heraus auch wieder verständlich. Was also soll ihr dieser stinkende und abstoßende Treffpunkt mitteilen?

Als die Einladung zu diesem Treffen sie erreicht hat, nun, Einladung ist gewiss nicht der passende Ausdruck, da ein Wunsch der BRUDERSCHAFT jegliche Alternative ausschließt, ist ihr Körper sogleich von einer großen Wärme durchflutet worden. Es ist immer eine besondere Auszeichnung, von ihr empfangen zu werden, und eine seltene zugleich. So hat sie sich nicht nur geehrt, sondern auch respektiert und geachtet gefühlt und diesem Treffen voller Erwartung entgegengefiebert. Ja, man kann durchaus sagen, in der Gewissheit auf eine großartige Nachricht, Aufgabe oder ein Geschenk, denn bisher ist jede ihrer Zusammenkünfte mehr als bereichernd gewesen. Doch dieser erbärmliche Ort kann nur der Vorbote einer unliebsamen Botschaft sein und mit dieser Tatsache sollte sie sich wohl besser ein wenig auseinandersetzen.

Ein bleischwerer Ring klammert sich um ihren Oberkörper, so dass sie reflexartig nach Luft schnappt, was sie augenblicklich bereut. Frustriert stellt sie den Kragen ihrer weißen Bluse hoch und bringt Mund und Nase so gut es geht in Sicherheit. Wie bereitwillig man doch in der Not jeden trügerischen Strohhalm ergreift, röchelt sie bitter in die steifen Stoffspitzen hinein, dabei ist es doch wahrlich belanglos, ob man an Herzenge oder an Giftgas erstickt. Von weit größerem Belang ist wohl die Frage, wofür man sie bestrafen will oder auch, wie lange man gedenkt, sie in diesem Dreck herumirren zu lassen? Welchen Anlass konnte es nur geben, sie dieser Demütigung auszusetzen? Oder sollte sie besser fragen, welchen Anlass sie der BRUDERSCHAFT dazu gegeben hat? Fieberhaft sucht sie nach Antworten. Ohne Erfolg. Und ihre euphorische Vorfreude versinkt in einem Gemisch aus Ärger, Ekel und Beklemmung.

Später weiß sie nicht mehr, was sie zuerst wahrgenommen hat, die Intensität seiner Präsenz oder den vollen blumigen Duft eines riesigen Lavendelfeldes, der ihre Sinne plötzlich umschmeichelt und verzaubert. Sie ist mindestens noch zehn Schritte weiter gestolpert, bevor sie sich in der Lage gefühlt hat, diese Veränderung zu registrieren. Überrascht schaut sie auf, während sich ihre Lungen begierig mit dem wohltuenden Aroma auffüllen. Er sitzt auf einer schneeweißen Holzbank, eingehüllt von einer ebenso blütenreinen Cumulus-Wolke. Sein schwarzer Leinenanzug bildet dazu einen Kontrast, an den sie sich erst gewöhnen muss, ebenso wie an das weiße langärmelige Baumwollshirt darunter, dessen Knopfleiste bis zur Brustmitte geöffnet ist. Wie verrückt sieht das denn aus, schießt es ihr durch den Kopf, während sie fürchterlich erschreckt, denn sie kennt die außerirdische Sensibilität der BRUDERSCHAFT, vor der man kaum einen Gedanken verbergen kann. Als sie sein Lächeln sieht, fühlt sie sich zwar ertappt, doch zugleich auch ein wenig befreit, obwohl dazu keinerlei Anlass besteht. Es ist wohl ihre Anspannung, die endlich nachlässt und sich jetzt sogar durch einen kleinen, aber für sie typischen Lachanfall entlädt. Mit einiger Anstrengung gelingt es ihr, diesen auf ein rhythmisches Vibrieren ihres Oberkörpers zu reduzieren, der nur ihre dicke braune Lockenmähne einen Augenblick lang hüpfen lässt. Leicht verlegen schaut sie nach unten. Noch nie ist es ihr gelungen, im richtigen Augenblick ihr Temperament zu zügeln. Aber sie fühlt sich so unwohl und verdreckt, dass es ihr schwerfällt, ihre Gedanken zu bündeln. Die Silberschnallen auf ihren blauen Lederschuhen sind verschmiert und haben jeglichen Glanz eingebüßt. Glücklicherweise ist es ihr gelungen, nicht in diesem Unrat auszurutschen, so dass ihr Kostüm den Ausflug fleckenlos überstanden hat. Und doch kommt ihr das blau-beige Karomuster blass und scheckig vor. Sie klappt den Kragen ihrer Bluse wieder hinunter und konzentriert sich mit allen Sinnen auf ihr Gegenüber in der Hoffnung, endlich den Grund für diese unglückselige Mission zu erfahren.

Ich grüße dich von Herzen, Omega, bringt sie mühsam hervor, und zwar nicht deshalb, weil sie sich nicht freut, ihn wieder zu sehen, ganz im Gegenteil. Das leichte Kribbeln, das sie immer in seiner Gegenwart verspürt, hat sich längst eingestellt. Aber sie weiß genau, dass die BRUDERSCHAFT die Symbolik liebt und niemals unüberlegt oder gar unbegründet agiert, auch nicht in kleinen Dingen. So hat nicht nur die Wahl ihres Treffpunktes, sondern auch die Tatsache seines Erscheinens eine besondere Bedeutung, von der sie sich nichts Gutes erhofft. Omega, der Letzte des griechischen Alphabetes und somit auch das letzte Mitglied der BRUDERSCHAFT, die das A und O, also den Anfang und in ihrem Falle das Ende ausmachen. All das erschließt sich ihr im Bruchteil eines Wimpernschlages.

Noch nie zuvor hat sie sich mit ihm allein getroffen, was sie zugegebenermaßen sehr bedauert, doch unter Berücksichtigung der Umstände wäre ihr jetzt die Gegenwart einer seiner 23 Brüder lieber gewesen. Omega, das Ende. Aber wovon? Wo bleibt nur ihre Intuition? Warum schweigt ihr Bauchgefühl? Langsam, aber unaufhaltsam wird ihr anregendes Bauchkribbeln durch die Schwere eines rauen Felsbrockens ersetzt.

»Meine liebe Blue, ich freue mich sehr, dich zu sehen. Bitte komm und setz dich zu mir.«

Und mit einer einladenden Handbewegung weist er neben sich auf die Bank, während seine azurblauen Augen auf ihrem Gesicht ruhen, voller Gelassenheit und spitzbübischer Gespanntheit. Sie selbst besitzt eine stattliche Größe von 1,80 m, aber Omega überragt sie um Haupteslänge. Ihr fällt sofort seine neue Frisur auf. Wie immer trägt er die dunkelblonden glatten Haare sehr kurz geschnitten, doch diesmal ist das längere Deckhaar senkrecht hochgestellt, als habe er unmittelbar vor ihrem Treffen einen Blitz gezündet. Er sieht verdammt gut aus, denkt sie und ist wieder einmal kurz davor, sich in seinem schmalen, fast sphärisch wirkenden Antlitz, das im Gegensatz zu den menschlichen Gesichtern keinerlei Bartwuchs aufweist, zu verlieren.

Er schmunzelt, während sie in die bizarre Lavendelwolke eintaucht und versucht, seinen skurrilen Humor geistig und psychisch und überhaupt zu ignorieren, um ihre diffusen Gefühle unter Kontrolle zu bringen.

»Ich räume ein«, antwortet er schließlich und zupft mit zwei Fingern an seinem rechten Ohrläppchen, »dass auch du mir gefehlt hast. Insbesondere deine kraftvollen irdischen Vokabeln.«

Er lacht laut und herzlich auf. Und wie erwartet spürt er ihren Blick, der sich wie von selbst auf die beiden lustigen Grübchen oberhalb seiner Mundwinkel heftet. Da er nicht möchte, dass sie ihre Gedanken vor ihm verschließt, fragt er schnell:

»Wie fühlst du dich?«

»Ehrlich gesagt, wie ein alter Mülleimer«, platzt es aus ihr heraus. Ärgerlich über sich selbst atmet sie tief durch. Ist sie zu lange allein gewesen, dass sie ihre Gefühle nicht mehr lenken kann? Doch Omegas Gesichtsausdruck verändert sich nicht. Noch immer strahlt er sie offen und liebenswürdig an, ohne jede Spur von Empörung oder Verletztheit.

Omega liebt ihre spontane und direkte Art. Blue ist schon immer sein Lieblingsplanet gewesen. Eine kleine verzeihliche Attitüde, zugegeben, die allerdings auch seinen Brüdern nicht verborgen geblieben ist. Vor diesem Treffen haben sie ihn daher liebevoll an seine Bestimmung erinnert, allzeit universell objektiv zu bleiben. Doch als Überbringer von Nachrichten, die auf den ersten Blick unerfreulich wirken müssen, hilft ihm seine Nähe zu Emotionen und Vertrautheit. Nicht, dass er sich jemals angreifbar gemacht hätte, nur manchmal lässt er sich gern von einer längst überwundenen mentalen Regung inspirieren. Wohl ein Rest seiner sentimentalen Veranlagung.

»Ja«, antwortet Omega gedankenverloren und zählt die winzigen Sommersprossen, die sich zu beiden Seiten ihrer schmalen Nase vergnügen, wie es ihm scheint. Blue ist eine große, kräftige Frau. Keineswegs filigran, eher robust und zupackend, aber auf besondere Art anmutig. Er hat sie bisher noch nie ängstlich erlebt, bodenständig und vital, ja, aber auch sensibel und vor allem mutig. Ihre blauen Augen mustern ihn jetzt unverhohlen und erwartungsvoll. Sie leuchten in einer Färbung zwischen Mittel- und Violett-Blau, in die sich manchmal auch ein Hauch Indigo mischt, je nach Lichteinfall. Vielleicht auch je nach Stimmung. Er hält kurz inne bei dieser Fragestellung, wohl wissend, dass sie seine heutige Aufgabe in keinem Aspekt tangiert. Doch das kümmert ihn nicht weiter, als er erkennt, dass ihr großer Mund mit seinen vollen Lippen immerzu lachen möchte. Vielleicht, um eine Reihe ebenmäßiger Zähne zu befreien? Nun, wohl eher um all diejenigen mitzureißen, die für kurz oder länger ihren Optimismus verloren haben. Ja, so ist ihre Grundeinstellung, zuversichtlich und aufgeschlossen. Und so ist sie ihm ans Herz gewachsen.

Als sie seinen intensiven Blick spürt, wendet sie sich von ihm ab und streift einige karierte Falten ihres Rockes glatt. Dann schaut sie auf ihre verschmutzten Schuhe. Omega hält seine langen Beine lässig übereinandergeschlagen und sie sieht jetzt voller Erstaunen, dass er keine Socken trägt. Seine nackten Füße stecken lässig in weichen schwarzen Mokassins. Ziemlich eigenwillig. Verstohlen unterdrückt sie ein Kichern, wagt aber nicht, sich ihm zuzuwenden. Stattdessen bemerkt sie jetzt, wie sich ihre Schnallenschuhe langsam von der Schmutzschicht befreien und wieder zu glänzen beginnen. Im gleichen Moment fühlt sich auch ihr gesamter Körper wieder sauber und frisch an. Erleichtert und ein wenig besänftigt beginnt sie, sich zu entspannen.

Omega weiß, dass er ihr mit dieser kleinen Geste eine große Freude bereitet hat. Und er hat es gerne getan, auch, um den Weg zu ebnen für das, was er ihr mitzuteilen hat. Mühsam sucht er nach den Worten, die er sich zurechtgelegt hat, und beide spüren die Energiedichte der aufgeladenen Atmosphäre.

»Ich möchte noch einmal auf den Mülleimer zurückkommen, meine liebe Blue«, sagt er schließlich und ihre Augen treffen sich in der vollen Erwartung einer alles verändernden Offenbarung.

»Deine Beschreibung dieses Zustandes ist äußerst zutreffend«, setzt er vorsichtig an. »Jeder meiner Brüder hätte sofort zugestimmt, die Beschaffenheit deines Planeten so zu umreißen.«

Er registriert sofort, wie sich ihre Augen verengen und ihr impulsives Temperament sich zum Sturm rüstet.

»Die BRUDERSCHAFT ist sehr besorgt, Blue«, fügt er daher rasch hinzu und ein leichtes Zucken seiner rechten Hand genügt, um ihre oppositionellen Gedanken nicht vorschnell aus ihrem Mund heraussprudeln zu lassen.

»Wir sind uns der Tatsache durchaus bewusst, dass nicht jedes Vorhaben gelingen kann. Als wir seinerzeit einen geeigneten Planeten für das Projekt Mensch suchten, warst du die Einzige, die den Mut hatte, die damit verbundenen Risiken auf sich zu nehmen. Ich möchte dir sagen, dass deine Unerschrockenheit uns alle sehr beeindruckt hat. Und jeder von uns hat dir zugetraut, diese Herausforderung zu meistern.«

»Ach, und jetzt bin ich gescheitert, oder wie?«

Er hat großes Verständnis für ihre Aufgeregtheit, da diese Angelegenheit sie völlig unvorbereitet trifft. Daher überhört er ihren Einwand.

»Glaubst du denn selbst, dass du noch lange den Namen Blauer Planet verdienst?«, fragt er sie stattdessen. »Als ich dir seinerzeit den Namen Blue gab«, und er ist der Einzige der BRUDERSCHAFT, der sie liebevoll so nennt, »waren deine Wasser so blau und rein wie die Atmosphäre jenseits deines Sonnensystems und die Luft so klar wie ein Bergkristall. Es waren ideale Bedingungen für die Entwicklung einer neuen Spezies. Beurteilst du diese Tatsache anders, Blue?«

Sie schüttelt nur leicht ihren Kopf, während sich ihr Inneres mehr und mehr verkrampft, um sich instinktiv auf das Schlimmste vorzubereiten.

»Wenn wir dich jetzt anschauen, können wir manches Mal die Konturen deiner Kontinente nur erahnen. Wir können deine Schönheit, die Kraft deiner Farben, deine einzigartige Atmosphäre nicht mehr wahrnehmen.«

Er wartet auf eine Reaktion von ihr, doch nichts geschieht.

»Doch es ist nicht nur die Atmosphäre, die die Menschen mutwillig vergiften, sie verseuchen dein Wasser, vermüllen deinen Boden bis in die tiefsten Schichten hinein, zerstören deine Natur und beuten deine Ressourcen aus, unerbittlich, rücksichtslos und sehenden Auges.«

Er spult die Missetaten der Menschen herunter wie eine Auflistung ekelerregender Substanzen. Es schmerzt sie unendlich.

»Die Ironie an der Geschichte ist nur«, führt Omega unbeeindruckt und ruhig fort, »dass sie damit ihre eigene Existenzgrundlage systematisch vernichten. Das ist ein einzigartiges Phänomen im Universum. Du kennst die Menschen besser als jeder andere, Blue. Sag mir, ist das Ignoranz oder Dummheit? Hoffnungslosigkeit oder gar Blasphemie?«

Sie weiß nicht, woher der Gedanke gekommen ist, aber plötzlich vertraut sie darauf, dass die BRUDERSCHAFT noch auf der Suche nach einer gütlichen Lösung ist. Die Liebe steht am Anfang und am Ende, fällt ihr ein. Das ist doch das Fundament ihrer Arbeit. Die Basis, auf Grund derer sie seit jeher über alle Sonnensysteme mit ihren Planeten und Sternen wacht. So lautet doch ihr Auftrag!

»Dann sollte mein Spaziergang über die Müllkippe also ein Zeichen sein?«, sagt sie leise und ihr Herz füllt sich mit einem diffusen Nebel aus Zuversicht.

»Nein, Blue«, antwortet Omega unmissverständlich klar.

»Dieser unsägliche Ort hier sollte dich spüren lassen, wie es um dich bestellt ist. Da du uns nie um Hilfe gebeten hast, mussten wir davon ausgehen, dass dir der Blick für die Realität entglitten ist. Ich bin gekommen, um dir die Entscheidung der BRUDERSCHAFT mitzuteilen, das Projekt Mensch zu beenden.«

Stille. Er hat mit allem gerechnet, nur nicht mit ihrem Schweigen. Als er sieht, wie ihr Körper zu einer Säule erstarrt, lässt er mehr Lavendelduft in die Wolke strömen im Vertrauen darauf, ihre Lebensgeister zu beflügeln. Doch sie scheint es nicht zu bemerken. So fühlt er sich bemüßigt, das Schweigen nicht noch bedrückender werden zu lassen und sagt:

»Natürlich könnten wir auch einfach abwarten, Blue. Das Ende deiner natürlichen Ressourcen ist absehbar, und dieser Zeitraum dürfte den Menschen auch ausreichen, die restlichen Bausteine ihrer Existenz zerstört zu haben. So würden sich von selbst alle Probleme lösen.«

Er zupft eine imaginäre Fluse von seiner Hose, wobei ihr Blick auf seinen Ring fällt. Sofort umfängt sie die magische Strahlkraft dieses einzigartigen Schmuckstückes, dessen Bann sie sich noch nie hat entziehen können. Vielleicht ist sie besonders empfänglich für die Magie der Edelsteine, da diese auch Teil ihrer eigenen Schöpfung sind. Doch möchte sie keinesfalls ihre Erzeugnisse mit dem Lapislazuli dieses kosmischen Rings vergleichen. Noch nie ist ihr ein Blau dieser Klarheit und Reinheit begegnet. Keine irdische Unreinheit, keine Maserung oder Farbschattierung lenkt von seiner universellen Einzigartigkeit ab. Außerhalb der BRUDERSCHAFT kennt niemand seine Herkunft und niemand kommt auf die Idee, danach zu forschen, da jeder die Unendlichkeit hinter seiner magischen Aura spürt. Der große runde Stein ist eingebettet in einen breiten Schaft aus geflochtenen Platinfäden, die so fein sind, dass diese großartige handwerkliche Arbeit nur bei näherem Hinschauen adäquat gewürdigt werden kann. Erst dann gelingt es auch, das eingearbeitete Unendlichkeitszeichen zu erkennen. Die Menschen sehen in diesem Schriftzeichen oft nur eine liegende 8. Dabei ist es ein Symbol, das die Tiefe und Weite des Universums darstellt, ohne räumliche oder zeitliche Begrenzung. Und für sie selbst ist es kein Zeichen, sondern eine große Emotion, ein Gefühl des Ursprungs. Der Quell des Lebens.

»Ja«, unterbricht Omega nach einer gefühlten Ewigkeit ihre Überlegungen und nimmt den Faden seines letzten Gedankens wieder auf, »bis auf die Tatsache, dass wir dann deine Lebenskraft verloren hätten.«

Sie braucht einen Moment, um seine Worte zu begreifen.

»Quatsch«, wehrt sie sich dann, »du weißt, dass es den Menschen niemals möglich sein wird, meine Welt zu zerstören«.

Omega lächelt. »Es freut mich, dass du noch voller Tatkraft bist, denn die wirst du auch benötigen. Natürlich gebe ich dir recht: Die Menschen können dich nur schädigen, aber niemals in deiner Gänze zerstören. Doch du vergisst, dass wir für das Gleichgewicht im gesamten Universum verantwortlich sind. Wenn die Erde ihre Ausgewogenheit verliert, so hat dies Auswirkungen auf alle Planeten im direkten Umfeld.«

»Es hat immer Veränderungen gegeben«, kontert sie.

»Ja, aber nicht in der Kürze der Zeit, um diesen menschlichen Ausdruck zu verwenden. Hinzu kommt, dass alle bisherigen Anpassungen natürlicher Art waren mit der Liebe als Antrieb.«

Omega zieht seine Stirn leicht in Falten und schaut sie an.

»Du willst mir jetzt aber nicht weismachen wollen, dass die Zerstörungswut der Menschen im Grunde genommen ein Akt der Zuneigung zu dir ist?«

Sie schluckt.

»Ich sag ja gar nicht, dass deine Beschreibungen nicht stimmen«, antwortet sie nach einigen Augenblicken kleinlaut und starr geradeaus blickend, um seinem bohrenden Blick auszuweichen, als sich die weiße Wolke vor ihr zersetzt und den Blick auf den riesigen Müllberg wieder freigibt. Gleichzeitig zieht ganz langsam ein fauliger Geruch in ihre Nase. Wütend dreht sie sich zu Omega um. Dieser erwartet heiter grinsend ihren Blick, antwortet jedoch nicht.

»Die Menschen sind nur ein wenig von ihrem Weg abgekommen«, versucht sie zu beschwichtigen. »Sie sind verwirrt, aber auf der Suche! Gerade in letzter Zeit haben sie viele Projekte im Umweltschutz gestartet, auch mit Erfolg. Die Flüsse sind wieder sauberer geworden, man kann in vielen wieder baden. Sie haben Naturschutzgebiete eingerichtet, um den Bestand bedrohter Arten zu retten. Es gibt Ministerien für soziale Belange und viele Projekte in armen Ländern. Und …«

Eine knappe Handbewegung Omegas stoppt ihren Redeschwall.

»Auch diese kümmerlichen Versuche einer Handvoll Menschen registrieren wir genau, Blue. Doch sie machen keinen Unterschied. Als wir das Projekt ins Leben riefen, lag uns sowohl dein Glück als auch das der Menschen am Herzen. Es sollte ein Geben und Nehmen werden zum Wohle beider Seiten. Zur Vorsorge hatten wir auch eine moralische Instanz in die Menschen eingepflanzt, eine tiefe Verbindung zur Göttlichen Ordnung in jeden einzelnen von ihnen. Aber es ist ihnen gelungen, sich über alle Naturgesetze hinwegzusetzen. Ohne Skrupel, möchte ich hinzufügen, und ohne Not. Warum, Blue? Du weißt, dass wir uns an unsere kosmische Verantwortung gehalten und auf jegliche Einmischung verzichtet haben. Obwohl sich die Verhältnisse immer mehr verschlechterten, können sich die Menschen bis heute nach ihrem freien Willen entfalten.«

»Es ist meine Schuld. Ich hätte andere Mittel finden müssen«, fällt sie ihm ins Wort, bedrängt von einer Sorge, für die sie selbst keine Erklärung weiß.

»Meine liebe Blue, darf ich dich daran erinnern, dass auch der Begriff Schuld eine rein menschliche Erfindung ist? Mir scheint, mein Bruder Epsilon hat recht mit seiner Vermutung, dass du schon zu stark vom Gedankengut der Menschen durchdrungen bist. Was ist dein Beweggrund, dich so für sie einzusetzen?«

Was soll sie antworten? Sie weiß es nicht und in den Tiefen ihres Herzens muss sie Omega in allen Punkten beipflichten, es gibt einfach keinen schlüssigen Grund, die Menschen retten zu wollen. Alle vorherigen Versuche, sie aufzurütteln, alle Signale, die sie mit Hilfe von Epsilon erarbeitet und anschließend schweren Herzens umgesetzt hat, sind ohne nachhaltige Wirkung geblieben.

»Die Hochwasser haben nichts ausgerichtet«, mischt sich Omega in ihre Gedanken ein. »Auch nicht die großen Stürme, Lawinen, Erdbeben, Tsunamis. Oder die riesigen Ölkatastrophen, die ihr Wasser, ihre Strände und so viel Leben zerstörten.«

Omega legt seinen Arm angewinkelt auf die Banklehne.

»Schau mich an, Blue«, sagt er sanft und wartet mit seinen nächsten Worten, bis sie seiner Bitte entsprochen hat.

»Du weißt wie wir alle, wie sensibel das Gefüge des Universums ist. Es verändert sich ständig, aber keine Transformation darf das natürliche Gleichgewicht verändern, alles muss immer in Harmonie zueinanderstehen. Wenn du genau hinschaust, findest du diese Ausgewogenheit im Großen wie im Kleinen, in jedem noch so geringen Baustein des Daseins. Für diesen Gleichklang zu sorgen, ist die Aufgabe der BRUDERSCHAFT.«

In diesem Augenblick hätte sie nichts lieber getan, als ihren Blick zu senken und sich der starken Energie seiner Augen zu entziehen. Aber das ist unmöglich. Gleichzeitig springen ihre Gedanken wild hin und her, doch kein einziger kluger oder hilfreicher lässt sich festhalten. So gibt sie resigniert ihrem Bauchgefühl nach.

»Es ist einfach so, dass ich an den Menschen hänge. Ich habe sie liebgewonnen, sie sind mir ans Herz gewachsen, sie haben meine Existenz ja auch bereichert, sie bunter und fröhlicher gemacht, sie sind wie meine Kinder, ich fühle mich für sie verantwortlich. Ich möchte sie nicht verlieren.«

Die Worte sind nur so aus ihr herausgesprudelt. Jetzt fühlt sie sich ausgebrannt und leer. Außerdem schwach und verletzlich und, was viel schlimmer ist, irgendwie bloßgestellt. Warum sind ihr keine sachlichen Argumente eingefallen? Warum musste sie so emotional reagieren?

»Dein Mitgefühl ehrt dich«, sagt Omega unvermutet und nährt damit wiederum den Keim der Hoffnung in ihr. »Dennoch gibt es keine Alternative.«

Wie ein Blitz durchfährt sie nun der Stachel der Widerrede.

»Das ist unmöglich!«

Omega zieht seine rechte Augenbraue kaum sichtbar nach oben.

»Meine liebe Blue«, sagt er, immer noch unerschütterlich besonnen, »darf ich dich daran erinnern, dass diese Vokabel für uns nicht existent ist?«

»Aber es geht doch um ihr Leben!«

Omega schweigt.

»Und sie sind völlig ahnungslos!«

»Das ist deine Interpretation. Unserer Meinung nach wissen die Menschen genau, was sie tun.«

»Ich glaube, insgeheim sehnen sie sich nach Rettung.«

»Ach«, entgegnet Omega, »und woher erhoffen sie sich deiner Meinung nach ihre Rettung, wenn sie weder an eine Göttliche Kraft glauben noch bereit sind, aus eigener Vernunft heraus ihr Verhalten zu ändern?«

»Sie haben Visionen …«

»Wach auf, Blue. Ihre Visionen heißen Zorn, Eitelkeit, Wollust, Gier und die Bindung an materielle Güter. Ihr ICH-Gefühl hat das WIR vollständig abgelöst. Wann hast du dir zum letzten Mal persönlich einen Eindruck aus der Nähe verschafft?«

»Äh, vor den letzten großen Schlachten.«

Omega atmet tief durch. »Ich habe gehofft, nicht auf diesen Aspekt eingehen zu müssen. Das ist lange her, Blue. Hat dich dein eigener blutgetränkter Boden dermaßen abgeschreckt, dass du dich so lange von ihm ferngehalten hast? Das wäre nur verständlich, denn es gibt kaum einen Winkel deines Reiches, der unbelastet ist.«

Sie zuckt zusammen und antwortet kleinlaut: »Ja, ich weiß. Aber es gab so viel zu tun. So vieles musste wieder ins Lot gebracht werden.«

»Ist es dir denn gelungen, alles ins Gleichgewicht zu bringen? Das Blut des Lebens strömt immer noch in deinen erschöpften Boden, nur an anderer Stelle. Und wir beide wissen, dass die Örtlichkeit keine Rolle spielt: ALLES ist EINS.«

»Es muss doch noch andere Möglichkeiten geben, Omega? Es können doch nicht alle ausgeschöpft sein. Lass mich bitte darüber nachdenken!«

Er sieht ihren flehenden Blick und spürt ihren Kummer.

»Ich bin nicht gekommen, um mit dir zu diskutieren, Blue«, stellt er klar, »und inzwischen bin ich mir auch nicht mehr sicher, welche Frage sich überhaupt stellt, die Menschen zu retten oder dich vor den Menschen?«

Er steht auf und läuft langsam um die Bank herum, anschließend noch einmal. Während dieser Zeit traut sie sich nicht, seine Überlegungen mit Unruhe zu stören, obwohl es sie eine große Anstrengung kostet, nicht ebenfalls aufzuspringen. Dann setzt er sich wieder zu ihr.

»Für die BRUDERSCHAFT ist die Entwicklung der Menschen extrem rückläufig. Ihre Aufgabe hatte darin bestanden zu lernen, zu wachsen und zu erwachen. Und ihr Herz sollte diese Evolution navigieren und nicht ausschließlich ihr Verstand. Ich muss dir nicht erklären, was es bedeutet, wenn der technische Fortschritt die spirituelle Reife überholt. Aber genau dieser Zustand ist jetzt erreicht. Du kannst mir glauben, wir haben alles sehr sorgfältig erwogen.«

»Und du, Omega? Wo stehst du?«

Ihre Augen strahlen ihn an. Glitzer voller Zuversicht spiegeln sich in ihren Pupillen und er weiß, dass sie einen Verbündeten sucht.

»Du scheinst es nicht begreifen zu wollen, Blue. Für uns gibt es kein Dafür oder Dagegen, keine Bewertungen.«

Wieder schlägt er seine Beine übereinander und die braunen Knöchel seiner nackten Füße stehen in einem krassen Gegensatz zu seinem außerirdischen Rang. Er dreht seinen Ring in die Handinnenfläche und formt eine Faust. Plötzlich verschwimmt ihre Wahrnehmung und sie verliert sich in der Ewigkeit. Sie fühlt sich leicht und frei, in einem inspirierenden Energiefeld geborgen. Voller Glück und Wärme beobachtet sie die Natur, die sich vor ihrem geistigen Auge entfaltet, und spürt eine so innige Verbundenheit mit allem, dass es sie fast zerreißt. Es herrschen Frieden und Harmonie. Alles befindet sich im Einklang: Flora und Fauna, der Boden, das Wasser und die Luft. Sie schwebt in einem Rausch der Liebe und erfasst nur sehr langsam, dass sie bei dieser Vision ihren eigenen Körper realisiert vor dem Beginn der menschlichen Ära.

Als Omega wieder zu sprechen beginnt, fällt es ihr sichtlich schwer, diese Sphäre zu verlassen. Es ist seine Art gewesen, ihr eine Lektion zu erteilen, und sie hat verstanden. Sie senkt den Kopf, während sie das langsam schwindende Hochgefühl, jenseits der Zeit gewesen zu sein, immer noch genießt.

»Auch innerhalb der BRUDERSCHAFT waren wir uns anfangs nicht einig. Alpha zum Beispiel setzt sich schon lange dafür ein, dass du dich gründlich erholen und anschließend mit einem neuen Projekt betraut werden sollst. Du kennst seinen Einfluss. Ich selbst war unschlüssig und möchte auch nicht verhehlen, dass ich mich für dich verwendet habe, ich meine für dein Projekt. Und ich schreibe es jetzt deiner chronischen Belastung zu, dass du der Meinung bist, wir hätten unsere Entscheidung leichtfertig getroffen.«

Langsam öffnet er seine Faust, um den Ring wieder in die richtige Stellung zu drehen.

»Seit einigen Dekaden schicken wir verstärkt Botschafter auf die Erde, deren Aufgabe darin besteht, die Menschen wachzurütteln.«

»Das ist unmöglich! Sie wären mir doch aufgefallen.«

»Nichts ist unmöglich.« Omega schaut sie streng an. Die Tatsache, dass sie die Menschen viel zu lange nicht mehr besucht hat, erwähnt er nicht mehr. Denn er weiß, dass sie sich diese Tatsache überflüssigerweise selbst vorwerfen wird.

»Diese außergewöhnlichen Menschen schreiben besondere Bücher über Natur, Medizin oder die Liebe«, erklärt er. »An den Universitäten suchen sie nach alternativen wissenschaftlichen Ansätzen, zum Beispiel für den Finanzbereich oder Umweltschutz. Im sozialen Bereich leisten sie Übermenschliches in Familie oder Nachbarschaft, im Hospiz, in der Alten- und Krankenpflege. Sie gründen Vereine oder leben als Einzelpersonen ihrem Umfeld andere Lebensphilosophien vor mit neuen, offenen Denkansätzen im Bereich Wertschöpfung und Nachhaltigkeit. Sie überschwemmen deine Welt mit Ratschlägen, neuen Wegen, Ideen und unglaublich viel Liebe.«

Er lacht. »Kannst du dir ausmalen, was mit ihnen geschieht? Sie werden als Spinner, Sonderlinge oder Verrückte bestenfalls belächelt. Dabei sind sie Vorbilder. Nein Blue, so leid es mir für dich auch tun mag, wir haben alles versucht. Und letzten Endes wird die Ausmusterung der Menschen auch zu deinem Besten führen. Hab' Vertrauen.«

Während seiner Schilderung sind neue Argumente durch ihren Kopf geschossen, als das Wort Vertrauen ihr jedes Aufbegehren nimmt.

»Bitte, Omega, zweifele nicht an meinem Vertrauen zu euch«, bittet sie. »Ihr habt mir damals die Chance gegeben, die Menschen begleiten zu dürfen. Dafür bin ich euch zutiefst dankbar. Ich habe nur das Gefühl, meine eigenen Möglichkeiten noch nicht voll ausgeschöpft zu haben, um sie schon aufgeben zu können. Kannst du mir nicht noch eine Frist einräumen, um einen Wandel zu versuchen? Ich könnte mich in die obersten Wirtschaftsetagen einschleusen oder in die Politik. Bitte!«, bettelt sie.

Omega wehrt ab.

»Uns interessiert nicht die Mordlust, Gier oder Machtbesessenheit einzelner Politiker oder Manager. Die Auswirkungen ihrer Machenschaften sind uns ausreichend bekannt, Blue. Ihretwegen sitzen wir hier beieinander.«

Das stimmt allerdings, muss sie stillschweigend einräumen, während sie fieberhaft nach einem Ausweg sucht. Was könnte sie der BRUDERSCHAFT anbieten? Wo liegt noch Potential bei den Menschen? Irgendetwas muss es doch geben! Insgeheim verurteilt sie sich zutiefst dafür, sie so lange nicht besucht zu haben. So fehlen ihr jetzt die kreativen Ansätze. Doch das ist nicht mehr zu ändern. In Gedanken schaut sie auf ihre kleine Welt hinunter, ihre Heimat, ihre Existenz. Sie lässt die Kontinente an sich vorüberziehen und registriert alle Veränderungen seit Menschengedenken.

»Sie haben die Zahl der Meeresschutzgebiete enorm erhöht, ich könnte sie mal genauer unter die Lupe nehmen. Oder den Erfolg ihrer Aquakulturen messen. Du weißt, ich liebe das Meer, dort hat alles begonnen.«

»Und dort wird alles enden.«

Voller Euphorie überhört sie seinen Einwand. »Natürlich brauchen die Menschen Energie. Sie haben jetzt Wege gefunden, diese aus dem Wind zu gewinnen. Off-shore-Windparks nennen sie die Areale.«

»Meinst du etwa die stacheldrahtähnlichen Zäune längs der Küsten?«

»Ja, genau«, betont sie unbeirrt. »Diese Windkraftwerke sollen Paradebeispiele für eine umweltfreundliche Energieerzeugung sein. Zukunftsweisend.«

»Zukunft?« Omega runzelt seine Stirn. »Die Menschen verschlingen immer mehr Energie. Ihre Zukunft läge in **WENIGER**, Blue, **von ALLEM weniger**. Aber zum Verzicht sind sie nicht bereit. Sie haben ihr Denken und ihr Glück einzig und allein auf uneingeschränktes Wachstum ausgerichtet und dabei jegliche Empathie und jedes Maß verloren. Sie bauen auf riesigen Arealen Nahrung für ihre Motoren an, während ihre Brüder und Schwestern millionenfach verhungern. Und ihr ganzes Sinnen und Trachten ist auf Spaß ausgerichtet. Spaß, Blue! Haben sie auch Spaß daran, dich zu zerstören?«

Sie zuckt zusammen. Die Härte seiner Worte treffen sie bis ins Mark.

»Was erwartet ihr von mir?«, bringt sie mühsam hervor. »Soll ich wieder eine Sintflut auslösen und mir einen neuen Noah suchen, der mit auserwählten Gattungen überlebt?«

Omega überhört ihren Sarkasmus, denn er spürt die Verzweiflung darin. Verwundert erkennt er, dass sie immer noch nicht aufgeben will. Dass seine kaum zu widerlegenden Argumente sie nicht überzeugen konnten. Müde geworden registriert er ihre Gedanken, die sich hilflos in einem Geflecht sinnloser Überlegungen verfangen. Dennoch registriert er auch ihren Mut, sich für die Menschheit auf Kosten eigener Verluste einzusetzen. Und das, obwohl ihr Leidensweg schon chronische Spuren aufweist. In gewisser Weise bewundert er sogar ihre Fürsorge und ihr Verantwortungsbewusstsein. Doch er weiß auch, dass sie jetzt an einem Punkt angelangt sind, wo es seine Aufgabe ist, einen Strich unter diesen Wortwechsel zu ziehen, der keinen Erfolg mehr verspricht. Er muss sich eingestehen, dass er nicht mit einem solchen Widerstand, sondern mit mehr Einsicht ihrerseits gerechnet hat. Obwohl er ihre Gegenwart und jede Minute ihres Beisammenseins außerordentlich genießt und sich dafür aus ganzem Herzen andere Bedingungen gewünscht hätte, so gilt es doch, seine Mission zu erfüllen. Schweren Herzens greift er in die Tasche seiner Jacke und schließt seine Hand um die kleine Glasflasche, die sein Bruder Alpha ihm anvertraut hat. Sie fühlt sich kühl an. Er legt die Faust auf seinen Oberschenkel und öffnet sie.

»Was ist das?«

»Eine himmlische Substanz.«

Mit geweiteten Augen starrt sie auf die Phiole. Der Inhalt ist dunkelgrün, fast blau. An beiden Enden ist das Glas geschmeidig abgerundet und scheint keine Öffnung zu haben. Zumindest kann sie keine entdecken. Der Inhalt bewegt sich nicht, das Fläschchen scheint prall gefüllt zu sein.

»Es ist Gift!«, ruft sie erschrocken aus. »Welche Wirkung hat es?«

Sie weiß nicht, warum sie diese Frage gestellt hat. Jetzt kann sie eine Antwort nicht mehr verhindern, obwohl sie keine Details hören möchte. Sie möchte gar nichts mehr hören. Am liebsten würde sie sich zurückziehen. In sich selbst. In die Natur. Auf einen Berggipfel. An einen einsamen Strand. Oder an ihren Lieblingsort am See. Stattdessen spürt sie Omegas Blick auf sich ruhen, lange, sehr lange und intensiv.

»Wofür hältst du uns, Blue? Für Monster?«, fragt er und seine weiche klangvolle Stimme dringt tief in ihr Herz ein.

»Mir scheint, Alpha hat recht mit seiner Befürchtung, dass auch du schon vom menschlichen Denken, von ihrer Lieblosigkeit infiziert bist.«

Schuldbewusst senkt sie ihren Blick, außerstande, Worte der Verteidigung zu suchen.

»Alles, was auf deinem Boden geschah oder ausgelöst wurde, waren direkte Reaktionen auf die Irrwege der Menschen. Das wissen wir beide. Zweifelst du inzwischen daran?«

Sie schüttelt den Kopf.

»Gut. Ich verstehe deine Gefühle und achte deine Fürsprache für die Menschheit. Wir alle ehren dich für deinen großartigen Einsatz. Und aus dieser Hochachtung heraus ist auch diese Maßnahme zu verstehen. Bitte schau mich an, Blue.«

Doch genau dagegen sträubt sich ihr ganzes Inneres. Sie möchte sich nicht in der Tiefe seiner stahlblauen Augen verlieren, die jede Faser ihres Körpers durchdringen können, jede Zelle durchbohren und aufs Innigste berühren. Sie möchte nicht die Kontrolle über ihr Denken und Fühlen verlieren, nur Klarheit in ihr aufgewühltes Innenleben bringen, denn sie fühlt sich so verloren und allein wie noch nie zuvor. Dennoch kennt sie ihren Rang. Und als sie Omega anblickt, ist sie aufs Höchste überrascht. Seine Augen glühen in einem warmen dunklen Braun, angereichert mit einer grenzenlosen Menge an Kraft und Motivation, die, so scheint es ihr, für ein ganzes Volk ausgereicht hätten und sie in einen Strudel positiver Energie zieht. Geballte Schaffenskraft und universelle Zuversicht. Und sie kann nicht anders, als ihn anzulächeln.

»Die BRUDERSCHAFT wünscht«, beginnt Omega nun auszuführen, »dass du diese Ampulle einem deiner großen Flüsse anvertraust, einem, der sich in ein Weltmeer ergießt. Wir überlassen dir die Wahl des Kontinents, weil wir davon überzeugt sind, dass du einen strategisch wichtigen Strom finden wirst. Auf diese Art und Weise erreicht das Konzentrat langsam, aber stetig alle deine Gewässer.«

Ohne ihre Augen freizugeben, zupft er noch einmal an seinem Ohrläppchen, bevor er ihre entscheidende Frage beantwortet.

»Die Phiole ist unzerstörbar, wird sich jedoch im Wasser auflösen und seine Wirkung tun. Die Substanz wird auf dem beschriebenen Weg nach und nach das Trinkwasser überall auf der Erde«, er hält kurz inne, »nun, sagen wir anreichern, so dass jeder Mensch sie irgendwann aufnehmen wird. Der Wirkstoff dringt also in die Zellen der Menschen ein ...«

»... und der Tiere!«, unterbricht sie ihn.

Omega schmunzelt.

»Ich freu mich, dass du dich nicht nur für die Menschen, sondern auch für die Tiere deines Hoheitsgebietes einsetzt. Nein, meine liebe Blue, der Wirkstoff ist allein auf Menschen codiert und er sorgt dafür, dass ihre Samenzellen unfruchtbar werden.«

Während er aufmerksam jede Regung ihres Gesichts verfolgt, um angemessen auf ihre Reaktion eingehen zu können, nimmt er lediglich das Wippen ihres linken Fußes wahr.

»Wir möchten nicht, dass die Menschen leiden. Dafür sorgen sie durch ihre Lebensweise schon selbst genug. Und wir möchten vor allem nicht, dass du leidest. In einigen Hundert Jahren wird unser Menschenproblem gelöst sein. Und in der Zwischenzeit ergibt sich vielleicht ein neues Projekt für dich.«

Dieser letzte Satz war nicht mit der BRUDERSCHAFT abgestimmt worden, doch er wollte ihr ein wenig Hoffnung mit auf den Weg geben, die ihre Bereitschaft zur freiwilligen Mitarbeit fördert. Nach einer Weile gibt er ihren Blick frei, lächelt sanft und wartet.

»Wie kann ich euch denn beweisen, dass es noch nicht zu spät ist?«, fragt sie leise nach einer gefühlten Ewigkeit. »Ich kann nicht glauben, dass es keinen Weg gibt?«

Im ersten Augenblick glaubt Omega, sich verhört zu haben. Dann wird ihm erneut klar, warum gerade Blue das Menschenprojekt anvertraut worden ist. Sie ist eine zähe Kämpferin und wer sie zum Freund hat, kann sich glücklich schätzen. Er atmet tief durch.

»Ich sehe keine Möglichkeit mehr.«

»Wir haben doch schon andere Zivilisationen aufgegeben, ohne gleich die ganze Menschheit auszurotten.«

Omega zuckt bei diesem harten Wort leicht zusammen.

»Das ist richtig, Blue. Doch es gibt einen Unterschied. Dieses Mal ist nicht nur ein Teil von dir betroffen, nicht nur eine Nation. Durch die Globalisierung hängt alles viel stärker zusammen und jedes Volk, jeder Kontinent ist betroffen mit steigender Tendenz.«

»Es sind wenige Große, die die Politik machen.«

»In diesem Punkt stimme ich dir zu. Nur ist es die Masse Mensch, die sich lenken lässt wie ein Zirkuspferd, wenn es nur satt und prächtig ausgeschmückt ist. Sie verschenkt ihre Kraft, ihren Einfluss, ihre Verantwortung. Um mich mit Alphas Worten auszudrücken, sie verzichtet auf ein eigenes Gehirn und hat ein Massenhirn entwickelt, das sich immer leichter lenken lässt. Das allein wäre noch nicht so schlimm, Blue, wenn ihr Handeln mit Liebe gefüllt wäre.«

»Es war nicht immer leicht für sie, auf der Erde zu bestehen«, versucht sie zu beschwichtigen. »Sie sind Suchende.«

Omega steckt die Phiole zurück in die Tasche seiner Anzugjacke, um beide Hände ineinander verschränken zu können und zu kneten. Dann legt er sie wie zum Gebet gefaltet in seinen Schoß.

»Vielleicht. Aber dann sind sie Suchende, ohne zu suchen, Blue. Sie haben ihren Ursprung vergessen, ihre Wurzeln, ihr Werden. Und dort, wo alles begann, wird jetzt alles enden. Sie sind verloren, weil sie sich nicht mit dem Sinn ihres Daseins beschäftigt haben. Nur diese Weigerung kann der Grund dafür sein, dass die Menschenmasse keine Verantwortung übernehmen und nur mitlaufen möchte. Denn Verantwortung für sich selbst und auch für dich zu tragen, bedeutet selbstständig zu denken und Verzicht zu üben. Aber genau das möchte die Menge nicht.«

»Ich bin sicher, dass ich Andersdenkende finden würde. Bitte Omega, lass es mich versuchen.«

»Es geht nicht darum, einzelne auf dem richtigen Weg zu finden, Blue. Es geht um die Macht der Masse, um das, was sie mitmacht oder nicht. Sie bestimmt letztendlich die Richtung, in die sich alles bewegt.«

»Dann lass mich den Keim finden, der euch davon überzeugt, dass noch nicht alles zu spät ist, dass eine Trendwende möglich ist, dass auch jeder einzelne eine Verantwortung spürt und Konsequenzen zu tragen bereit ist. Und vor allem erkennt, dass es die Liebe ist, auf die es ankommt. Ich bin davon überzeugt, dass man nur genau hinschauen muss. Bitte, Omega. Schenk mir nur ein wenig Zeit. Ich weiß, es war sträflich von mir, mich so lange nicht unter die Menschen gemischt und vielleicht vieles übersehen zu haben. Aber es ist wichtig für mich, alles versucht und vor allem auch, mich von der Aussichtslosigkeit ihres Daseins überzeugt zu haben. Wenn dieses der Fall sein sollte, werde ich eurem Wunsch sofort entsprechen.«

Und voller Mut und Optimismus greift sie nach seinen Händen und küsst sie. Sofort zuckt sie zusammen, denn noch nie zuvor hat sie es gewagt, ihn zu berühren. Wahrscheinlich wird er ihr diese Grenzüberschreitung nie verzeihen. Erschrocken lässt sie seine Hände los, doch die Wärme dieser Berührung durchfließt sie. Voller Hoffnung beobachtet sie Omega und wartet. Es kommt ihr wie ein ganzes Zeitalter vor, bis er sich endlich bewegt. Sie hält die Luft an.

»Hör zu, Blue«, sagt er schließlich, »mein Spielraum in dieser Angelegenheit ist äußerst begrenzt.« Wieder schaut er sie lange schweigend an. »Für die BRUDERSCHAFT gibt es nur eine unbeantwortete, aber entscheidende Frage.«

»Welche ist es?«

Omega lächelt. »Es ist die Frage, wie tief die angesprochene Dekadenz bereits in das Denken der Bevölkerung eingedrungen ist? Denn die große Masse repräsentiert die Mehrheit der Menschen. Sie hat letztendlich alles in der Hand: Das Ende, das sie zulassen oder einen neuen Anfang, den sie wagen.«

»Wenn ich dich richtig verstanden habe, möchtet ihr also wissen«, setzt sie vorsichtig an und wägt jedes Wort sorgfältig ab.

»… ob der einzelne noch selbst denkt?«, vollendet Omega ihren Satz. Dann lacht er: »Es gibt für den sogenannten Bürger eine schöne Bezeichnung, die mir jetzt nicht einfallen will, irgendetwas mit Otto.«

»Der Ottonormalverbraucher.«

»Ja genau, ein herrlich zutreffendes Wort für ihre dekadente Denkweise. *Otto* und *normal* verstehe ich ja noch. Aber den Bürger als *Verbraucher* zu sehen, zeigt dir doch, wie sehr das wirtschaftliche Denken ihr Leben, ihr Miteinander dominiert. Und bei ihnen heißt Wirtschaft Leistung und nichts anderes. Konsum heißt ihre neue Weltanschauung, Blue, und nicht Liebe, Vertrauen oder ein WIR-Gefühl.«

Bevor sie etwas erwidern kann, spricht er weiter: »Also, die entscheidende Frage ist, ob der Ottonormalverbraucher«, und an dieser Stelle zuckt Omega leicht mit den Mundwinkeln, »noch selber denkt oder wie wir glauben bereits ein hirnloser Mitläufer geworden ist, der sich sein Leben vorschreiben lässt, um keine Verantwortung für sein Tun und die Umwelt übernehmen zu müssen und nur auf sein bequemes Nest bedacht ist? Deine Schäden sind inzwischen so immens, dass eine Kehrtwende nicht mehr ohne Verzicht jedes einzelnen möglich ist. Haben sie sich noch ein wenig

Ehrfurcht und Respekt vor der Schöpfung erhalten? Oder ist ihnen jegliche Verbindung zur Urkraft des Universums verloren gegangen?«

»Es ist ihre Angst, die …«

»Bitte erspare mir weitere Entschuldigungen«, fällt er ihr ins Wort. »Es ist die letzte Chance, Blue. Du hast sieben Tage Zeit, maximal. Überzeuge uns davon, dass der einfache Bürger in der westlichen finanzkräftigen Welt noch nicht verdorben ist für eine andere Daseinsform, in der ein Miteinander keine Geistesgestörtheit ist und Gewalt ein Fremdwort. Dazu wünsche ich dir viel Glück, meine liebe Blue.«

Und ein letztes Mal schaut sie in seine Augen. Sie haben das warme Braun verloren und erstrahlen wieder im klaren Blau der Meerestiefe. Doch jetzt besteht keine Gefahr mehr, sich in ihnen zu verlieren. Zu schwer empfindet sie die Last der übernommenen Verantwortung, die eine Spannung in ihr erzeugt wie ein drohendes Unwetter an einem schwülen Sommerabend.

Das Universum mahnt und spricht:
Die Welt des Scheins trübt eure Sicht.

Am Dienstag

Der alte Torbogen hat nichts von seinem Flair eingebüßt. Er stellt noch immer ein ehrwürdiges Entree in die Stadt dar. Nachdenklich verscheucht sie diesen französischen Begriff, obwohl man sich in Aix la Chapelle der romanischen Sprache nur schwer entziehen kann. Zu viele Begriffe im Sprachgebrauch, in Straßen-, Restaurant- oder Geschäftsnamen und nicht zuletzt im Namen der Stadt selbst spiegeln die Geschichtsträchtigkeit dieses Ortes wider. Wie immer überflutet eine Welle der Zärtlichkeit ihr Herz, als sie unter den Torbogen tritt. Schon als die vielen heißen Quellen die Menschen angelockt und ermutigt haben, sich hier anzusiedeln, hat sie diese Region geliebt, mit allen Kräften unterstützt und durch die Widrigkeiten der Historie geleitet, so gut sie es vermochte, denn für sie stellt Aix la Chapelle den Mittelpunkt des europäischen Kontinentes dar. Ja, schon vor 2000 Jahren hat sie ihr Herz an dieses Fleckchen ihres Seins verloren. Und dennoch ist an diesem Tag alles anders. Natürlich, versucht sie sich zu beruhigen, weil sie so lange nicht hier gewesen ist. Doch der wahre Grund ihrer Unruhe lässt sich nicht schönreden.

Gedankenverloren und staunend schlendert sie weiter. Sie ist allein und ihr fällt auf, dass sich der Straßenbelag verändert hat. Der ausgewaschene holprige Sandboden ist einer asphaltierten Decke gewichen. So dürfte das Fahren mit den Kutschen nicht nur komfortabler, sondern auch viel leiser sein, denkt sie noch, als ein ohrenbetäubendes Hupen durch ihren Körper fährt. Entrüstet dreht sie sich um und sieht eine Autoschlange schnell und unbarmherzig auf sich zu rollen. Unfähig, so rasch zu reagieren, bleibt sie völlig irritiert stehen. Erst als sie sich endlich ein wenig gesammelt und den Ernst der Lage realisiert hat, hechtet sie mit zwei Riesensprüngen auf den Bürgersteig zu in die sicheren, ausgebreiteten Arme eines rettenden Engels.

»Ist alles in Ordnung mit Ihnen?«, fragt dieser und führt sie zur Tormauer, wo sie endlich irdischen Halt findet. Sie atmet einige Male tief durch, aber der Schreck will nicht so schnell aus ihren Knochen weichen. Daher ist sie ihrem Retter sehr dankbar, dass er immer noch ihren Arm hält. Inzwischen rollt der Verkehr zweispurig an ihnen vorüber. Schnell und lückenlos.

»Ich habe mich schon gewundert, dass Sie so unbekümmert auf der Fahrbahn herumspazierten. Ich dachte, sie sind vielleicht krank oder taub, weil sie auch auf mein Rufen nicht reagiert haben.«

Immer noch leicht benommen, schüttelt sie den Kopf.

»Ich habe überhaupt nicht mit Autos gerechnet«, gibt sie ehrlich zu und nimmt erst jetzt ihr Gegenüber richtig wahr. Der etwa 40-jährige Mann schaut sie aus großen dunklen Augen besorgt an, während sein Mund amüsiert lächelt. Seine halblangen schwarzen Haare sind mit einem einfachen Gummiring zu einem dicken Zopf zusammengebunden. Dennoch wirkt er nicht streng, sondern eher klar und strukturiert. Eine schwarze rechteckige Brille unterstützt diesen Eindruck und verleiht seinem sonnengebräunten Gesicht eine intellektuelle Note.

Sie weiß, dass jetzt irgendeine Reaktion, eine Erklärung von ihr erwartet wird, und lacht: »Und ich dachte immer, Schutzengel sind weiß.«

»Sie meinen im langen weißen Hemd, mit goldblonden Locken, blauen Augen und heller Haut?«

»Ja, ganz genau«, antwortet sie. »Und mit großen weißen

Flügeln. Jetzt muss ich mein Weltbild korrigieren: Es gibt auch schwarze Schutzengel.«

»Ohne Flügel«, ergänzt der Mann und zuckt bedauernd mit den Schultern. So dunkel hat er sich selbst bisher nicht wahrgenommen. Als er nun nach unten auf seinen langweiligen anthrazitfarbenen Business-Anzug schaut, kann er ihren Eindruck nachvollziehen. Und die schwarzen Lederschuhe wirken auch nicht gerade auflockernd. Automatisch wandern seine Augen zu ihren Füßen und bleiben an den blauen Schnallenschuhen hängen, die zwar hervorragend zu ihrem karierten Kostüm, aber nicht mehr in diese Zeit passen. Die Aufmachung dieser Frau erinnert ihn unangenehm an die schüchternen Mitglieder einer religiösen Sekte, deren Welt nicht mehr zeitgemäß scheint. Nun gut. Auf jeden Fall ist sie mit einem Schrecken davongekommen. Einen Blick auf seine Armbanduhr werfend, sagt er schließlich:

»Da haben wir also einen schwarzen Schutzengel und eine Träumerin in Karo. Welch ein Start in den Tag!«

Er greift nach seinem schwarzen Aktenkoffer, den er irgendwann an der Mauer abgestellt hat, und reicht ihr die Hand.

»Achten Sie besser auf die Ampelschaltung. Und jetzt entschuldigen Sie mich bitte, ich habe noch einen wichtigen Termin. Es war mir ein Vergnügen, Sie gerettet zu haben.«

Mit diesen Worten macht er sich so schnell auf den Weg, dass sie ihm nur noch nachrufen kann:

»Ganz herzlichen Dank für Ihre Hilfe!«

Er dreht sich ein letztes Mal kurz um und winkt ihr lachend zu. Ja, ein Schutzengel in Schwarz.

Trotz der Gefährlichkeit dieses Zwischenfalls fühlt sie sich irgendwie befreit. Natürlich war es dumm von ihr, sich so zerstreut auf den Weg zu machen und vor allem in Erinnerungen zu schwelgen, die schon einige Dekaden zurückliegen. Dennoch ist nicht ihre Rettung der Grund für ihre

Erleichterung, sondern ihr Schutzengel. Er kompensierte mit seinem mitmenschlichen Handeln die harten und schmerzlichen Worte, die Omega über die Menschen geäußert hat. Ja, sie würde sogar noch etwas weitergehen und sagen, er legte Zeugnis ab für das wahre Wesen ihrer Schützlinge. Derart beflügelt macht sie sich wieder auf den Weg in die Stadt, jetzt allerdings auf dem Bürgersteig. Nach wenigen Metern biegt sie in eine Fußgängerstraße ein, wo sie nun völlig sorglos herumschlendern kann. Sie weiß noch, dass sie sich im Studentenviertel befindet, denn die Universität wurde bereits vor den beiden großen Kriegen gegründet. Sie spaziert an einer nicht enden wollenden Kette von Restaurants vorbei, die nur ab und zu von einem Friseurgeschäft, einer Bäckerei oder einem Buchladen unterbrochen wird. Die Geschäfte haben bereits geschlossen, so dass sie in den Schaufenstern die Fülle ihres Angebotes nur kurz bestaunen kann und weitergeht. Vorbei an gut besuchten Lokalitäten, deren Gäste überwiegend das gute Wetter ausnutzen und draußen sitzen. Die halbe Straße ist mit Tischreihen gefüllt, von denen die meisten besetzt sind. Und das Angebot der Küchen ist international: Griechisch, Italienisch, Asiatisch, Deutsch. Wie schön, denkt sie, an der Tafel wachsen die Menschen zusammen. Wenn das keine gelebte Globalisierung ist.

Plötzlich fühlt sie sich von einem kleinen Bistro auf der anderen Straßenseite angezogen. Sie geht hinüber und öffnet mutig die Tür. Das Lokal ist voll und laut, doch sie entdeckt einen freien Sitz und hangelt sich durch die versetzt stehenden Tische zum Fensterplatz, wo sie das bunte Treiben sowohl im Lokal als auch auf der Straße gut beobachten kann.

»Guten Tag. Was darf ich dir bringen?«

Sie hat die Bedienung nicht kommen hören und dreht sich erschrocken um. Wo mag sie hier sein? In einem Restaurant, einer Bar oder einem Café? Was kann man hier bestellen? Schon wieder ärgert sie sich über ihre eigene Unbekümmertheit und schaut schnell zu den Nachbartischen. Ihr Blick bleibt an einem jungen Mann hängen, der in seinem Rucksack kramt. Vor ihm steht ein interessantes Getränk in einem Glas, das zwei Schichten Flüssigkeiten beherbergt und mit einer riesigen weißen Haube aus Schaum gekrönt ist.

»Guten Tag«, antwortet sie langsam und zeigt in ihrer Aufregung auf jenes Getränk am Nebentisch.

»Ah, unser Hausgetränk«, erklärt die Kellnerin. »Eine gute Wahl. Es ist der beste Latte in der ganzen Stadt.«

Sie schätzt die junge Frau auf Anfang Zwanzig. Ihre dunkelbraunen Haare sind mit rostfarbenen Strähnen durchzogen und zu einer Kurzhaarfrisur geschnitten, die sie an blühendes Pampasgras erinnert. Dennoch vermutet sie ein gewisses System in diesen Zottelsträhnen.

»Es ist ein Latte Macchiato,« beschreibt die Kellnerin, als sie in die ratlosen Augen ihres Gastes blickt, »eine Spezialität unseres Hauses. Dieses Bistro ist nach ihm benannt. Hast du den Schriftzug draußen nicht gesehen?«

»Nein, leider nicht. Das muss ich unbedingt nachholen. Ich bin gerade erst in der Stadt angekommen.«

»Es ist eine Art Milchkaffee«, erklärt die junge Frau sofort weiter: »Heiße Milch, starker Espresso und Milchschaum. Schmeckt echt gut. Bleibt es denn bei deiner Bestellung oder möchtest du doch erst einen Blick in die Karte werfen?«

»Aber natürlich nehme ich den Latte«, erwidert sie strahlend und da sie sich nicht so schnell für das ungewohnte Du entscheiden kann, bleibt sie bei einer neutralen Formulierung. »Ich bin sehr neugierig geworden.«

Zum ersten Mal fühlt sie sich fremd unter den Menschen. Was ist geschehen? Schon in einer guten Stunde ist ihr bewusstgeworden, wie tiefgreifend sich die Lebensumstände der Menschen in den letzten Jahrzehnten verändert haben. Natürlich hat sie ihre Entwicklung verfolgt, aber in diesem Teil der Erde aus weiter Entfernung. Sie wird wohl eine Weile benötigen, bis sie wieder ein vertrautes Gefühl zu den Schutzbefohlenen in ihrer Lieblingsstadt aufgebaut hat. Doch die Menschen scheinen es ihr leicht zu machen. Sie schmunzelt bei dem Gedanken an die freundliche Bedienung, deren Nasenflügel beim Sprechen ganz sanft auf und ab wippten und mit ihnen ein schwarzer Kristallstein aus Glas in der linken Nasenwand. Ein faszinierender Schmuck, der es ihr schwermachen wird, die junge Frau nicht ständig anzustarren.

Das *Latte Macchiato* gefällt ihr. Eine große Theke dominiert den hinteren Bereich des Lokals, während vorne die Sitzgruppen stehen. Mehrere dekorative Säulen dienen als Raumteiler und Blickfang. Es sind die Farben, die sie sogleich ansprechen und Erinnerungen an das Bergdorf Roussillon in Frankreich wachrufen. Mit einem groben Pinsel sind alle Wände, Säulen und selbst die Theke in warmen Ockernuancen angestrichen. Sogar der marmorierte Steinboden weist eine passende Maserung auf. Kein Wunder, dass sie sich hier sofort wohl fühlt, denn diese wunderbaren Töne sind ein Teil ihrer Selbst.

»So, bitte sehr. Ein Latte Macchiato. Lass ihn dir gut schmecken.«

»Vielen Dank.« Sie strahlt die Kellnerin jetzt an und hofft auf ein kurzes Gespräch, aber die junge Frau muss sich um neue Gäste kümmern. So schlängeln sich grüne Jeans, ein grünes T-Shirt und brombeerrote Turnschuhe grazil durch die Tischreihen. Vorsichtig nimmt sie den langen Löffel vom Unterteller und taucht ihn langsam und erwartungsvoll in das Glas, um die schönen Farbschichten nicht zu zerstören. Dann kostet sie konzentriert und mit Bedacht die Spezialität des Hauses, wobei sie langsam ihren Kopf hebt und einer Frau mittleren Alters ins Gesicht sieht, die sie sehr ernst anblickt und leicht ihren Mund verzieht, als hätte sie etwas Bitteres oder Saures gegessen. Neugierig starrt sie die Frau an, die ebenso unverblümt zurückstiert. Sie versucht es mit einem Lächeln, was ebenso honoriert wird. Leicht verunsichert hebt sie die rechte Augenbraue, als sie endlich die Täuschung, der sie aufgesessen ist, erkennt und leise gluckst. Ein tückisches Objekt, dieser Spiegel! Nichts bleibt verborgen.

Ganz offensichtlich soll das in diesem Lokal auch nicht der Fall sein. Denn hier sind alle Wände mit Spiegeln geschmückt, wie sie jetzt entdeckt. Allesamt sind sie in schöne Holzrahmen unterschiedlicher Muster und Größen gefasst. Einige scheinen früher Teile von Kommodenspiegeln oder Schranktüren gewesen zu sein. An der Säule gegenüber hängt ein Spiegel mit einem Kleiderhaken am Rahmen, eine frühere Garderobe. Dazwischen leuchten die unterschiedlichsten Lampen. Die meisten haben Messinggestelle und einfache Milchglasschirme mit überwiegend gelben oder rötlichen Glühbirnen. Keine Lampe gleicht einer anderen und jede wird mehrfach von den umliegenden Spiegeln reflektiert. So entsteht ein Vielfaches an Lichtquellen, ein Vielfaches an Ocker-, Rot- und Gelbtönen, ein Vielfaches an Gemütlichkeit.

»Wie schmeckt dir der Latte? Ich habe gesehen, wie du das Gesicht verzogen hast«, gesteht die junge Kellnerin, die sich auf unerklärliche Weise von dieser etwas merkwürdigen Frau angezogen fühlt. »Du solltest etwas Zucker nehmen. Dann ist er nicht so bitter.«

Und mit einer leichten Armbewegung weist sie auf ein kleines Edelstahlgefäß auf dem Tisch.

»Ich habe schon gemerkt, dass es hier schwer ist, etwas zu verbergen«, antwortet sie und weist auf die vielen Spiegel. Fühlt man sich da nicht ständig beobachtet und eingeengt?«

»Darüber habe ich noch nie nachgedacht«, entgegnet die junge Frau ehrlich. »Es ist Gewohnheit. Wir wachsen halt mit Spiegeln auf. Das fängt morgens im Bad schon an, oder? Und sehen und gesehen werden ist im öffentlichen Raum doch das Normalste von der Welt.«

»Das ist wohl wahr«, lenkt sie schnell ein, um kein Misstrauen bei der jungen Frau zu wecken. »Es ist eine schlechte Angewohnheit von mir, alles zu hinterfragen. Vielen Dank für den Hinweis mit dem Zucker.«

»Kein Thema«, antwortet die Kellnerin leichthin. »Probier mal, den Keks in den Milchschaum zu tunken«, empfiehlt sie noch, wird dann aber schon wieder zu anderen Gästen gerufen.

Sie findet den Keks ebenfalls auf ihrer Untertasse, häuft einen großen Kleks Milchschaum darauf und schiebt ihn in den Mund. Oh ja, diese Kombination schmeckt hervorragend. Dann streut sie etwas Zucker in den Kaffee und rührt ihn um. Der Schaum krönt weiterhin den oberen Teil des Glases, während sich der Rest in eine einheitliche hellbraune Flüssigkeit verwandelt. Schade. Gespannt nimmt sie einen großen Schluck. Eine erstaunliche Mischung aus Bitter und cremigem Süß. Sie ist begeistert. Suchend schaut sie sich nach der Kellnerin um, um sich für diese Empfehlung zu bedanken. Sie steht hinter der Theke und tippt sich lachend an die Nase. Zuerst versteht sie diese Geste nicht und hebt fragend die Schultern. Doch dann spürt sie etwas Klebriges in ihrem Gesicht und sucht schon fast automatisch ihr Spiegelbild. Alles klar. Verstohlen beginnt sie, ihren weißen Oberlippenbart abzulecken, als die junge Frau schon mit einer Serviette erscheint.

»Dieses Risiko habe ich vergessen zu erwähnen«. Beide lachen.

»Ich heiße übrigens Sonja«, sagt sie noch und verschwindet wieder.

Den nächsten Schluck nimmt sie etwas vorsichtiger und kontrolliert sich anschließend sofort auf Schaumspuren. Spiegel können auch sehr praktisch sein, muss sie jetzt einräumen. Sie ist glücklich. Das Leben unter den Menschen beginnt, ihr wieder Freude zu machen. Sie schaut sich um.

Die jungen Leute im *Latte Macchiato*, und es sind überwiegend junge Menschen hier, vermutlich Studenten, sind fröhlich und gesellig, einige auch fleißig. Es liegen zahlreiche Bücher, Hefte und Mappen auf den Tischen. Es wird gelesen, diskutiert, geschrieben, gelacht und seltsamerweise auch telefoniert. Manche arbeiten an Notebooks oder Tablets. Zum ersten Mal sieht sie diese transportablen Rechner aus der Nähe. Der junge Mann am Nebentisch, dem sie ihren Kaffee zu verdanken hat, starrt ebenfalls unermüdlich auf einen Bildschirm. Er trägt dieselbe Frisur wie Omega! Wie ein Giftpfeil schießt dieser Gedanke durch ihren Körper und ihr Plan, nicht permanent über ihre Mission zu grübeln, liegt augenblicklich in Trümmern vor ihr. Doch wesentlich schlimmer nagt die Einsicht, dass Omega ihr mit seiner modischen Frisur gezeigt hat, wieviel näher er den Menschen ist im Gegensatz zu ihr.

Plötzlich sieht sie auch die Kleidung der Gäste in einem neuen Licht. Alle sind leger gekleidet. Die Männer tragen blaue Jeans, Shirts und Turnschuhe, während die Frauen etwas mehr Wert auf Abwechslung legen mit weit- und schmalgeschnittenen Hosen, kurzen und längeren Röcken, dazu hohe und flache Schuhe, Halstücher in allen Variationen und Schmuck, viel Schmuck. Die Welt ist bunter und salopper geworden. Alles wirkt lässiger, entspannter. Ihr gefällt dieses neue unerwartete Lebensgefühl. Müsste es nicht unwillkürlich dazu führen, das Leben in all seinen Facetten, in all seinem Reichtum zu lieben und wert zu schätzen und vor allem friedlich zu gestalten, um diese Früchte zu bewahren? Die BRUDERSCHAFT muss etwas Entscheidendes übersehen haben. Mit frischem Optimismus und Tatendrang genießt sie ihren Kaffee und mit jedem Schluck verblassen alle Unkenrufe Omegas. Es drängt sie hinaus an die Luft. Sie springt auf und drängelt sich durch die Tischreihen zur Tür. Fast wäre sie hinausgestürmt, als Sonja erscheint.

»Ich sehe, du hast es jetzt eilig. Hoffentlich hat es dir bei uns gefallen?« Wieder bewegt sich der Nasenschmuck im Rhythmus ihrer Worte.

»Ich habe mich hier ausgesprochen wohl gefühlt. Und der Latte verdient wirklich seinen guten Ruf.«

Sonja lacht: »Aber du hast doch gar keinen Vergleich«, und öffnet eine große Geldtasche. »Das macht dann 2,50 €.«

Großer Gott, das Bezahlen hat sie völlig vergessen. Um ein Haar hätte sie Sonja um ihren Lohn und sich selbst um ihren Leumund gebracht. Wäre man ihr laut schimpfend auf der Straße nachgelaufen, um das Geld einzutreiben? Der Gedanke beschämt sie zutiefst und so ist sie Sonja ausgesprochen dankbar für ihre Umsicht. Gibt man eigentlich immer noch ein Trinkgeld? Wenn ja, wie viel ist angemessen? Sie hat keine Ahnung. Und vor allem auch kein Geld. Aber das ist ihr geringstes Problem. Sie steckt die rechte Hand in die Jackentasche ihres Kostüms und konzentriert sich auf die genannte Summe. 2,50 €. Schon spürt sie zwei Münzen in ihrer Hand. Das klappt ja immer noch gut. Sie hätte nicht gedacht, dass das Materialisieren ihrer Gedanken auf Anhieb funktionieren würde. Jetzt noch das Trinkgeld. Ein Euro? Zwei Euro? Es gelingt ihr noch nicht, den Wert des Geldes richtig zu erfassen. So muss sie wohl etwas stärker an die Zwei gedacht haben, denn plötzlich liegen vier Münzen in ihrer Hand. Sie grinst. Nun ist das Trinkgeld fast so hoch wie der Preis des Kaffees. Wenn sie so weitermacht, ist ihre Anonymität bald dahin. Lächelnd wendet sie sich an Sonja.

»Das ist ein guter Preis für den besten Latte der Stadt«, antwortet sie, drückt ihr alle Münzen in die Hand und läuft eilig zur Tür.

Dienstagabend

»Wie ertragen die Menschen es nur, in einer Welt voller Spiegel zu leben?«

Nach einem Augenblick der Stille hört sie sein tiefes kehliges Lachen, das sich stoßweise einen Weg in die Freiheit zu bahnen scheint. Sie schmunzelt nun ebenfalls, obwohl seine harten Worte ihre Seele belasten, aber sie liebt dieses Lachen und kann sich seinem Zauber nie entziehen.

»Entweder sie schauen nie hinein«, beharrt er, »oder sie weigern sich standhaft, sich selbst darin zu sehen oder sollte ich besser sagen, sich zu erkennen?«

Wieder lacht er. »Was würden sie auch im Angesicht ihrer selbst entdecken? Egoisten. Lügner. Heuchler. Womit nur einige harmlose Eigenschaften genannt wären.«

Er schüttelt verständnislos den Kopf und blickt in die Ferne, als könne er dort einen der Übeltäter entdecken, am besten auf frischer Tat, um seiner Meinung Nachdruck zu verleihen.

»Aber das Widernatürlichste ist ihre Gewalt«, führt er weiter aus. »Schau dir ihre Evolution an und überzeuge mich davon, dass das permanente gegenseitige Abschlachten für ihr Fortkommen nötig war. Meiner Meinung nach ist das Kriegshandwerk ihr einziger Antrieb, sich weiter zu entwickeln.«

Nachdenklich kräuselt er die Stirn. »Sie sind überhaupt nicht daran interessiert, ihre Probleme auf andere Weise zu lösen. Sie brauchen die Gewalt wie ihr tägliches Brot. Das ist ihr Wesen.«

Seine ungewohnt drastische Ausdrucksweise erschreckt sie sehr, zeigt ihr jedoch gleichzeitig, wie sehr er an ihren Sorgen teilnimmt. Liebevoll schaut sie ihn an. Wie immer ist er perfekt gekleidet. Sein cremefarbener Cordanzug wirkt so zeitlos wie er selbst und das weiße Shirt mit dem kleinen Kragen gibt seinem Aussehen nur eine andeutungsweise flotte Note, auf die er, wie sie weiß, keinen Wert legt.

»Wir gaben ihnen den schlichten Namen Erdlinge«, erinnert er sie, »doch sie wollten unbedingt etwas Einzigartiges sein und nannten sich Mensch. Ein Name, der Menschlichkeit ausdrückt. Sozusagen als Charakteristikum ihrer eigenen Spezies. Welch eine Überheblichkeit!«

Verständnislos schüttelt er seinen Kopf. Dann muss er grinsen.

»Ein so großes Wort wie Humanität schreit immer nach Taten. Und wenn ich mir ihr Dasein heute so anschaue, so kann ich wahrlich nicht verhehlen, dass die Früchte ihres Tuns in der Tat recht bemerkenswert sind. Nur kann ich in ihnen nicht die geringste Spur Menschlichkeit entdecken.«

Sein Sarkasmus schmerzt sie. Nicht, weil sie grundsätzlich empfindlich auf seine scharfzüngigen Bemerkungen reagiert oder sich angegriffen fühlt. Nein, er liebt das Spiel mit den Worten und sie genießt in der Regel seinen Erfindungsreichtum und die Treffsicherheit seiner Beobachtungen. Auch hat sie kein Problem damit, ihm recht zu geben. Vielmehr ist es die Tatsache, dass sie sich die Wahrheit nicht eingestehen möchte und sich dafür von ihm Unterstützung ersehnt. Neigt sie schon dazu, wie ihre Schützlinge die Augen vor der Realität zu verschließen, obwohl sich ihre Lage inzwischen dramatisch verschlechtert hat und ihre eigene Existenz auf dem Spiel steht?

Wie immer sitzen sie auf ihrer Lieblingsbank und bewundern den Sonnenuntergang. Es ist ein milder Juniabend und der See liegt wie ein ruhender geheimnisvoller Quell vor ihnen. Die Sonne hat sich schon halb hinter die Berge, die sich jenseits des Sees aufrichten, zurückgezogen und wirft nur noch einen schmalen Lichtkegel über das klare Nass auf sie zu. Sie hätten sich auch jeden anderen Platz für ihre abendlichen Treffen aussuchen können, doch sie lieben beide das

Wasser und die Berge zugleich. Und an diesem Ort spüren sie das Gleichgewicht der Elemente und die Leidenschaft der Unendlichkeit. In der Stille dieser Abgeschiedenheit nehmen sie auch die Gegenwart des anderen mit jeder Faser ihres Bewusstseins wahr und genießen die wertvollen Stunden ihres Zusammenseins. Nein, dieser Platz ist wie geschaffen für sie und hat nie zur Diskussion gestanden.

»Du weißt doch genau, dass sich die Dinge manchmal anders entwickeln, als man es geplant oder sich gewünscht hat«, antwortet sie leise und rückt ein wenig näher an ihn heran, so als wolle sie etwas von ihrem Kummer abgeben. Tröstend legt er seinen linken Arm um ihre Schulter. Sie genießt diese Geste größter Vertrautheit und Zärtlichkeit umso mehr, da sie sein zurückhaltendes Wesen kennt. Im Gegensatz zu ihrer eigenen offenen und direkten Art gehört er zu den Zeitgenossen, die die Dinge am liebsten aus einer sicheren Entfernung heraus beobachten.

»Ach, mein Lieber, Menschlichkeit ist nur ein Wort, das …« Weiter kommt sie nicht.

»Du willst mir doch jetzt nicht weismachen, dass Worte und Namen wie Schall und Rauch sind?«, unterbricht er sie barsch und zeigt ihr mit dieser Unhöflichkeit erneut, wie sehr ihn die ganze Sache aufwühlt. Aber sie kennt ihn schon viel zu lange, um nicht zu wissen, dass er seinen Gedankengang erst zu Ende führen muss, um wieder zu seiner gewohnten Gelassenheit zurückzufinden. Daher schweigt sie. Während sich seine Hand an ihrer Schulter leicht verkrampft, wird ihr bewusst, dass es ihm bei dieser Diskussion keineswegs um die Daseinsberechtigung der Menschen geht. Er hält diese Gattung schon seit langem für schmarotzende Blutsauger. Sie schmunzelt bitter bei der Erinnerung daran, als diese Beschreibung zum ersten Mal aus ihm herausgeplatzt ist und er sich sofort für seine derbe Ausdrucksweise entschuldigt hat. Aber tief in ihrem Inneren weiß sie seit diesem Augenblick, dass aus ihrer Freundschaft etwas Neues gekeimt ist, etwas Ewiges.

»Wenn Worte und Namen ihre Bedeutung verlieren, also hohl werden, ist alles verloren«, erklärt er bedächtig. »Namen sind nicht unabhängig. Ihre Bedeutung steht immer in enger Kooperation mit einem Element, einer Pflanze, einem Tier oder meinetwegen auch mit einem Menschen. Und durch diese Verbindung erhalten Begriffe ihren Sinn. Doch was ebenso wichtig ist: Sie tragen die Energie des Sprechers in sich. Und das kann gut oder schlecht sein.«

Unvermutet löst sich die Angespanntheit in seinem Körper, als wäre eine unsichtbare Kraft durch ihn hindurch geströmt und hätte ihn wieder mit dem Kosmos verbunden.

Jetzt schaut er sie mit seinen braunen Augen verschmitzt an. »Manchmal ist sogar jeder einzelne Buchstabe von größter Bedeutung.«

Sie weiß sogleich, worauf er anspielt. Bilder ihrer ersten Begegnung, noch geprägt von großer Unsicherheit und Befangenheit, aber auch von einer gehörigen Portion Neugier entstehen vor ihrem geistigen Auge. Sie sind sich seinerzeit sofort sympathisch gewesen, trotz ihrer gegensätzlichen Charaktere oder vielleicht gerade deswegen. Und so ist es gekommen, dass sie sich schon in jener ersten Nacht Namen gegeben haben, um aus der Anonymität des Universums herauszutreten.

»Ja«, gibt sie zu, »wenn man genau hinschaut, haben alle Worte, alle Namen Wurzeln. Auch unsere.«

»Unsere ganz besonders«, antwortet er anerkennend. »Und wir haben sie nur deiner Kreativität zu verdanken.«

Als sie zu einem Einspruch ansetzen will, hebt er beschwichtigend seine Hand:

»Nein, nein. Die Idee mit den beiden Buchstaben war einfach genial.«

Natürlich freut sie sich über sein Kompliment, möchte aber ihrer Eitelkeit keine Nahrung geben.

»Es war eine Eingebung, mehr nicht«, lächelt sie, »ich nahm einfach zwei passende Buchstaben, setzte einen an den Anfang, den anderen ans Ende und das war es auch schon.«

»Sei nicht so bescheiden. Dieser kleine Trick befreite unsere beiden Himmelskörper aus der Anonymität des Universums, denn aus zwei neutralen Begriffen ist etwas Lebendiges und Individuelles geworden. Ich bin sehr stolz auf unsere Namen.«

Wie auf Knopfdruck schauen beide hinauf in den Himmel, wo die ersten Sterne zu funkeln beginnen.

»Wenn ich mich recht erinnere, ist mir sofort klargeworden, dass ich für dich nach zwei Vokalen suchen musste, damit du genauso schön klingst wie du immer auf mich herunterstrahlst. Auch wenn ich dich tagsüber am Himmel nicht sehen kann, fühle ich mich immer von dir begleitet. So ist aus Mond wie von selbst A-mond-o entstanden.«

Vorsichtig lehnt sie ihren Kopf an seine Schulter. »Von Anfang an habe ich diesen Namen geliebt«, gesteht sie ihm zum ersten Mal. »Und bis heute erinnert er mich an einen feurigen italienischen Liebhaber.«

Die Worte sind unreflektiert aus ihr herausgerutscht, als sie an seine Schüchternheit denken muss und ein kräftiges Schütteln ihres Körpers nicht verhindern kann.

Amondo schlägt seine Beine übereinander und spielt den Beleidigten, während ihre blauen Augen zu funkeln beginnen und zwei Reihen makelloser weißer Zähne erstrahlen lassen. Auch ihr Lachen ist Ausdruck ihres Temperaments. So beobachtet er, wie ihr Körper wellenförmig durchgerüttelt wird, begleitet von einem lauten und herzlichen Gackern, wie er sich auszudrücken pflegt. Geduldig schaut er über den See und wartet ab, bis sich ihr Körper wieder beruhigt hat und nur noch ein schiefes Grinsen und fröhliche Augen ihr Gesicht beherrschen. Dazwischen tummeln sich zwei Hände voller Sommersprossen. Für einen kleinen Augenblick sind die Sorgen seiner Freundin verflogen, gerne auch auf seine Kosten.

»Und was verbindest du mit meinem Namen, mein Lieber?«

Ihr sechster Sinn für ungelegene Momente hat ihn schon oft verunsichert. Was soll er sagen, wo es ihm doch unglaublich schwerfällt, über seine Emotionen zu reden? So zögert er.

»Hm. – Bei dir sind es keine beschwingten Vokale, die deinen Namen ausmachen«, begreift er beim Sprechen, »sondern eher geerdete Konsonanten.«

Amondo ist glücklich über diesen gelungenen Vergleich und sie schmunzeln beide über den Wortwitz.

»Das G wie Gewitter vorneweg und das ruhige R wie Regen, sprich Wasser als Lebenselixier für die Erde, oder wie Rose, sprich Schönheit, ans Ende gesetzt.«

Seine Hand drückt liebevoll ihre Schulter. »Der Name Gerder ist für mich der Inbegriff für Natur und Temperament, für Ursprünglichkeit, Kraft und viel Mut.«

Kann es eine schönere Liebeserklärung geben? Gerder fühlt sich regelrecht berauscht. Noch nie hat Amondo so gesprochen. Seit Ewigkeiten verbringen sie die Nachtstunden miteinander, bis er morgens weiterziehen muss, wie es die Naturgesetze vorsehen. Noch nie hat er sich ihr gegenüber so weit geöffnet. So streichelt sie dankbar lächelnd seine Hand.

Als Amondo ihr Ursprungsthema wieder aufnimmt, ist die Sonne vollständig hinter die Berge gerutscht und die Dunkelheit der Nacht hat sie mit ihrem Frieden eingehüllt.

»Aber ist es nicht so, dass auch wir beide schon seit langem über die befremdlichen Gewohnheiten der Menschen und über das, was sie dir antun diskutieren? Und nie konnten wir ihr Verhalten begreifen, geschweige denn gutheißen.«

Verstohlen nimmt er einen Atemzug ihres wohlriechenden Haars und genießt eine volle Mischung aus Blumenduft, frischem Waldboden, Kräutern, Laub und Abendsonne.

»Und darum verstehe ich auch deine Überraschung über Omegas Besuch nicht. Schließlich bleibt der BRUDER-SCHAFT doch gar keine andere Wahl, als endlich einzugreifen. Meiner Meinung nach hat sie schon viel zu lange tatenlos zugesehen.«

»Warum haben sie mich denn nicht früher in ihren Entscheidungsprozess einbezogen?«

»Das hätte doch nichts geändert!«

»Für mich schon, weil ich dann nicht in dieser ungünstigen Verteidigungsposition gewesen wäre. Du kennst doch die BRUDERSCHAFT und weißt, wie schwierig es ist, mit ihr zu diskutieren, wenn sie einmal einen Entschluss gefasst hat.«

Amondo nickt. »Soweit ich mich erinnere, sind sie bisher noch nie von einem geplanten Vorhaben abgewichen.«

»Ich habe auch mein Bestes gegeben, sie umzustimmen«, antwortet Gerder stolz.

»Du hast gekämpft wie eine Löwin um ihr Junges. Ich bewundere dich sehr dafür. Schon als die BRUDERSCHAFT dir seinerzeit das Projekt Mensch angeboten hat, habe ich dich für deinen Mut hochgeschätzt. Ich hätte die Verantwortung für eine fremde Spezies freiwillig nie übernommen. Und wie wir jetzt sehen können, mit gutem Grund.«

Gerder kennt Amondos Haltung. Aber auch die BRUDERSCHAFT als Aufsichtsgremium des gesamten Universums ist sich ihrer Verantwortung sehr bewusst gewesen und hat zu jener Zeit alle denkbaren Probleme und Risiken mit ihr durchgesprochen. Denn das gesamte Projekt Mensch hängt nicht nur von den äußeren Bedingungen auf der Erde ab, die sie selbst natürlich beeinflussen kann, sondern entscheidend von der persönlichen Entfaltung der Menschen. Ihre Entwicklung und die Entscheidungen, die sie aufgrund ihrer Erfahrungen getroffen haben und treffen, sind von Anfang an die große Stolperfalle des Experiments gewesen. In diesem Wagnis liegt die eigentliche große Herausforderung sowohl für die BRUDERSCHAFT als auch für Gerder.

»Du warst schon immer viel couragierter als ich«, sagt Amondo nach einer Weile anerkennend.

»Ich glaube nicht, dass es etwas mit Mut zu tun hatte«, überlegt sie. »Ich bin einfach aufgeschlossener als du und vor allem nicht so gern allein. Die Menschen brachten mir Gesellschaft und eine neue Aufgabe. Du, mein Bester, warst schon immer ein Einzelgänger, der sich selbst genug ist.«

»Das riecht nach Überheblichkeit.«

»Das riecht nach einem unabhängigen Geist, dessen Leben in gleichmäßigen Bahnen verläuft, und der Angst hat, diese Ruhe könne durch andere gestört werden.«

Amondo erwidert lange nichts.

»Du meinst also, ich brauche die Routine?«

»Ja.«

Und du glaubst weiter, dass mir die BRUDERSCHAFT aus diesem Grund das Menschenprojekt erst gar nicht, na sagen wir mal, serviert hat?«

»Aber ja. Sie kennen uns doch ganz genau.«

Amondo ist irritiert, fast ein wenig gekränkt. Natürlich weiß er, dass seine Freundin recht hat, aber zum ersten Mal ordnet er seine Unabhängigkeit nicht als Stärke, sondern als mangelnde Flexibilität oder gar Ängstlichkeit ein. Dabei ist es ihm immer wichtig gewesen, bei der BRUDERSCHAFT einen guten Eindruck zu hinterlassen. Konnte er allen Ernstes glauben, etwas vor ihnen verbergen zu können? Schließlich ist die BRUDERSCHAFT für das ganze Weltall verantwortlich und Fehleinschätzungen würden sehr schnell das gesamte Gefüge gefährden.

Für Gerder ist es unvorstellbar, dass man sich als Mitglied der kosmischen Gemeinschaft nicht seiner großen Verantwortung bewusst ist. Selbstverständlich sind Amondo und sie der BRUDERSCHAFT verpflichtet und dieses Band bedeutet keine Bürde, sondern eine große Ehre. Beide wissen sehr genau, dass ihr eigenes Wohlergehen vom Funktionieren des gesamten Sonnensystems abhängt und dieses wiederum von den weisen Entscheidungen der BRUDERSCHAFT. Und dennoch agiert auch diese nicht völlig frei. Ihr Auftrag besteht zwar in der Erhaltung und Weiterentwicklung des Universums, aber alle ihre Handlungen unterliegen ausnahmslos dem Gebot von Freiheit und Liebe. Ein Codex, der allen Mitgliedern Vertrauen und Sicherheit schenkt. Ein Codex, der auch auf der Erde Verwirklichung finden sollte.

Gerder schaut auf Amondos weiß-goldenen Ring, einem schlichten Reif mit einem runden türkisfarbenen Edelstein. Dieser Aquamarin glüht in großer Intensität. Es ist der Ring des Universums, der jedem Mitglied verliehen wird, so, wie auch die BRUDERSCHAFT ihren eigenen Ring der Zusammengehörigkeit besitzt. Niemand von ihnen kennt den Ursprung dieses Edelsteins oder weiß, auf welchem Stern er entstanden ist. Gerder trägt ihren am linken Ringfinger und es erstaunt sie immer wieder, dass es ihr noch nie gelungen ist, sich seiner Anziehungskraft zu entziehen. Mehr noch. Der Stein beherbergt eine besondere Energie, die ihr immer wieder ein Gefühl des Friedens und der Liebe vermittelt. Auch jetzt wandert ein wohltuendes Kribbeln durch ihren Körper, ein wunderbares intensives Gefühl. Selbst Amondo scheint etwas zu spüren, denn er dreht sich zu ihr um und sieht sie fragend an.

»Ich weiß«, sagt sie, »dass ich nur ein winziger Stern im Universum bin und wenig von den großen Zusammenhängen unserer Unendlichkeit kenne. Doch ich habe unbegrenztes Vertrauen in die Führung der BRUDERSCHAFT. Und gerade deshalb bin ich ihr so dankbar für die Chance, die sie mir gewährt hat. Ich kann die Menschen nicht einfach so aufgeben, als hätten sie nie existiert.«

Und nach einer Weile ergänzt sie: »Natürlich kenne ich auch ihre Schwächen, schließlich habe ich am meisten unter ihnen zu leiden.«

»Schwächen? Ich bitte dich! Wir alle erwarten von den Menschen keine göttlichen Werke. Aber Menschlichkeit ist doch wohl nicht zu viel verlangt. Und was dich betrifft, so argwöhne ich einen Hang zum Masochismus.«

Gerder überhört seine letzte Bemerkung. Sie hat längst begriffen, dass sie die einzige ist, die die Menschheit nicht kampflos aufgeben will.

»Vielleicht ist es mir nie gelungen, meine Schützlinge richtig zu verstehen?«, grübelt sie laut. »Vielleicht habe ich irgendwann oder irgendwo in der Vergangenheit versäumt, die Weichen für eine andere Entwicklung zu stellen? Vielleicht habe ich den Menschen auch zu viel zugemutet, ihnen zu viel Mühsal abverlangt beim Aufbau ihrer Lebensgrundlage? Vielleicht fehlt ihnen ja nur ein kleiner Anstoß, um zur Einsicht zu gelangen und die Zerstörung meiner Existenz zu beenden?«

Amondo schüttelt resigniert den Kopf. Es hat keinen Sinn, sie umstimmen zu wollen und heute Nacht bleibt ihm ohnehin nicht mehr genug Zeit dafür. Nur seine Sorge um sie drängt ihn zu einem letzten Versuch.

»Du bist nicht für die Menschen verantwortlich. Es ist geradezu lächerlich, dass du dir Vorwürfe machst. Du hast ihnen von Beginn an alles gegeben, was sie für ihr Dasein benötigen: Nahrung, gute Luft, sauberes Wasser, fruchtbaren Boden. Zu jeder Zeit standen ihnen grenzenlose Möglichkeiten und Ressourcen zur Verfügung. Und sie genießen bis heute die uneingeschränkte Freiheit, in Eigenverantwortung ihr Leben gestalten zu dürfen.«

Sanft streicht er über die Bügelfalte seiner Hose. »Sogar unser kostbarstes Gut, die Liebe«, fügt er sehr leise hinzu, »wurde tief in jeden einzelnen von ihnen hineingepflanzt, so dass ihnen ihr unrechtes Tun immer bewusst war und ist.«

Während er spricht, wandert seine rechte Hand über seinen Kopf nach hinten, um eine Haarsträhne in das weiße Gummiband zu stecken, mit dem seine blonden Haare zu einem dünnen Zopf zusammengebunden sind.

»Doch wie du weißt, setzten sich die Menschen über alles hinweg, rücksichtslos, zerstörerisch und egoistisch. Die BRUDERSCHAFT hat recht, sie haben dich nicht verdient.«

»So haben sie das nicht gesagt.«

»So sage ich es aber.«

Zärtlich und auch dankbar drückt Gerder seine Hand. »Trotzdem muss ich es tun, Amondo. Ich habe die Menschen immer mit allem versorgt, da hast du recht. Und ich habe sie stets liebevoll begleitet, obwohl ich immer wieder gezwungen war, sie aufzurütteln.«

»Und? Haben sie deine Zeichen verstanden?«

»Nein«, muss Gerder kleinlaut zugeben.

»Ihnen fehlt jegliche Spur von Demut«, resümiert Amondo. »Sie stellen jedes Naturereignis als Zufall dar und weigern sich strikt, es mit ihrem eigenen unverantwortlichen Verhalten in Verbindung zu bringen. Stattdessen entwickeln sie ihren ungebremsten Zerstörungswahn weiter. Sei doch mal realistisch und nimm deine Brille ab.«

»Welche Brille denn?« Gerder sieht ihn belustigt an.

»Die Syndrombrille.«

»Bitte was?«

»Ja! Du scheinst an einem Helfersyndrom zu leiden, der deinen Blick auf die Menschen sehr stark eintrübt.«

»Helfersyndrom?« Sie ist empört. »Ich habe ein ganz

gesundes soziales Empfinden, nicht mehr und nicht weniger. Und wenn man mit anderen zusammenlebt, ist es ganz normal, dass man eine Beziehung eingeht und sich verantwortlich fühlt. Das verstehst du vielleicht nicht.«

Resolut verschlingt Gerder ihre Arme vor der Brust.

»Leider fallen diese Gefühle etwas einseitig aus«, antwortet Amondo ungerührt.

»Ich gebe gerne zu, dass mir die Menschen ans Herz gewachsen sind, im Laufe der Zeit, wenn ich mir ihren Parameter einmal ausleihen darf. Und deshalb wünsche ich mir auch nichts sehnlicher als ihr Glück und Wohlbefinden. Aber für alle, für jeden einzelnen von ihnen.«

Amondo gibt auf. Er sieht ein, dass er seine Freundin von ihrem Plan nicht abbringen kann. Schließlich ist es ihr sogar gelungen, Omega umzustimmen, denkt er resigniert und anerkennend zugleich.

»Amondo, ich brauche einfach Antworten auf die Frage, warum sie mich nicht mehr achten können und systematisch zu Grunde richten. Sonst finde ich keine Ruhe und würde mir ewig Vorhaltungen machen, nicht alles versucht zu haben. Aber diese Antworten kann ich nur finden, wenn ich eine Weile mit ihnen zusammenlebe, ihnen nahe bin, sie höre, sehe, ihre Gedanken kennenlerne und vielleicht ihre Gefühle und Träume erspüre. Ich muss wissen, ob sie noch Zugang zum Keim der Liebe haben, der ihnen mitgegeben worden ist. Darin liegt die Hoffnung, mit der ich die BRUDERSCHAFT umstimmen könnte?«

Und ganz leise fügt sie hinzu: »Sollte ich erkennen, dass die Menschen unbelehrbar sind, werde ich sie aufgeben. Das verspreche ich dir. Und das ist auch die Vereinbarung mit Omega. Aber noch bin ich überzeugt davon, dass alles gut wird.«

»Du bist eine hoffnungslose Optimistin«, kontert Amondo.

»Aber nein, ich bin eine hoffnungsvolle Optimistin«, entgegnet Gerder und atmet tief durch.

»Nun wird es Zeit für dich zu gehen, Amondo«, sagt sie und schaut in sein sorgenvolles Gesicht. »Mach dir nicht so viele Gedanken. Morgen wird es aufregend für mich. Inkognito unter den Menschen. Und morgen Nacht werde ich dir alles ganz genau erzählen.«

»Hast du denn schon einen Plan?«

»Er beginnt gerade, Gestalt anzunehmen«, grinst Gerder geheimnisvoll.

»Ich wünsche dir viel Glück«, antwortet Amondo ernst. »Pass auf dich auf und geh kein Risiko ein. Die Menschen sind es nicht wert, glaub mir.«

So vernimmt sie zum letzten Mal in dieser Nacht sein charmantes kehliges Lachen. »Du bist unverwüstlich wie Granit«, ruft er ihr aus der Ferne zu. »voller Wärme wie die Morgensonne nach einer kalten klaren Nacht.«

Und sie sieht ihn langsam weiterziehen auf seiner vorgegebenen Bahn, die er um nichts auf der Welt eigenmächtig verlassen würde, auch um Gerder nicht zu gefährden. Denn alle Existenzen im Universum, nicht nur Mond und Erde, sind aufeinander angewiesen und fügen sich ein in das wundervolle Wechselspiel des kosmischen Gefüges. Gerder wärmt sich noch einmal an seinem Licht und kann sich des Eindrucks nicht erwehren, dass er in dieser Nacht besonders hell für sie strahlt. So schaut sie lange nach oben und winkt ihm zum Abschied noch einmal lachend zu. Und in ihrem Inneren spürt sie eine heiße Woge der Vorfreude.

Das Universum lacht und spricht:
Die Zeit ist eure Sorge nicht.

Am Mittwoch

Gerder sitzt auf einer Bank im Kurgarten und genießt das Plätschern der Wasserfontäne, die in einem kleinen künstlich angelegten Teich sprudelt und den noch schlafenden Enten ausreichend Platz für ein Morgenbad bietet. Sie freut sich über die Sonne, die schon jetzt viel Kraft entfaltet und mit ihren Strahlen das herrliche Säulenportal des Kurhauses hinter den bunten Blumenbeeten in goldenes Licht hüllt. Es gelingt ihr beim besten Willen nicht, Erinnerungen an diesen Park aus ihrem Gedächtnis hervorzukramen. Kann es wirklich sein, dass sie ihn früher nie besucht hat? Oder ist er erst später entstanden? Ein kleiner Schwarm Vögel erhebt sich aufgeregt aus einem der großen Ahornbäume und unterbricht ihre Grübeleien. Was mag wohl der Grund für die Unruhe der Vögel sein? Ah, zwei Läuferinnen in hauttenger bunter Sportkleidung drehen ihre Runde. So sieht es also aus, wenn der Alltag den Menschen nicht mehr genug Bewegung bietet.

Mit einem tiefen Stoßseufzer schließt Gerder die Augen und lauscht den neuen, noch fremden Geräuschen. Doch außer dem Raunen des Verkehrs kann sie nichts vernehmen. Was hat sie auch erwartet? Dass eine Gruppe Jugendlicher auftaucht und ihr blumig ausmalt, wie sie den Zustand der Erde verbessern will? Oder dass eine Schar Sportbegeisterter ihr ihre Visionen einer sauberen Welt anpreist? Vielleicht ein Prediger, der mit überzeugenden Worten seine stetig wachsende Anhängerschar von der Liebe, dem einzig beständigen Gut, überzeugt? Sie braucht einen Plan. Schon allein, um

Omegas Unkenrufe für eine Weile aus ihrem Kopf zu verbannen und etwas Ordnung in das wilde Gestrüpp ihrer Gedanken zu bringen. Solange sie sich nicht frei fühlt von seinem finsteren Masterplan wird es ihr nicht gelingen, sich voll und ganz auf die Menschen in dieser Epoche einzustellen. Vielleicht hätte Amondo ihr dabei helfen können, doch gestern Abend war sie noch ziemlich optimistisch gewesen, dass die Nacht sie erfrischen und mit vielen wunderbaren Ideen bereichern würde. Eine trügerische Hoffnung, wie sich jetzt herausstellt. Doch da hilft kein weinerliches Gezeter mehr, einzig und allein eine, nun ja, wenigstens grobe Strategie, um keine wertvolle Zeit und Energie zu verlieren. Und diese Strategie darf ihrer eigenen Spontaneität und Fantasie nicht im Wege stehen. Keine leichte Aufgabe.

Also, worauf kommt es an? Es geht ihr darum, möglichst viele Menschen kennenzulernen, zu erleben und mit ihnen ins Gespräch zu kommen, um ihre Einstellung zum Leben auf und mit der Erde zu erkunden. Denken sie wirklich nur an die Befriedigung ihrer Bedürfnisse, jeder einzelne für sich, ohne das Gesamtwohl ihrer Mitmenschen zu berücksichtigen? Und ohne sie, die Erde, ihre existentielle Lebensgrundlage zu beachten? Steht dieser vermeintliche Genuss tatsächlich über allem anderen, sogar über der Erhaltung ihres eigenen Lebensraumes? Kennen die Menschen kein Miteinander mehr, nur noch ein Neben- oder gar Gegeneinander? Haben sie wirklich vergessen, dass alles zusammenhängt? Eine groteske Vorstellung für sie, denn im Universum zählt allein das WIR. Alles gehört zusammen und bedingt sich. Jedes Element ist für sich und im gleichen Maße für das Gemeinwohl verantwortlich. *Also schau genau hin, Blue, und lass dich nicht verführen.* Gerder zuckt zusammen. Omega kann es einfach nicht lassen, sich einzumischen. Grinsend vertreibt sie ihn aus ihren Gedanken, spürt jedoch, dass seine Gegenwart einen Schub Optimismus in ihr hinterlassen hat, der sich gut anfühlt.

Ihr Blick fällt auf den Teich, wo sich jetzt ein wenig Leben regt. Die Enten sind aufgewacht und schwimmen an den Rand, um dann auf dem Parkweg umher zu spazieren. Es sind drei wunderschöne Stockenten, die ihr auf Anhieb den Unterschied zu den Menschen veranschaulichen. Die Tiere leben voll und ganz aus ihren Instinkten heraus und stets in der Gegenwart, während die Menschen neue Denkfähigkeiten entwickeln sollten und entwickelt haben, um zu wirken. Um ihre Umgebung positiv zu verändern, trotz aller Hindernisse. Bevor sie weiter über diese Unterschiede nachsinnen kann, unterbricht ein unablässiges Murmeln ihre Überlegungen. Neugierig dreht sie sich um und schaut nach links, den Weg entlang. Vielleicht sind weitere Sportler unterwegs? Doch da ist nichts. Also blickt sie zur rechten Seite und entdeckt einen Mann in furchtbar abgetragenen Kleidern, der eine alte, mit Tüten beladene Einkaufstasche auf zwei Rädern hinter sich herzieht und pausenlos unverständliche Worte in seinen grauen Bart nuschelt. Den Kopf hält er starr auf den Boden gerichtet, während er von Parkbank zu Parkbank geht und jeden Mülleiner ausgiebig durchstöbert. Je näher er kommt, desto weniger ist Gerder davon überzeugt, dass er schon so alt ist, wie er aussieht und sich bewegt. Als er sie erreicht, grüßt er freundlich ohne aufzublicken und macht sich an die Arbeit. Erst jetzt nimmt Gerder den Abfallbehälter neben sich wahr.

»Haben Sie etwas verloren?«, fragt sie den Mann besorgt, dessen Geruchsaura mit jedem Schritt intensiver geworden ist und in ihr unangenehme Erinnerungen wachruft. Er scheint sie jedoch nicht gehört zu haben, so dass Gerder ihre Frage wiederholt. Dieses Mal schaut er böse auf. Verwundert, aber offen und interessiert hält sie seinem Blick stand und die Ehrlichkeit in ihren Augen ist es wohl, die ihn zu einer Antwort bewegt.

»Die Menschen werfen viel weg. Das ist gut für mich.

Manchmal finde ich halbe Brötchen, sogar belegte, im Sommer Würstchen und Brot vom Grillen, Cola.«

Er unterbricht seine Aufzählung für einen Moment, um ihr stolz eine halb aufgerauchte Zigarettenkippe entgegenzuhalten, die er routiniert aus den Tiefen des Abfalleimers gefischt hat, wobei einige zusammen geknüllte Papiertüten und Pappbecher über dessen Rand auf den Boden gefallen sind, was ihn nicht weiter zu stören scheint. Vorsichtig schiebt er die Kippe in seine Jackentasche.

»Und Zeitungen. Sogar Handschuhe habe ich schon gefunden.«

Gerder verschlägt es die Sprache. Der Mann lebt offensichtlich von dem, was andere wegwerfen. Tut er dies freiwillig? Auf jeden Fall scheint er nicht mit seinem Schicksal zu hadern, vielleicht hat er resigniert? Nur einen flüchtigen Augenblick lang erwägt sie den Gedanken, das Gespräch fortzuführen, um Antworten auf diese Fragen zu erhalten, doch die Vorstellung, er könne sich neben sie auf die Bank setzen, lässt diesen Impuls sofort davonfliegen. Traurig sieht sie dem Mann nach und beobachtet, wie er aus dem nächsten Papierkorb eine halb volle Flasche Wein fischt. Sein Gesicht verzieht sich zu einem Lachen, wobei zwei riesige Zahnlücken zum Vorschein kommen. Er prostet Gerder fröhlich zu, nimmt einen großen Schluck und zieht weiter. Leicht verstört über diese erste nähere Begegnung mit einem menschlichen Wesen an diesem Tag versucht sie, ihre Sinne mit dem Alltagsleben der Enten zu beruhigen, die immer noch zufrieden auf ihrem Spazierweg herum watscheln. Es wird Zeit, aufzubrechen. Langsam steht sie auf, streicht die Falten ihres Rockes glatt und geht los. In entgegengesetzter Richtung des Clochards.

Nach wenigen Minuten verlässt sie den Stadtpark und schon ist sie nicht mehr allein unterwegs. Zwei junge Pärchen, das eine an den Händen gefasst, das andere in enger

Umarmung, eine Mutter mit ihren beiden Schulkindern und ein etwa 12-jähriger Junge auf einem sehr modernen Roller begleiten sie. Neben ihnen rollt der Autoverkehr. Gerder möchte nicht noch einmal in Bedrängnis geraten und so lässt sie sich von den anderen mitziehen. Alle laufen zielgerichtet zur Kreuzung und bleiben an der roten Ampel stehen. Einen kurzen Augenblick später springt diese auf Grün und Gerder gelangt völlig problemlos mit dem ganzen Pulk auf die andere Straßenseite. So funktioniert das also, reflektiert sie, als hinter ihr die Autos wieder losfahren.

Sie biegt in eine Straße ein, die gesäumt ist von alten ehrwürdigen Stadthäusern. Alle präsentieren sich im Stil einer vergangenen Zeit mit roten Klinkersteinen und vielen Sprossenfenstern, die, ebenso wie die Türen, von breiten Sandsteinrahmen eingefasst sind. Gerder erinnert sich, dass diese Bauvorschrift nach dem verheerenden Stadtbrand im 17. Jahrhundert erlassen worden ist, um ein solch rasantes und nicht mehr zu stoppendes Ausbreiten der tödlichen Flammen für die Zukunft zu verhindern. Auch das kunstvoll verzierte und in dunklem Grau gestrichene Portal auf der gegenüberliegenden Straßenseite ist derart eingefriedet. Gerder sucht vergebens nach einer Türklinke, als eine junge Frau heraustritt. Während die Haustür hinter ihr langsam ins Schloss fällt, hebt sie ihren Kopf zum Himmel, als wolle sie eine Fährte aufnehmen, um den richtigen Weg einzuschlagen. In ihrer weiten schwarzen Hose und der kurzgeschnittenen, ebenso schwarzen Lederjacke sieht sie ausgesprochen sportlich aus. Der einzige Farbtupfer sind brombeerrote Turnschuhe, die Gerder sofort an Sonja erinnern, der Bedienung vom *Latte Macchiato*. Die junge Frau wendet sich noch einmal dem Haus zu, um das Schloss zu kontrollieren. Jetzt erkennt Gerder auch den Türgriff. Es ist ein sternförmig verzierter Messingknauf in der Mitte des Portals. Das ist wahre Handwerkskunst, denkt sie anerkennend und gleichzeitig erkennt sie auch Sonja wieder. Der große Rucksack, den sie sich nun auf ihren Rücken schwingt, ist ebenfalls schwarz, aber mit einem großen farbigen Motiv bedruckt: Gerder erkennt eine turnende Kuh und liest *Yoga für Kühe*. Seltsam. Hat dieses Motiv eine besondere Relevanz? Gibt es einen Zusammenhang zwischen Kühen und Yoga? Wohl kaum. Es wird wohl ein Witz sein.

Während Sonja schnellen Schrittes um die nächste Ecke biegt, schlendert Gerder einer Intuition folgend weiter geradeaus, das Flair der alten Stadt in sich aufnehmend. Trotz der vielen historischen Gebäude hängt ein völlig neuer Duft in der Luft. Er fühlt sich modern, schnell und vor allem hell und bunt an. Es ist ein wunderbarer Duft, der sie berührt und beglückt zugleich, und sie dankt Omega ehrlich für diese Erfahrung. Es ist tatsächlich längst an der Zeit, ihren Bodenhorizont zu aktualisieren. So fühlt es sich also an, wenn ihre Stadt im Frieden blüht. Inzwischen hat sie sich auch an die gepflasterten Straßen und Trottoirs gewöhnt, die jedem Winkel der Stadt eine saubere Atmosphäre bescheren. Außerdem ist das Gehen angenehmer und die Schuhe bleiben sauber. Ein schöner Nebeneffekt.

Plötzlich steht Gerder vor einem riesigen Glaspalast. Bunte Plakate schauen ihr entgegen und locken sie immer näher zu sich heran. Es ist ein Einkaufszentrum, das sie in dieser Dimension noch nie gesehen hat. Neugierig geht sie hinein. Überall hängen Plakate. In jeder erdenklichen Größe und Form machen sie mit kräftigen bunten Farben und riesigen Schriftzügen auf besondere Waren und Aktionen aufmerksam, auf Neuheiten und Angebote. Drei menschengroße Puppen stehen auf einem Podest mitten im Eingangsbereich, zwei Frauen und ein Mann, alle jung und ausstaffiert mit leichter Sommerkleidung in frischen Farben. Neben jeder Puppe steht ein kleines Preisschild. Gerder kann nicht ermessen, ob die Kleidung preiswert oder teuer ist, und es spielt für sie auch keine Rolle. Sie ist berauscht vom Spektrum des Angebots, von der Vielfalt der Präsentationen und von der Fülle der Waren. Da hat sie nicht erwartet. Dazu die vielen Lichter. Ständig blinkt irgendwo etwas auf und sucht ihre Beachtung, so dass ihre Augen ziellos umherwandern und ein diffuses Gefühl von Verwirrung und Faszination entstehen lassen. So muss es sich anfühlen, wenn man sich im Leuchtfeuer der Milchstraße befindet, schießt es ihr durch den Kopf.

Sie schlendert die Passage entlang. Unglaublich, ein ganzer Straßenzug innerhalb eines Gebäudes! Riesige Glasfronten ermöglichen es den Kunden, bis in die hintersten Winkel der Geschäfte zu schauen und mit ihren Blicken an allem teilzuhaben, dem Warenangebot, der Geschäftigkeit des Personals und auch den suchenden oder fragenden Käufern, ohne einen Schritt in das Geschäft setzen zu müssen. Wie interessant. Darüber hinaus ist jedes Schaufenster so dekoriert, dass es zum Kaufen ermuntert, mit den schönsten, modernsten oder preiswertesten Artikeln der Sommersaison. Wie auf Perlenschnüre aufgezogen, reiht sich Geschäft an Geschäft. Gerder sieht auffallend viele Modeboutiquen, außerdem Schuhgeschäfte, Parfümerien, Friseure, ein Reisebüro und eine große Buchhandlung, weiterhin Läden mit Geschenkartikeln, Lederwaren, Schreibwaren, Kinderspielzeug, Kinderwagen und auch Kinderkleidung. Alle Eingangstüren sind geöffnet und erst nach einer Weile, als sich ihre Augen an die vielen Eindrücke etwas gewöhnt haben, nimmt sie auch die Musik wahr, in jedem Geschäft eine andere, laut und aufdringlich. Sehr befremdlich, denkt Gerder und fühlt sich nicht in der Lage, die Töne zu differenzieren oder sich so schnell auf neue Stücke einzustellen. So fühlt sich also Konsum an. In der Hoffnung auf mehr Ruhe fährt sie mit der riesigen Rolltreppe in der Mitte der Straße gemächlich nach oben. Unter ihr laufen die Menschen hektisch umher, einige bepackt mit großen vollen Tüten. Abgelenkt von den zahllosen neuen Eindrücken ist ihr gar nicht aufgefallen, wie sehr sich das Einkaufszentrum inzwischen gefüllt hat. Auf der ersten Etage ist es tatsächlich etwas ruhiger. Ein großes Café wirbt mit einer besonderen Eissorte. Praktischerweise wird ein Teil des Mittelganges für Tische genutzt, so dass die Gäste eine gemütliche Einkaufspause genießen können und weiterhin alles im Blick haben. Ansonsten bietet sich ihr auf dieser Etage ein ähnliches Bild wie unten und ganz langsam gewöhnt sie sich an die Atmosphäre des Einkaufspalastes und wird etwas ruhiger. Gedankenverloren betritt sie eine Boutique.

»Darf ich Ihnen behilflich sein?«

Eine Frau mit langen blonden, an den Spitzen leicht gewellten Haaren hat ihr Gespräch mit der Kollegin unterbrochen und kommt von hinten auf sie zu. Gerder fällt auf, dass die Verkäuferin ihre gesamte Garderobe auf ihre strahlend blauen Augen abgestimmt hat, und ist beeindruckt. Ohne sich umdrehen zu müssen, schaut sie ihr ins Gesicht. Schon wieder ein Spiegel, denkt Gerder kurz und versucht zu ergründen, was sie hier eigentlich will.

»Manchmal wirkt eine Typveränderung wie ein Wunder«, kommt ihr die Verkäuferin zuvor.

Hier siezt man sich also. »Wie meinen Sie das?« Gerder wendet sich vom Spiegel ab und der Verkäuferin fragend zu.

»Nun ja«, setzt diese vorsichtig geworden an, »wir Frauen sollten uns viel häufiger etwas trauen.« Ein sympathisches Rollen des R verleiht ihren Worten einen weichen Klang. »Ab und zu sollten wir etwas völlig Neues ausprobieren. Auf diese Weise finden wir besser heraus, was zu uns passt. Und wenn wir das Richtige gefunden haben, fühlen wir uns wie neugeboren, attraktiver, jünger, schöner.«

Attraktiver. Jünger. Schöner. Hmm. Gerders Blick wandert zurück zum Spiegel. Ihr kariertes Kostüm ist noch wie neu, ebenso ihre schlichte weiße Bluse mit der schmalen Rüschenlinie entlang der Knopfleiste. Der Faltenrock hat eine bequeme Länge bis zu den Knien und ihre blauen Schnallenschuhe sind angenehm flach und gut eingelaufen. Alles scheint ihr perfekt zu sein. Natürlich ist auch ihr nicht entgangen, dass sich die jungen Leute im *Latte Macchiato* etwas anders gekleidet haben. Aber war das nicht die Mode der Jugend?

»Sie könnten ebenfalls das herrliche Blau Ihrer Augen unterstreichen«, schlägt die Verkäuferin vor. Und nach einem kurzen Heben der Augenbrauen, so als wäre ihr gerade das Richtige eingefallen, läuft sie zu einem Regal und kommt nach wenigen Augenblicken mit mehreren T-Shirts zurück.

»Hier sind ein paar interessante Modelle. Zum Beispiel dieses blauweiße Shirt. Sehen Sie, es trifft haargenau das Blau Ihrer Augen.«

Die Verkäuferin hält ihr das Shirt vor die Brust und weist strahlend auf den Spiegel. Gerder folgt ihrem Wink wie eine hirnlose Marionette.

»Hmm.«

»Vielleicht eher das Uni-blau? Ich finde, es besticht durch die weißen Knöpfe auf der Schulter.«

Die Shirts werden ausgetauscht und Gerder beschleicht das drängende Gefühl, etwas sagen zu müssen.

»Ja, sie gefallen mir beide«, antwortet sie zögerlich, völlig ungeübt in solchen Dingen und überhaupt nicht darauf eingestellt, ihren Typ zu verändern.

»Dann habe ich noch dieses beige Oberteil mit dem schönen blaugrünen Blumenmuster. Probieren Sie die doch einfach mal an. Ich gebe Ihnen noch eine passende Jeans dazu, damit die Einheit rund und harmonisch ist. Bitte schön, ich hoffe, ich habe die richtige Größe erwischt.«

Die Verkäuferin hat sie nicht nach der richtigen Kleidergröße gefragt. Konnte sie womöglich erahnen, dass Gerder keine Antwort gewusst hätte?

»Kommen Sie. Die Umkleiden sind da vorne.«

Während Gerder in der Kabine verschwindet, stellt die Verkäuferin fachkundig weitere Kleidungsstücke zusammen, die sie der seltsamen Kundin vorschlagen möchte. Sie besitzt ein Gespür für günstige Gelegenheiten und auch für Menschen und hat den Anspruch, nicht nur zu verkaufen, sondern auch gut zu beraten. Und diese Kundin scheint ihr von einem anderen Stern zu kommen und eine modische Auffrischung dringend nötig zu haben. Vielleicht gelingt es ihr ja, sie aus dieser verstaubten Nische herauszuholen.

Als Gerder aus der Kabine tritt, ist die Verkäuferin mehr als beeindruckt. Eine völlig neue Frau steht vor ihr. Die enggeschnittene Jeans unterstreicht die langen Beine der Kundin und das Blumenshirt wirkt fröhlich und frisch. Außerdem hat die Kundin ihren Haarzopf gelöst und eine dicke braune Lockenpracht fällt wallend über ihre Schultern.

»Sie sehen toll aus!«, entfährt es ihr ehrlich.

Gerder steht wie ein Stock vor dem Spiegel, muss sich jedoch eingestehen, dass sie sich ebenfalls gut gefällt.

»Das hätte ich niemals gedacht. Sie haben recht. Ich fühle mich anders.«

Lachend beginnt sie, sich vorsichtig zu drehen. »Mir ist beim Umziehen das Haarband gerissen. Haben Sie vielleicht auch dafür Ersatz?«

Die Verkäuferin schüttelt energisch den Kopf.

»Auf gar keinen Fall sollten Sie Ihre Haare zusammenbinden. Der offene Look steht Ihnen viel besser«, und ohne eine Antwort abzuwarten, wechselt sie das Thema. »Was halten Sie von diesen sportlichen Schuhen. Sie passen ausgezeichnet zu Ihrem neuen Style und sind super bequem.«

Beide schauen hinunter zu Gerders Schnallenschuhen.

»Wahrscheinlich wird die Hose immer an den Schnallen hängenbleiben«, mutmaßt die Verkäuferin, aber Gerder durchschaut das Manöver sofort und grinst.

»Ist meine Kleidung so schlimm?«

»Wollen Sie eine ehrliche Antwort?«

»Unbedingt!«

»Als Sie hereinkamen, dachte ich, Sie seien im letzten Jahrhundert vergessen worden.«

Nicht schlecht beobachtet, grinst Gerder in sich hinein und schlüpft in die weißen Turnschuhe. Sie haben eine blaue Spitze und blaue Schuhbänder.

»Das sind Sneaker«, erklärt die Verkäuferin. »Das Obermaterial besteht aus Leder. Sie werden sich sehr wohl darin fühlen. Und wenn Sie mal etwas Abwechslung oder weniger Farbe wünschen, nehmen sie einfach weiße Schnürsenkel.«

»Das ist eine gute Idee«, denkt Gerder laut und läuft ein paar Schritte durch das Geschäft. »Sie haben ein gutes Auge, mein Kompliment. Die Schuhe passen ausgezeichnet.«

Die Verkäuferin freut sich über das Kompliment und hält Gerder zum Abschluss noch einen sandfarbenen Blazer hin, in den diese jetzt ohne weiteres Zögern hineinschlüpft.

»Ich fühle mich wie ein neuer --- Mensch«, schmunzelt Gerder und äußert noch eine letzte Bitte.

»Jetzt brauche ich nur noch eine Tasche.«

»Eine Handtasche?«

»Ja.«

Um nicht aufzufallen, hat Gerder sich überlegt, und auch, um noch tiefer in das menschliche Leben einzutauchen. Sie folgt der Verkäuferin zu einem gesonderten Ständer.

»Wir haben nicht sehr viel Auswahl an Handtaschen«, entschuldigt diese sich und legt drei Modelle auf den Tisch. Gerder entscheidet sich spontan für ein melonengroßes weißes Fabrikat aus einem synthetischen Material mit braunen Lederbügeln. Sie bedankt sich bei der Verkäuferin für die gute und vor allem ehrliche Beratung. Ihre neue Garderobe, die Jeans, das blaue Shirt, die weißen Schuhe und den sandfarbenen Blazer behält sie gleich an. Außerdem entscheidet sie sich noch für das Blumenshirt, das sie sich zusammen mit ihren alten Sachen in eine Tüte packen lässt.

»Ich wünsche Ihnen sehr viel Freude mit Ihrem neuen Outfit«, sagt die Verkäuferin, während sie die Preise in die Kasse eintippt. »Zusammen wären das dann genau 360 €. Wie möchten Sie zahlen? Mit EC-Karte oder bar?«

»Gerne in bar«, antwortet Gerder gelassen. Sie schiebt ihre Hand in die Tasche des neuen Blazers, wiederholt im Geiste die geforderte Summe und wartet auf eine günstige Gelegenheit, das Geld auf den Tisch legen zu können, ohne allzu sehr aufzufallen. Sie braucht unbedingt ein Portemonnaie. So viel Geld in der Hosen- oder Jackentasche zu deponieren, scheint doch zu auffällig zu sein und Bargeld braucht man offensichtlich auf Schritt und Tritt. Das Schicksal kommt ihr in Form einer neuen Kundin zur Hilfe, die für einen kurzen Moment die Aufmerksamkeit der Verkäuferin auf sich zieht. Just in diesem Augenblick legt Gerder den Betrag auf die Ladentheke, nimmt ihre Tüte und verlässt zufrieden das Geschäft.

Trotz ihrer guten Stimmung fühlt Gerder sich erschöpft. Die vielen ungewohnten Eindrücke der letzten Stunden, die Geräusche, Gerüche, Farben, Lichter und die vielen Menschen mit ihrer Unruhe in diesem Einkaufspalast wollen erst einmal verarbeitet werden. Vor allem der unablässige Geräuschpegel, dem sie sich hier schutzlos ausgesetzt fühlt, macht ihr zu schaffen. Insgeheim bewundert sie die Menschen, die offensichtlich keine Mühe mit dieser extremen Sinnesüberflutung haben. Schließlich kommen sie in Scharen zum Einkaufen her. Also ist es möglich, sich an diese Überreizung zu gewöhnen. Doch ist das auch erstrebenswert? Ist es überhaupt möglich, sich in diesem Wirrwarr von Eindrücken auf einen wichtigen Gedanken zu konzentrieren? Abrupt bleibt sie stehen, um es zu testen. Doch bevor sie überhaupt begonnen hat, einen Gedanken zu formulieren, wird sie von hinten heftig angerempelt.

»Können Sie nicht aufpassen! Wieso bleiben Sie denn einfach so stehen? Sie sind doch hier nicht allein!«

Beide sind zwei Schritte nach vorne gestolpert, doch mehr ist nicht geschehen. Dennoch schaut sie eine elegant gekleidete Frau mit stark geschminkten Lippen, tomatengroßen rosettenförmigen Ohrringen und einer roten Ledertasche böse an. Eine riesige Sonnenbrille baumelt vor dem Gesicht der Frau, nur noch an einem Ohr hängend, was ihrem perfekten Aussehen eine leicht derangierte Note verleiht. Gerder muss sich das Lachen verkneifen.

»Manchmal möchte man schneller sein als das Leben«, antwortet sie leichthin und schaut ihr Gegenüber ruhig an.

»Was für ein Leben denn?!«, zischt die Frau verächtlich durch ihre zusammengepressten roten Lippen, als handele es sich bei diesem Wort um die reinste Zumutung. Hektisch schiebt sie die Sonnenbrille zurück auf ihren Kopf, streckt sich und stolziert auf ihren hohen Absätzen an Gerder vorbei, ohne ein weiteres Wort der Erklärung, der Entschuldigung oder der Milde verlauten zu lassen und ohne sich nochmals umzublicken. Verzweiflung, denkt Gerder traurig und geht auch weiter. Die arme Frau scheint hinter ihrer bunten Fassade ziemlich verbittert zu sein.

Die riesige Rolltreppe befördert unablässig Kunden von unten nach oben und umgekehrt. Gerder lässt sich wieder hinunterfahren. Das oberste Stockwerk muss warten. Es drängt sie nach draußen. Auf halber Höhe erkennt sie glücklicherweise den gläsernen Eingangsbereich mit den riesigen Schiebetüren, die sich automatisch öffnen und schließen. Mit großen Schritten läuft sie der Sonne entgegen und freut sich über die Wärme, das Licht und die Vertrautheit. In der Hoffnung, einen Ort der Entspannung zu finden, überquert sie die Straße und atmet tief die frische Luft ein. Es ist ihr zwar nicht gelungen, sich der Hektik der Menschen zu entziehen, doch fühlt sie sich jetzt zeitgemäßer gekleidet und ihnen dadurch näher. Beides übt eine erfrischende und wohltuende Wirkung auf sie aus. Ja, die letzten Jahrzehnte zeigen deutlich, welche Wendung das Leben der Menschen im Frieden nehmen und wie wunderbar ihre Entwicklung voranschreiten kann.

Während ihr vor dem Kaufhaus das Gedränge und Geschiebe der hineinströmenden Kunden etwas lästig ist und sie permanent irgendjemandem auszuweichen versucht, ohne eine erneute Kollision hervorzurufen, fragt sie sich, was die Menschen wohl so dringend benötigen, dass sie bei diesem herrlichen Wetter in Massen das Einkaufzentrum aufsuchen. Sie scheinen doch von allem genug zu haben. Nun ja, die meisten jedenfalls, denen sie bisher begegnet ist, wirken so. Oder täuscht ihr Eindruck der wohlgenährten und modern angezogenen Bürger und der vollen Restaurants vom Vortag? Endlich kann sie die Straße überqueren. Sie geht auf eine Bushaltestelle zu, wo ein alter Herr mit grauem, ordentlich gescheiteltem Haar intensiv den Fahrplan studiert. Neben ihm auf der Sitzbank steht eine große Tüte. Der Mann schaut auf seine Uhr und gibt ein paar fluchende Ausdrücke von sich. Sein Gesicht verzieht sich zu einem düsteren Faltenmeer.

»Ist etwas passiert?«, fragt Gerder den alten Mann besorgt.

»Der Bus ist gerade weg. Und der nächste kommt erst in einer Stunde. So ein Mist.«

»Ist das ein großes Problem für Sie?«

»Nein, eigentlich nicht. Aber warten Sie etwa gerne am Straßenrand? Das ist verlorene Zeit.«

Schon wieder die Zeit, wundert sich Gerder und fragt naiv: »Aber wie kann man denn Zeit verlieren?«

Der Mann dreht sich konsterniert zu ihr um. »Indem man hier rumsteht und nichts tut zum Beispiel.«

Es war keine Spur von Ungehaltenheit oder Spott in

seiner Stimme, eher eine Art Resignation. Mit vollen Backen ausatmend lässt er sich auf der Bank nieder.

»Wenn man also keiner Beschäftigung nachgeht, verliert man Zeit«, fasst Gerder zusammen, mehr zu sich selbst als zu ihrem Nachbarn, und lässt sich auch auf der Bank nieder.

»So ist es.«

»Und was tun Sie, wenn Sie Zeit haben, aber keine verlieren wollen?«

»Mit meinem Enkel spielen … Zeitung lesen … fernsehen«, antwortet er verwundert und fügt nach einigen Sekunden »die Nachrichten« hinzu, als wäre damit eine gewisse Legitimation herausgestellt.

Gerder schweigt. Sie versucht zu begreifen, wie man eine Sache verlieren kann, die es in ihren Augen gar nicht gibt. Ihr ist schon klar, dass sich die Menschen eine Zeitstruktur geschaffen haben, um in ihrer Welt leichter zurecht zu kommen und sich zu orientieren. Dennoch bleibt es eine Erfindung, eine Idee. Kann es sein, dass sie sich dieser Schöpfung völlig untergeordnet haben? In der Hoffnung, noch mehr von diesem lebenserfahrenen Mann zu lernen, schiebt sie ihre Einkaufstüte ein wenig zur Seite und rückt ein Stückchen näher an ihn heran. Der alte Mann zeigt auf ein altes Auto auf der anderen Straßenseite.

»Das waren noch Autos«, schwärmt er, »die wurden noch mit Liebe konstruiert. Ja, die Zeiten ändern sich, aber Charme und Ästhetik sind zeitlos. Schauen Sie sich doch die heutigen Autos an. Sie werden alle nach Schema F gebaut. Quadratisch. Praktisch. Gut. Haben keine Persönlichkeit mehr.«

Gerder staunt über die liebevollen Worte, die der Mann für das Auto gefunden hat, als spreche er über einen guten Freund.

»Wissen Sie«, setzt er nach einer kurzen Atempause wieder ein, »Anfang der 60er fuhr ich auch dieses Modell. In

Weiß. Ich hatte etwas Geld gespart und einen Zuschuss von meiner Großmutter bekommen.« Er lacht. »Es war eine tolle Zeit. Mit der Badewanne konnte ich alle Mädchen beeindrucken.«

»Badewanne?«

Als habe der Körper des alten Mannes einen Energieschub erhalten, wirkt er nun nicht mehr steif und hölzern, sondern voller Spannkraft. Sogar in seinen Augen blitzt ein lebhaftes Leuchten auf. Offensichtlich tut es ihm gut, in Erinnerungen zu schwelgen und andere daran teilhaben zu lassen. Ob er niemanden hat, der ihm sonst zuhört?

»Es ist die rundliche Karosserie, wissen Sie. Die regte die Fantasie der Menschen an. Können Sie sich denn nicht mehr daran erinnern?« Zum ersten Mal schaut er sie genauer an. »Ach nein, dafür sind Sie zu jung. Die Form des Autos erinnerte die Menschen damals an ein Stück Seife oder an eine Wanne. Der Volksmund findet immer die besten Umschreibungen.«

Bei dem Oldtimer handelt es sich um ein knallrotes Modell mit der Aufschrift *Ford Taunus*. Auch Gerder findet den Wagen sehr ansprechend, kann aber die Euphorie des Alten nicht teilen.

Lachend schlägt dieser sich auf die Schenkel: »Die ovalen Scheinwerfer wurden übrigens Taucherbrillen genannt.«

»Dann waren diese Jahre wohl sehr wichtig für Sie?«, versucht Gerder, ihn auf etwas Wesentlicheres als ein Auto zu lenken.

»Das war eine tolle Zeit. Ich war jung und frei, voller Elan und Ideen.«

Er senkt seine Arme, legt die Hände in den Schoß und spricht mit ausdrucksloser Stimme weiter. »Dann habe ich meine Frau kennengelernt und wir wurden bald eine Familie.«

Bedrückt schaut er zuerst auf seine wippenden Füße und dann wieder verträumt zu dem Oldtimer, in den gerade zwei kichernde Mädchen einsteigen, bevor er langsam anfährt. Gerder wartet.

»Und die Zeit wurde immer knapper.«

»Das verstehe ich nicht, die Zeit ist doch immer gleich lang. Für jeden Menschen und in jedem Augenblick.«

»Damals brauchte ich jedenfalls keine Zeit totzuschlagen.«

»Sie meinen wie jetzt, beim Warten auf den Bus?«

»Genau.«

»Und war das besser damals?«

»Nicht immer. Wenn ich ehrlich bin, war es oft sehr anstrengend, keine Zeit für sich selbst zu haben.«

»Ich kann mir gut vorstellen, dass es schwer ist, allen Familienangehörigen auch zeitlich gerecht zu werden. Heute haben Sie doch sicherlich mehr freie Zeit zur Verfügung.«

»Und genau deshalb will ich sie hier auch nicht vergeuden«, fällt er ihr ins Wort.

»Sie könnten diese Stunde des Wartens doch auch als zusätzliches Zeitgeschenk betrachten und genießen.«

»Genießen? Wie denn?«

Der Tonfall des Alten ist härter geworden und seine seltsame Antwort macht sie nachdenklich. Sie hofft, dass sie dem Fremden nicht zu nahegetreten ist.

»Nun ja«, beginnt sie langsam, »Sie könnten Spazieren gehen, etwas Interessantes lesen, sich irgendwo gemütlich hinsetzen, einen Kaffee trinken, sich von der Sonne verwöhnen lassen und sich fragen, ob die Erde der Mittelpunkt des Weltalls ist?«

»Für Astrologie habe ich mich noch nie interessiert.«

So langsam ärgert sich Gerder über die mangelnde Bereitschaft des Fremden, sich einmal kritisch mit seinem Problem auseinanderzusetzen. Trotzdem startet sie einen letzten Versuch.

»Oder Sie freuen sich ganz einfach über ein nettes

Gespräch mit einem höflichen und interessierten, sagen wir, Zeitgenossen.«

Der Körper des Mannes versteift sich. Hat er ihr überhaupt zugehört? Jetzt schaut er auf seine Armbanduhr, fast so, als wolle er ihr zu verstehen geben, dass es Zeit sei zu gehen. Als er dann beginnt, in seiner Einkaufstüte zu kramen, verabschiedet sich Gerder und wünscht ihm freundlich einen guten Tag. Soll er doch weiter die ihm geschenkte Zeit totschlagen. Was ist das überhaupt für ein brutaler Ausdruck, so sinnlos und unpassend. Egal!

Mit wirren Gedanken im Kopf und einer von den vielen Eindrücken verursachten inneren Unruhe bummelt sie jetzt lieber durch einige weniger belebte Nebenstraßen. Das wird ihr helfen, sich wieder zu beruhigen. Hinter einem gepflasterten Platz, dessen schöner alter Steinbrunnen sie an das frühere Wasserholen der Frauen erinnert, biegt Gerder rechts ab in die Rosenstraße. Dreigeschossige Stadthäuser beherrschen hier das Straßenbild. Die meisten sind vielleicht zwanzig oder dreißig Jahre alt und wirken gediegen, aber optisch nicht sehr ansprechend. Nur hier und da erblickt sie Relikte einer älteren Baukunst wie Stuckornamente, Reliefs oder gebogene Türbögen mit einem höheren Anspruch an Geschmack und Ästhetik. Dennoch verströmt die Straße eine behagliche Atmosphäre. Einige Blumenkübel am Ende verleihen ihr den Status einer Sackgasse.

Gerder fühlt sich magisch angezogen von einem kleinen Glaspavillon, der bis zum Rand vollgestopft ist mit einer Unmenge bunter Verkaufsartikel. Lothars Büdchen liest sie auf dem Schriftzug oberhalb eines geöffneten Fensters, aus dem der Oberkörper eines Mannes hervorlugt, der einen Stapel Zeitschriften sortiert. Das quadratische Häuschen besteht nur aus Fensterfronten, so dass Gerder das gesamte Angebot von draußen sehen kann: Aufgestapelte Getränke in Dosen, Flaschen und Pakete im unteren Bereich, darüber Getränke in Miniflaschen aller Ausführungen, Schachteln, Tüten und Rollen voller Süßigkeiten in allen Farben, Formen und Größen, mindestens 50 verschiedene Zigarettensorten, Uhren, Armbänder und und und. Alles dicht an dicht zusammengestellt. Wie kann man sich dort nur zurechtfinden? Gerder ist es nicht möglich, irgendein System zu erkennen. Draußen stehen zusätzlich zwei mannshohe Ständer, prallgefüllt mit Zeitungen und bunten Zeitschriften. Ausgerüstet mit ihrer Handtasche macht sie sich auf den Weg über die Straße.

»Einen wunderschönen Guten Morgen«, begrüßt sie ein etwa 40-jähriger dunkelhaariger Mann.

»Guten Morgen«, antwortet Gerder und fühlt sich durch seine herzliche Art eingeladen zu einem kleinen Plausch. »Gehört Ihnen dieses Geschäft?«

»Oh ja! Der kleine Kiosk ist seit zehn Jahren mein Reich. Ich bin Lothar.« Und mit einer Handbewegung weist er auf den Schriftzug über ihm.

Gerder sieht sich neugierig um. Das Angebot verwirrt sie, da ihr die meisten Artikel fremd sind. Schließlich bleiben ihre Augen an den farbenfrohen Modezeitschriften hängen. Jetzt, wo sie neu eingekleidet ist, will sie mal einen Blick riskieren. Vogue, Freundin, Cosmopolitan, Burda, Avantgarde, Brigitte, Bolero. Du meine Güte. Ihre Hände streifen suchend über die einzelnen Hefte, können sich jedoch für keines entscheiden.

»Wenn Sie sich für Mode interessieren, dieses Magazin ist gestern neu erschienen.«

Lothar hält ihr ein Hochglanzmagazin entgegen. Walburga, liest Gerder. »Was für ein schöner germanischer Name«, sagt sie und nimmt das Journal entgegen, froh darüber, dass die Qual der Wahl damit ein Ende gefunden hat.

»Na ja«, meint Lothar, »ich finde ihn nicht sehr aufregend, aber irgendwie muss man sich ja von der Vielzahl abheben, sonst kriegt man heutzutage kein Bein an die Erde.«

»Wird das wirklich alles gelesen?«

»Ob es gelesen wird, weiß ich nicht«, lacht Lothar, »aber am Samstag habe ich alles verkauft. Und das zählt.«

Vorsichtig streicht sie über das magere, hohlwangige Geschöpf, das sie aus dunkel geschminkten Augen ernst ansieht. Der extrem kurze Rock lässt die langen Beine des Fotomodells wunderbar zur Geltung kommen. Gerder denkt an einen Storch.

»Sie dürfen ruhig ein wenig darin herumblättern«, bietet Lothar großzügig an, stellt einen weißen Karton aus dem Ladeninneren auf die Verkaufstheke und beginnt sofort, ihn zu öffnen. »Ich bin da nicht so kleinlich. Man will ja schließlich wissen, was man kauft.«

Vorsichtig packt er einen großen Teller mit belegten Brötchen aus und stellt ihn gut sichtbar, aber vor den Händen der Kunden geschützt, hinter die Glasscheibe.

»Die sehen sehr appetitlich aus«, schwärmt Gerder.

»Und sie schmecken auch ausgezeichnet«. Lothar strahlt voller Stolz. »Ich hole sie jeden Tag frisch vom Bäcker um die Ecke.«

Gerder beginnt, vorsichtig in der Walburga zu blättern.

»Moin Lothar, alles klar?«

»Guten Morgen Sven. Schon alles gepackt?«

»Klar, Mensch. Nur Vanessa wird nicht fertig.«

Ein gutaussehender Mann mit dunkler Igelfrisur und langen dünnen Koteletten steht am Kiosk und greift nach der Tageszeitung.

»Wie die Frauen halt so sind. Sie können sich nie entscheiden und wollen am liebsten den ganzen Kleiderschrank mitnehmen«, grinst Lothar.

»Ganz genau, Mensch. Gibst du mir noch zwei Päckchen Lungengold?«

Lothar greift zielstrebig ins Regal und legt zwei Schachteln Zigaretten auf die Zeitung. Sven bezahlt, klemmt sich die Zeitung unter den Arm und greift nach den Zigaretten. Mit einen Ciao und einer kurzen Handbewegung verabschiedet er sich. »Geil, Mensch«, hört Gerder ihn murmeln.

»Schönen Urlaub«, ruft Lothar ihm noch nach, »und grüß Vanessa von mir.«

Sven hebt seinen Arm und ist verschwunden.

»Ein verrückter Kerl«, lacht Lothar. »Er fliegt mit seiner Frau heute in den Urlaub.«

Gerder gibt Lothar die Zeitschrift. »Das war ein guter Vorschlag von Ihnen«, sagt sie »Ich nehme sie. Und auch die Tageszeitung und ein Brötchen.«

Sie steckt schon einmal eine Hand in ihre Jackentasche, um für das Bezahlen gerüstet zu sein.

»Schinken, Salami, Käse, Ei, Lachs?« Lothar schaut sie fragend an.

»Ein Käsebrötchen bitte«, antwortet sie. »Sagen Sie, Lothar, führen Sie auch Portemonnaies?« Der Gedanke ist ihr spontan gekommen.

»Die habe ich leider noch nicht in meinem Sortiment, aber ich werde mal darüber nachdenken. Das sind dann zusammen 6,90 €.«

Während Gerder darauf wartet, dass die Bewegung in ihrer Hand zum Stillstand kommt, packt Lothar das Brötchen in eine Papiertüte und legt es zusammen mit der Zeitung auf die Theke. Gerder bezahlt mit dem zufriedenen Eindruck, dass ihr dieses inzwischen schon recht souverän gelingt, und verstaut den Einkauf sorgfältig in ihrer Handtasche, die endlich ihre Funktion erfüllt.

Ein sehr netter Mensch, denkt sie, als sie um die nächste Ecke biegt, und freut sich darüber, dass sich dadurch das Gespräch mit dem Alten an der Bushaltestelle relativiert hat. Sie gelangt auf eine wenig befahrene Straße, die zurück in die Innenstadt führt. Auf beiden Seiten entdeckt sie eine Anzahl kleinerer Geschäfte. Im Vorbeigehen nimmt sie eine

Bäckerei wahr, wo Lothar wahrscheinlich seine Brötchen kauft, mehrere kleine Schmuckgeschäfte, eine Schneiderei, zwei Ateliers mit ausgestellten Bildern und Skulpturen, einzelne Modeboutiquen und, welch ein Glück, am Ende ein winziges Lederwarengeschäft. Ohne die Schaufensterauslagen zu beachten, schlüpft sie hinein. Die grauhaarige Verkäuferin steht hinter der alten Holztheke und schreibt etwas auf einen Block. Der starke Unterschied zwischen Lothars modernem Glaskasten oder dem eindrucksvollen Einkaufspalast und diesem altehrwürdigen, stark nach Leder riechenden Kleinod verschlägt ihr die Sprache. Sie grinst, weil sie an die Worte der Verkäuferin am Morgen denken muss. *Ich dachte, Sie seien im letzten Jahrhundert vergessen worden.* Jetzt kann sie die wahre Bedeutung hinter diesen Worten nachvollziehen. Sie fühlt sich in diesem Laden sofort geborgen und wohl.

»Guten Tag. Womit kann ich Ihnen helfen?«

»Ich suche ein Portemonnaie.«

»Haben Sie schon eine Vorstellung von der Größe oder Form?«

»Äh, nein, leider nicht.«

»Soll es denn nur als Geldbörse oder auch als Brieftasche genutzt werden?«

Gerder überspielt ihre Unsicherheit mit einem Lächeln. »Ich brauche es nur für mein Bargeld.«

»Gut.« Die Frau greift in eine der Schubladen unter der Theke und legt zwei Modelle auf den Tisch. »Schauen Sie, diese zwei sind sehr zweckmäßig aufgebaut. Beide besitzen ein Fach für Scheine und für Kleingeld, haben ein handliches Format und eine gute Qualität.«

Sie spürt die Zögerlichkeit ihrer Kundin. »Bitte nehmen Sie sie ruhig in die Hand.«

Das lässt sich Gerder nicht zweimal sagen. Beide Portemonnaies fühlen sich weich und handlich an. Mehr fällt ihr dazu beim besten Willen nicht ein, da sie noch nie eine Geldbörse besessen oder benutzt hat. Noch einmal sieht sie die Frau in die Schublade greifen. Dieses Mal hat sie ein weißes Produkt in der Hand.

»Vielleicht gefällt Ihnen auch dieses Modell. Es ist genauso gearbeitet wie die anderen, nur in weißem Leder. Es würde sehr gut zu Ihrer Handtasche passen.«

»Das stimmt«, räumt Gerder ein. Nie hätte sie selbst diesen Zusammenhang erkannt, doch er überzeugt sie auf Anhieb und mit einem sicheren Gefühl für einen guten und sinnvollen Einkauf verlässt die das Geschäft.

Den Hinweisschildern folgend macht sie sich auf den Weg in den Westpark, wo sich schon früher die Studenten getroffen haben. Und tatsächlich hat die Sonne auch heute viele junge Leute in den Park gelockt. Sie liegen und sitzen auf bunten Decken, mit Büchern oder den modernen Laptops beschäftigt, sich unterhaltend, Musik hörend oder Ball spielend. Etliche junge Mütter schieben ihre Kinderwagen spazieren oder schwatzen mit anderen Müttern, während sich ihre Kinder auf dem kleinen Spielplatz vergnügen. Insgesamt nimmt Gerder eine herrlich ausgelassene Freizeitstimmung wahr. Nur mit Mühe findet sie eine freie Bank für sich allein. Sie hat im Augenblick keine Lust, sich mit anderen zu unterhalten; sie braucht ein wenige Ruhe, um ihre Gedanken zu sortieren und die vielen Eindrücke des Tages zu verarbeiten. Das moderne Leben ist zwar bunter und offener geworden, dafür auch viel hektischer und lauter. Und an diese Rastlosigkeit muss sie sich erst gewöhnen.

Nachdem sie dem bunten Treiben auf der Wiese eine Weile zugeschaut hat, nimmt sie die Walburga zur Hand. Auf vielen ansprechend gestalteten Seiten erfährt sie nun, welche Kleidungsstücke sie in diesem Sommer tragen soll, was zu ihrem Typ passt, mit welchen Accessoires wie Schmuck, Gürteln, Taschen, Spangen und Tüchern sie alles kombinieren soll und welche Frisuren dazu passen. Außerdem wird ein geeignetes Make-up empfohlen, sowohl für das Gesicht als auch für die Augen, für den Tag und für den Abend, für das Büro und für die Freizeit, für drinnen und draußen. Gerder ist überwältigt. Und auf jeder dritten Seite wird ein Parfüm angeboten, eine Creme oder ein Spray. Verstört lässt sie das Magazin sinken. Woher sind nur all diese sonderbaren Bedürfnisse gekommen? Und wie können sie sich in jeder Saison ändern? Wozu brauchen die Frauen das alles? Verlernen sie bei diesem Überangebot nicht die eigene Kreativität? Die abgebildeten Mädchen tun ihr leid, denn sie sehen abgemagert, oft blass und hohlwangig aus. Ihr Blick wirkt stumpf und uninteressiert. Darüber kann auch die perfekte Schminke nicht hinwegtäuschen. Da fast alle Damen ähnlich aussehen, geht Gerder davon aus, dass sie dem aktuellen Zeitgeist entsprechen. Sie schaut über die Wiese und versucht, sich ein Bild von den Frauen im Westpark zu machen, und ist am Ende erleichtert, denn sie entdeckt nur fröhliche, gebräunte Gesichter zu Körpern, die nicht an Windhunde erinnern. Wieder nimmt sie sich das Magazin zur Hand. Warum ist das alles so wichtig geworden? Diese Welt nicht mehr verstehend, wendet sie sich den Texten zu. Sie bestehen aus Erklärungen zu den Bildern oder kurzen Artikeln zu Mode- und Freizeitthemen. Gerder liest ein paar Abschnitte, findet jedoch keine Antworten auf die Fragen, die sie bedrängen. Sie schließt die Augen und döst ein.

Mittwochabend

Amondo wird immer unruhiger. Er sitzt schon eine geraume Weile auf der Bank und nimmt kaum etwas von der wunderbaren Umgebung wahr. Stattdessen schaut er sich ständig um in der Hoffnung, seine Freundin tauche endlich auf dem schmalen Waldweg, der zur Straße führt, auf. Noch nie hat sie sich so verspätet. Was mag sie aufgehalten haben? Er hat sich schon den ganzen Tag über Sorgen um sie gemacht, so dass sich die Stunden wie Gummi gezogen haben und nicht vergehen wollten. Noch nie hat er sich einen Abend so sehr herbeigesehnt wie den heutigen. Und noch nie ist er eifersüchtig gewesen. Eifersüchtig? Auf wen denn? Auf die Menschen? Wie kommt nur dieser absurde Gedanke in seinen Kopf? Sentimentalität ist seiner unwürdig. Natürlich ist er nicht eifersüchtig! Wie sollte er auch? Emotionen gehören nicht in seine Welt, sondern in den Zuständigkeitsbereich des Blauen Planeten, also der Erde, womit er wieder beim Ausgangspunkt seiner Betrachtungen angelangt ist.

»Du scheinst ja sehr trüben Gedanken nachzuhängen, mein lieber Amondo. Guten Abend.«

Er hat sie trotz aller Obacht nicht kommen hören und fühlt sich ertappt.

»Wie kommst du denn darauf?« Seine lahme Antwort sollte ihm etwas Zeit verschaffen.

Gerder lacht. Sie ist von hinten an ihn herangetreten, legt nun beide Arme um seinen Oberkörper und gibt ihm einen Kuss auf die Wange.

»Deine ganze Ausstrahlung gleicht einem einzigen Kummerkasten. Hast du dir etwa Sorgen um mich gemacht?«

Ihre dicke Lockenpracht kitzelt seine Nase. Er atmet den Geruch von nach Sonne duftender Haut ein und registriert beiläufig und ein wenig pikiert, wie sich sein Herzschlag durch diese Vertraulichkeit beschleunigt hat. Im tiefsten

Winkel seiner Seele gesteht er sich ein, dass er ihre Umarmung gerne bis zum Morgengrauen auskosten würde. Also rührt er sich nicht, um keine Störung zu provozieren. Doch Gerder lockert schon ihren Griff und er spürt sogleich, dass etwas anders ist als sonst. Fremde Gerüche. Während sie um die Bank herum auf seine Seite kommt, wendet er sich ihr zu und erstarrt. Sprachlos blickt er sie an. Gerder genießt diesen Augenblick. Sie stellt die Tüte mit ihren alten Kleidern hinter die Bank, stellt sich lachend vor ihren Freund und breitet ihre Arme aus. Dann dreht sie sich einmal um ihre eigene Achse, ganz langsam.

»Was baumelt denn da an deinem Arm?«, ist das einzige, was Amondo herausbringt, obwohl er genau weiß, wie armselig diese Bemerkung ist, denn seine Freundin sieht einfach großartig aus. Jetzt ist es zu spät.

»Wie ich sehe, ist mir die Überraschung gelungen.«

Gerder setzt sich neben Amondo auf die Bank und stellt ihre Handtasche demonstrativ zwischen sie. Dann schlägt sie die Beine übereinander, so dass ihre neuen Schuhe unter den Jeans hervorschauen. Unter dem Blazer trägt sie das Shirt mit dem Blumenmuster.

Ihre Verwandlung wirkt verstörend auf ihn. Noch nie in ihrem gemeinsamen Dasein hat sich einer von ihnen so stark verändert.

»Aber du hast mich doch schon wiedererkannt, oder?«

Er spürt, dass sie es ihm nicht noch schwerer machen möchte, und reißt sich zusammen.

»Entschuldige, Gerder, meine Liebe, aber im ersten Augenblick dachte ich wirklich, du hättest eine jüngere Schwester von dir geschickt.«

Ihr lautes Gackern erfüllt die Atmosphäre endlich mit beruhigender Vertrautheit.

»Im Übrigen siehst du großartig aus! Die Menschen scheinen dir gut zu tun«, gelingt es ihm hinzuzufügen und ein winziger Nadelstich macht sich auf den Weg zu seinem Herzen. Gerder lächelt und atmet einen tiefen Zug der klaren Nachtluft ein.

»Ja«, beginnt sie langsam, »es war ein aufregender Beginn.« Und dann erzählt sie ihm von den Ereignissen des Tages, jede Einzelheit, jede Auffälligkeit und jede Unklarheit. Amondo hört aufmerksam zu und unterbricht sie nicht, obwohl viele Fragen durch seinen Kopf schwirren. Als sie ihren Bericht beendet hat, kann er sich allerdings nicht mehr bremsen.

»Warum hast du dir Aix la Chapelle ausgesucht? Hat sich die Stadt sehr verändert? Wann hast du deinen Plan gemacht? Warum hast du dich neu eingekleidet? Hat es einen Grund dafür gegeben? Sind dir die Menschen wegen deines Aussehens feindlich entgegengetreten? Wie sieht deine weitere Vorgehensweise aus?

»Bis zum Sonnenaufgang wusste ich noch nicht, wie ich mein Vorhaben umsetzen soll,« erklärt Gerder, »wobei mir von Anfang an klar war, dass ich nur in Aix la Chapelle Antworten finden würde. Du weißt doch, wie sehr ich an diesem Ort hänge, lange, bevor die Menschen ihn für sich entdeckten.«

»Ja, das weiß ich und es war sicherlich eine gute Wahl. Doch wie konntest du den Verkehr vergessen? Du weißt doch, wie stark er zugenommen hat und die Straßen verstopft. Und wie viele Unfälle er tagtäglich verursacht. Das hätte böse enden können!«

»Da hast du allerdings recht.«

»Du bist und bleibst eine Träumerin«, lächelt er liebevoll. »Wie sieht dein weiterer Plan im Detail aus? Wenn ich das richtig sehe, hast du dich heute erst einmal ein wenig orientiert und akklimatisiert.«

»Und äußerlich angepasst«, ergänzt Gerder und streift mit der linken Hand über ihre neue Hose, um Zeit zu gewinnen, denn wie immer hat Amondo zielsicher ihren wunden Punkt getroffen, die Schwachstelle ihres Projektes. Sie stellt ihre neue Handtasche vorsichtig auf den Moosboden und rückt ein wenig näher an ihn heran, um sich bei ihm einzuhaken.

»Ach, mein Lieber,« beginnt sie zögerlich, »du kennst mich doch. Das Planen liegt mir nicht. Ich lasse die Dinge lieber auf mich zukommen und reagiere dann aus meinem Gefühl heraus.«

Ein langes Schweigen breitet sich aus. Ein Schweigen, das ausgefüllt ist mit herumspringenden und im Widerstreit liegenden Gedanken und Gefühlen bei Amondo, der die körperliche Nähe seiner Freundin gerne uneingeschränkt genießen würde, ohne die nagenden Zweifel und Fragen in seinem Kopf. Obwohl er jetzt einen sanften Ton anschlägt, klingen seine Worte viel zu streng und kalt.

»Ohne einen vernünftigen Plan sind die Aussichten, etwas Konkretes und Überzeugendes für die BRUDER-SCHAFT zu finden, höchst gering.«

Wieder atmet er den erdigen Duft ihres Haares ein. Gleichzeitig fragt er sich, ob es aus seiner Perspektive heraus nicht sinnvoller wäre, Gerder nicht zu unterstützen, da er doch selbst für das Projekt Mensch keine Zukunft sieht. Vielleicht sollte er sich einfach entspannt zurücklehnen und den Dingen ihren Lauf lassen? Wahrscheinlich würden sie dann nicht allzu weit voranschreiten und die alte Ruhe wäre schnell wiederhergestellt. Das hätte außerdem den Vorteil, dass er sich auf lange Sicht gesehen weniger Sorgen um seine Freundin machen müsse. Ein verlockender Gedanke, den er im selben Augenblick verwirft. Wie konnte er nur daran denken, sich gegen sie zu stellen und ihr nicht den Rücken zu stärken? Gerder ist seine engste Verbündete im Universum. Sie sind nicht nur aufeinander angewiesen, um im komplexen Himmelsgefüge zu bestehen, was einer reinen

Geschäftsverbindung gleichkäme. Nein, sie sind befreundet und in dieser Rolle steht man zueinander. Man geht zusammen durch Dick und Dünn, wie die Menschen sagen. Also hat er keine andere Wahl und möchte im Grunde genommen auch keine andere haben. So versucht er, ihr Gespräch in eine weniger brenzlige Richtung zu lenken.

»Hat das Materialisieren des Geldes wieder problemlos funktioniert?«

Gerder erinnert sich an die lustige Situation im *Latte Macchiato*.

»Es ist immer noch ausschließlich eine Sache der Konzentration. Beim ersten Mal war ich zu aufgeregt und von der ganzen Umgebung abgelenkt. Nun habe ich es im Griff, so dass es zu keiner sonderbaren Situation mehr kommen wird.«

Sie tippt sich an den Kopf und greift in ihre Handtasche.

»Schau mal, sicherheitshalber habe ich mir diese schöne Geldbörse gekauft. Morgen früh werde ich sie auffüllen, dann brauche ich mir darüber keine Gedanken mehr zu machen.«

Amondo nickt zustimmend.

»Irgendwie braucht man an jeder Ecke Geld«, endet sie ihren Bericht.

»Und mehr Gelassenheit.«

»Wie meinst du das?«

»Nun, deinen Schilderungen nach zu urteilen scheint es einen Faktor zu geben, der die Menschen geradezu versklavt, und das ist die *Zeit*.«

Seine Stimme ist ruhig und nachdenklich geworden. Gerders Schilderungen vom heutigen Tag haben ihn in seiner Meinung über die Menschen nur bestärkt. Er kann beim besten Willen kein Mitgefühl für diese Spezies aufbringen. Sie sind aggressiv und egoistisch und nicht willens, sozial und intelligent miteinander umzugehen. Das ist schon an ihrem ersten Besuchstag deutlich geworden, zwar nicht in jeder Situation, doch irgendwie unterschwellig. Als Gerder nicht antwortet, sagt er:

»Nimm die Frau im Einkaufszentrum, die dich umgerannt hat. Sie reagierte so wütend, weil sie in Eile war. Dabei hat sie nur eingekauft. Und nicht einmal Nahrungsmittel zur Lebenserhaltung, was ich noch verstehen würde.«

»Ich glaube, sie hat einfach nur einen großen Schrecken bekommen. Und es war auch meine Schuld, weil ich einfach stehen geblieben bin.«

»Schuld?«, ereifert sich Amondo. »Muss man denn mit den Menschen immer mitrennen? Sogar, wenn man durch ein Kaufhaus bummelt?«

Verständnislos schüttelt er den Kopf. »Dann nehmen wir den alten Herrn an der Bushaltestelle.«

»Mit ihm habe ich mich doch gut unterhalten.«

»Entschuldige, Gerder, aber selbst ihm fiel nichts anderes ein als zu fluchen und sich zu ärgern, nur weil er den Bus verpasst hat. Wie er dir versicherte, hat er nichts versäumt. Und aus einer anderen Perspektive betrachtet, wurde ihm sogar Zeit geschenkt, doch sein einziger Gedanke war, sie totzuschlagen. Unfassbar! Auch dieses brutale Wort dafür.«

»Vielleicht ist er aufgrund seines Alters ein wenig unflexibel geworden?«

»Das wird sicherlich der Fall sein. Aber du hast ihm geduldig zugehört und ihn abgelenkt, dennoch hat er euer Gespräch überhaupt nicht so empfunden. Auch nicht als nette Unterhaltung mit einer interessanten Frau. Das ist doch seltsam, oder?«

Amondo legt seine Stirn in Falten. »So kann man nur den Eindruck gewinnen, dass der Umgang der Menschen mit dem Konstrukt Zeit zumindest zwiespältig geworden ist.«

»Wie meinst du das?«

»Die einen scheinen aus irgendeinem Grund keine Zeit zu haben, was sie angespannt und überreizt macht, und die anderen haben genug Zeit, sind aber nicht in der Lage, diese sinnvoll zu füllen, was sie ebenfalls angespannt und überreizt macht.«

Stille. Während Gerder nach Gegenargumenten sucht, legt Amondo seinen Arm um sie und drückt sie liebevoll an sich.

»Wie man es dreht und wendet, immer kommt Unfrieden heraus. Wenn sie sich also schon in den kleinen Dingen des Alltags an Streitlust und Bissigkeit gewöhnt haben, wundert es mich nicht, dass sie die großen Konflikte so lösen, wie sie sie lösen. Na ja, sagen wir, zu lösen versuchen.«

»Ich glaube, du bist ein wenig ungerecht. Erinnere dich an die vielen Menschen im Park, die ihre Zeit mit Spielen, Lesen und Lachen genießen konnten.«

»Wahrscheinlich haben sie sich für dieses Vergnügen ein genau einkalkuliertes Zeitfenster erarbeitet,« kichert Amondo. »Und dann wären auch sie nicht frei von dieser Fessel. Ich jedenfalls habe den Eindruck gewonnen, dass ihr selbstgebautes Werkzeug inzwischen weniger eine Hilfe als eine Last geworden ist, denn kein Mensch scheint ausreichend Zeit zu haben. Oder wenn sie genug davon haben, sind sie sich nicht der Tatsache bewusst, dass Zeit ein Ausdruck ihres Lebens, ihrer Existenz ist. Also ein Geschenk. Und das, wo sich ihre Lebenszeit mindestens verdoppelt hat. Das muss ein furchtbares Gefühl sein.«

Gerder schweigt. Sie ist müde vom Tempo des Tages. Ja, der Alltag der Menschen hat in den letzten Jahrzehnten an Geschwindigkeit zugenommen und das scheint ihnen nicht gutzutun. Hat sich dieses wunderbare Instrument der Zeiteinteilung tatsächlich schon verselbstständigt?

»Die Menschen mussten sich einen Rahmen schaffen, der ihnen Halt und Orientierung gibt.«

»Ja, das verstehe ich. Sie brauchten etwas, das ihnen Anfang und Ende greifbar macht. Doch wenn dieser Rahmen unvorhergesehen fortbricht, werden sie unsicher und ungemütlich. Daran kannst du klar erkennen, dass sich Frieden und Freundlichkeit nicht in einer hektischen Atmosphäre entwickeln,« flüstert Amondo in die Dunkelheit hinein. »Doch was ist wichtiger, als Frieden und Freundlichkeit in seinem Herzen zu bewahren, um genauso miteinander umzugehen? In ihrem Alltag jedenfalls scheinen diese Aspekte wenig Anklang zu finden.«

Behutsam nimmt er ihre Hand, denn es ist schon wieder Zeit für ihn, aufzubrechen. »Ich bin auf jeden Fall sehr glücklich darüber, dass unsere Zeit in ruhigen und entspannten Bahnen verläuft.«

Das Universum warnt und spricht:
Das Geld regiert die Welt noch nicht.

Am Donnerstag

Auch im Westpark ist ein kleiner, von hohen Bäumen und Sträuchern teilweise umfriedeter Weiher angelegt. Gerder sucht sich eine Bank, die ihr sowohl einen Blick auf das Wasser als auch auf die große Wiese ermöglicht. Sie lauscht dem Gesang der Vögel und versucht, sich auf den heutigen Tag unter den Menschen einzustimmen. Die Nacht hat sie erfrischt und geerdet, so dass sie sich voller Optimismus fühlt. Sie nimmt das Brötchen, das sie am Vortag in Lothars Büdchen gekauft hat, aus der Handtasche und beißt hinein. Obwohl die Käseränder schon ein wenig trocken sind, schmeckt es gut und sie hofft, dass ihr der volle Magen ein paar gescheite Ideen schenkt. Also, was möchte sie von den Menschen erfahren, bei ihnen entdecken, besser noch, wovon sollen sie sie überzeugen?

Das ist doch ganz einfach, hört sie Amondos Stimme, *dass sie dich ehren und sich dadurch das Privileg verdienen, weiterhin deine Gastfreundschaft genießen zu dürfen.* Ja, ja, aber wie kann sie mehr von den Menschen erfahren? Und vor allem wo? Ihr steht schließlich nicht viel Zeit zur Verfügung. Oh je, schon wieder dieser Maßstab. Ist auch sie schon mit seinem Stachel infiziert? Gerder lacht laut auf. Ihr wird klar, dass es die Menschen nicht leicht haben, sich von eingefahrenen Gewohnheiten zu distanzieren, sofern sie es denn wünschen, wenn selbst sie nach einem Tag schon darin gefangen scheint. Was möchte sie wirklich von ihren Schützlingen wissen? Im Grunde genommen interessiert sie nur die Antwort auf eine recht einfache Frage: Wissen die Menschen noch, dass die

Liebe die treibende Kraft im Universum ist, die Grundlage jeder Entwicklung, der Keim eines friedlichen Miteinanders? Eine Selbstverständlichkeit, eine natürliche und fest in jedes Leben verankerte Bestimmung, die jedem einzelnen Freiheit und Harmonie schenkt. *Schenken könnte*, hört sie Amondo lachen. Sie seufzt. Keinesfalls darf sie sich zu sehr von den Alltagsgeschäften der Stadtmenschen ablenken lassen, sondern muss den Blickwinkel auf ihre wesentlichen Aussagen oder auch auf die Zwischentöne lenken. Sie knüllt die Tüte zusammen, wirft sie in den Papierkorb und ist insgeheim froh, nicht wieder dem ungepflegten und unglücklichen Stadtstreicher zu begegnen. Ungepflegt ja, aber unglücklich? Ihr kommen Zweifel, denn er schien gestern recht zufrieden in seiner eigenen, wenn auch befremdlichen Welt zu leben. Egal. Eines ist jedenfalls sonnenklar: Wenn sie hier im Park sitzenbleibt, wird sie mit großer Wahrscheinlichkeit vorerst keiner Menschenseele begegnen. Also macht sie sich auf den Weg zur Straße.

Schon nach wenigen Metern geht sie auf eine Menschenansammlung zu, junge Frauen, ältere Frauen, junge Männer, ein paar Kinder. Alle stehen und warten. Als Gerder die Gruppe erreicht, entdeckt sie das Schild einer Bushaltestelle und bevor sie sich orientieren kann, kommt ein Bus angefahren und hält direkt vor ihrer Nase. *Linie 3B Universitätsklinikum* kann sie gerade noch lesen, bevor sie einsteigt. Der Fahrer schaut sie fragend an. Gerder ist irritiert. Die anderen Fahrgäste drängen an ihr vorbei, manche halten einen Zettel oder ihr aufgeklapptes Portemonnaie hoch.

»Wo soll es denn hingehen?«, hört sie den Fahrer genervt fragen.

»Ah, zum Klinikum bitte«, lächelt sie und beobachtet, wie der Mann an einem grauen Kästchen hantiert.

»Eins-sechzig.«

Gerder holt ihre neue Geldbörse aus der Tasche und legt dem Fahrer einen 10-Euro-Schein hin.

»Haben Sie es nicht kleiner?«

Inzwischen sind alle eingestiegen und sie fühlt sich durch die barsche Art des Busfahrers unter Druck gesetzt. Der atmet tief durch, sagt aber nichts mehr. Sie lächelt ihn an, wühlt in ihrem Portemonnaie herum und puhlt etwas Kleingeld heraus. Wieder macht sich der Mann an dem Gerät zu schaffen und tippt ein paar Tasten. Dann legt er Ticket und Rückgeld auf die Ablage und drückt im selben Augenblick aufs Gaspedal, als sei der Teufel hinter ihm her. Gerder stolpert in den Gang hinein, in der einen Hand ihre Handtasche, in der anderen Ticket und Kleingeld. Ihr fehlt eine dritte Hand, um sich irgendwo festzuhalten. Einen kurzen Augenblick lang spielt sie mit dem Gedanken, die Straße aufzurütteln und den Bus in ein riesiges Schlagloch steuern zu lassen. Oder den Busfahrer mit einem Schwächeanfall zu beglücken. Sie ist sich sicher, dass der Faktor Zeit für ihn dann keine oder eine gänzlich neue Rolle spielen würde. Noch in diesen menschlichen Gedanken verhaftet, spürt sie zwei starke Hände, die sie packen und auf einen freien Sitzplatz drücken. Verblüfft stopft sie den Inhalt ihrer Hände in die Handtasche und schaut hoch. Und beginnt, aus vollem Hals zu lachen. Zu gackern, wie es Amondo zu umschreiben pflegt. Temperamentvoll schüttelt sie ihren Kopf.

»Das gibt es doch nicht. Sie?!«

Auch ihr Gegenüber hat sich von ihrem Lachen mitreißen lachen, streckt ihr seine Hand entgegen und strahlt: »Stets zu Diensten. Ihr Schutzengel.«

Er hat sie in ihrem neuen Outfit kaum wiedererkannt. Dazu die offen getragenen lockigen Haare. Eine Verwandlung um 180 Grad. Er ist nicht nur überrascht, sondern äußerst beeindruckt. Zumindest äußerlich gehört seine neue Bekannte jetzt in die reale Welt, wenngleich sie sich immer noch reichlich versponnen verhält.

»Solange Sie in unserer Stadt sind, werde ich wohl nicht arbeitslos«, schmunzelt er.

»Ja, das scheint mir auch so zu sein«, erwidert Gerder, »und erneut muss ich mich bei Ihnen aufs Herzlichste bedanken. Wer weiß, was ohne Sie geschehen wäre?«

Im Gegensatz zu ihr sieht er völlig unverändert aus. Immer noch ganz in schwarz gekleidet. Immer noch sehr seriös. Er winkt ab.

»Bald wachsen Ihnen schwarze Flügel«, ergänzt Gerder, immer noch lachend, während sie sich diesen Anblick bildlich ausmalt.

»Und Sie möchten sich im Klinikum sicherlich untersuchen lassen?«

Zuerst schaut sie ihn etwas verwundert an. Dann begreift sie.

»Sie meinen, ich sollte mir dort meinen Kopf untersuchen lassen.«

»Äh, ich dachte eher daran, Ihren Konzentrationsstörungen auf den Grund zu gehen, damit Sie sich im Verkehr sicherer zurechtfinden.« Er grinst.

»Keine schlechte Anregung.«

»Vielleicht genügt aber schon ein entsprechendes Trainingsprogramm. Was meinen Sie?«

»Das ist auch eine gute Möglichkeit.«

»Sie sollten auf jeden Fall nicht so viel allein unterwegs sein. Das ist einfach zu gefährlich.«

»Denken Sie an einen Stadtführer?«

»Ganz genau. Und völlig uneigennützig könnte ich mich da für morgen Nachmittag anbieten. Was halten Sie von der Idee?«

»Großartig. Die finde ich großartig«, platzt es aus ihr heraus. Endlich ergibt sich eine Möglichkeit für sie, mit jemandem intensiver zu reden. Eine Chance, die sie sich auf keinen Fall entgehen lassen will.

»Dann schlage ich vor, wir treffen uns um 14 Uhr an der Rathaustreppe. Abgemacht?«

»Abgemacht«, sagt Gerder und schlägt in die ihr entgegengehaltene Hand ein.

»Ich muss jetzt los. Hier ist übrigens die Endstation.«

»Oh. Vielen Dank für den Hinweis und auf Wiedersehen bis morgen.«

Sie sieht noch, wie er aus dem Bus springt, ihr noch einmal zuwinkt und dann über den Klinikvorplatz hastet. Sie selbst steigt langsam mit den übrigen Fahrgästen aus und bestaunt das vor ihr liegende Gebäude mit seiner monströsen skelettförmigen Stahlkonstruktion. Ist es ein seelenloses kaltes Produkt architektonischer Baukunst oder eher futuristisch und imposant? Letzteres in jedem Fall, entscheidet sie. Unterstützt wird dieser Eindruck noch durch einen kreativen Hubschrauberlandeplatz direkt vor dem Haupteingang, wo auch die Busse halten. Eine Landeplattform in vielleicht fünfzehn Metern Höhe, die der Form eines abgewinkelten Zeigefingers ähnelt. Eine großartige Idee, findet Gerder und lässt sich mit einem fortlaufenden Menschenstrom ins Innere des Klinikums führen.

Grün und Silber. Grün in allen Schattierungen für die Böden, Türen und Wände und Silber für die Stahlgerüste der Treppenbereiche sowie die sichtbaren Heizungs- und Lüftungsschächte. Ein Organismus aus Stahl und Beton. Aufgelockert wird das Ganze, zumindest im Eingangsbereich, durch viele kleine Geschäfte, die das Nötigste für Patienten und Besucher bereithalten: Schreibwaren, Zeitschriften, Blumen, Getränke und Süßigkeiten, sogar einen Briefkasten entdeckt sie. Ziellos lässt sie sich treiben und durchstreift endlose grüne Korridore, die alle gleich aussehen. Schon nach wenigen Minuten hat sie völlig die Orientierung verloren. Sie achtet nicht mehr auf die Wegweiser. Wozu auch? Sie verfolgt ja kein konkretes Ziel, möchte lediglich einen Eindruck davon gewinnen, wie die Menschen mit ihren Krankheiten umgehen. Auf jeden Fall nehmen diese eine nicht unbedeutende Rolle ein. Notaufnahme, Anästhesie, Radiologie, Nuklearmedizin, Dermatologie, Gynäkologie, Neurologie, Palliativmedizin, Kiefernorthopädie, Brustzentrum. Überall begegnen ihr Männer und Frauen vom Klinikpersonal in weißen Kitteln, die es oft eilig haben, und Patienten und Besucher. Es herrscht eine nur schwer einzuordnende beunruhigende Ruhe. Wenn nicht Aufzuggeratter oder andere Gerätschaften Geräusche verursachen, die Menschen sind es kaum. Gerder kann die Atmosphäre nicht einordnen. Etwas Unheimliches bemächtigt sich ihrer. Obwohl sie längst nicht alle Fachbereiche gefunden hat, macht sie sich auf den Rückweg zum Ausgang. Sind die Menschen denn so krank? Wie ist das möglich, wo es ihnen augenscheinlich sehr gut geht? Ihr Leben ist ausgesprochen komfortabel geworden. Sie haben in diesem Land ausreichend zu essen und zu trinken, brauchen im Winter nicht zu frieren und durch den Fortschritt der Technologie müssen sie sich auch körperlich nicht mehr übermäßig anstrengen. Welche Bedingungen mögen es nur sein, die sie ins Leid führen?

Langsam, aber zielstrebig folgt sie den Schildern zum Ausgang. Dieses viele Grün soll die Kranken wohl beruhigen, mutmaßt sie, während sie durch eine große Glastür schaut und von einer unsichtbaren Hand in die Station gezogen wird. Es ist eine Kinderstation. Hier geht es wesentlich lebendiger zu. Irgendwo spielen Kinder und lachen. Eine wunderbare Abwechslung. Neugierig folgt sie den Stimmen und erreicht nach wenigen Schritten ein Spielzimmer. Die Tür ist nur angelehnt, wodurch jedes Wort zu hören ist. Durch ein großes Fenster kann sie den Kindern zuschauen. Als sie vor die Scheibe tritt, entdeckt sie einige Meter weiter eine Stuhlreihe, natürlich in Grün. Ein etwa 9-jähriger Junge sitzt dort mutterseelenallein und zusammengesunken wie ihre unausgefüllte Handtasche, sobald sie diese abstellt. Gerder setzt sich zu ihm.

»Hallo«, sagt sie freundlich, aber der Junge hält den Blick auf den grünen Teppich gerichtet.

»Hallo«, antwortet er leise.

»Ich bin heute zum ersten Mal in dieser Klinik und muss ständig an Gurken denken. Geht es dir auch so?«

Der Junge schaut fragend auf, dann grinst er schüchtern.

»Meinen Sie den grünen Teppich?«

»Genau. Der Teppich ist grün und die Stühle und die Wände, sogar die Bilder da vorne. Alles ist grün«, zählt sie auf, »ich bin übrigens Gerder. Und wie ist dein Name?«

»Paul.«

»Warum sitzt du denn hier ganz allein und spielst nicht mit den anderen Kindern im Spielzimmer?«

»Ich warte auf meine Mutter. Die spricht mit dem Arzt.«

»Bist du denn krank?«

Paul nickt.

»Hm. Magst du mir erzählen, was dir fehlt?«

Zuerst zögert der Junge, dann fasst er sich ein Herz.

»Ich habe immer Bauchschmerzen.«

»Immer?«

»Immer morgens.«

»Dann kannst du gar nicht aufstehen und frühstücken?«

Paul schüttelt den Kopf und Gerder spürt seinen Kummer. Rein äußerlich wirkt der Junge völlig gesund und fit, keinesfalls wie ein blasser Magenkranker. Seine kräftigen roten Haare, die zu einem kurzen Pagenkopf geschnitten sind, verleihen ihm den Anschein einer natürlichen Vitalität, die sich jedoch in seiner Körperhaltung nicht widerspiegelt. Bisher ist ihr noch kein Mensch begegnet, dessen Haarfarbe so ungewöhnlich ist. Da kommt ihr ein Gedanke.

»Sag mal, Paul«, beginnt sie vorsichtig, »hast du auch nachmittags Bauchschmerzen?«

»Nein«, antwortet der Junge und lächelt sie an, »dann sind sie immer weg.«

»Bist du denn nicht gut in der Schule?«

»Doch, sogar sehr gut.«

Dann drücken also die schulischen Leistungen nicht auf seinen Bauch. Das hätten seine Eltern und Lehrer auch bestimmt schnell festgestellt.

»Ich war früher auch sehr gut in der Schule«, fantasiert Gerder, »und trotzdem bin ich nicht gerne hingegangen.«

Neugierig dreht Paul sich zu ihr um. »Und warum nicht?«

»Ich wurde immer gehänselt.«

Die Augen des Jungen weiten sich und Gerder erkennt, dass ihr Gefühl sie richtig geleitet hat.

»Weißt du, ich war damals sehr klein und dünn. Die Kleinste und Dünnste der ganzen Klasse, vielleicht sogar der ganzen Schule«, übertreibt sie.

»Und die anderen haben dich dafür ausgelacht«, tippt Paul.

»Ganz genau. Und sie wollten mich nicht mitspielen lassen. *Schnell, schnell, da kommt das Klappergestell*, haben sie gerufen und sind weggelaufen. Das hat sehr weh getan.«

Gerder hat keine Ahnung, woher dieser Vers gekommen ist, doch sie ist ein wenig stolz auf sich, da der Junge immer mehr auftaut.

»Ich kenne das.«

»Du, Paul?«

»Ja. Bei mir sind es die roten Haare. *Rotes Haar und Sommersprossen, an die Wand und abgeschossen.*«

»Wie bitte?«

»*Rote Haare, Sommersprossen, sind des Teufels Volksgenossen. Pumuckl* und *Pippi Langstrumpf* sind noch die harmlosen Wörter.«

Spontan nimmt Gerder ihren Schützling in den Arm und streichelt ihn.

»Also ganz ehrlich, ich würde meine dicke Lockenmähne sofort gegen deine roten Haare tauschen. Auf der Stelle!«

»Wirklich?«

»Ganz sicher. Ich habe rote Haare schon immer geliebt.«

»Und ich mag kleine dünne Mädchen«, lacht Paul und schmiegt sich vorsichtig an Gerder an.

»Weißt du Paul, die Menschen sind oft sehr unbedacht in ihren Worten. Sie überlegen nicht richtig, bevor sie etwas sagen oder rufen.«

»Wie ist es bei dir damals weitergegangen?«

»Oh, am Anfang habe ich still für mich allein gelitten. Ich traute mich nicht, mit irgendjemandem darüber zu sprechen und wurde immer trauriger. Das ging eine ganze Weile so. Am Ende habe ich mich doch meinen Eltern anvertraut, damit sie verstehen, warum ich so oft nicht zur Schule wollte.«

Der Junge versteift sich in Gerders Arm, sie hatte also richtig vermutet.

»Das war übrigens die beste Entscheidung, die ich getroffen habe, denn meine Eltern haben ganz anders reagiert als ich befürchtet hatte. So hatte ich auf einen Streich zwei Verbündete und fühlte mich viel stärker.«

»Und dann?«

»Und dann, ja, wie war das noch? Mein Vater hat mir den Tipp gegeben, genau darauf zu achten, wer mich immer so ärgerte. Das habe ich getan und gemerkt, dass es nur drei Schüler waren, die restlichen Klassenkameraden haben sich gar nicht daran beteiligt. Das hat mir sehr geholfen. Ich habe diese drei dann überhaupt nicht mehr beachtet und mich mit den anderen angefreundet. Denen war es egal, wie ich aussah. Und nach wenigen Wochen war das Problem gelöst, weil sich niemand mehr dafür interessierte.«

»Und die drei?«

»Die sind ihre eigenen Wege gegangen, als sie gemerkt haben, dass sie mich mit ihren dummen Sprüchen nicht mehr ärgern konnten. Weißt du, Paul, wenn du selbst deine roten Haare toll findest, können die anderen doch erzählen, was sie wollen, oder nicht?«

»Vielleicht«, antwortet Paul.

»Du bist also noch nicht überzeugt.« Gerder lacht. »Ich schlage vor, du probierst es einfach aus. Und noch etwas: Manchmal braucht es Mut, sich anderen Menschen anzuvertrauen, wenn man ein Problem hat. Aber es ist der beste Weg, weil er so viel Vertrauen schenkt. Und Menschen, die einen lieben, werden das auch zu schätzen wissen. Man muss es nur einmal ausprobieren. Was meinst du? Schaffst du das?«

Hinter der Tür zum Arztsprechzimmer werden die Geräusche lauter. Gerder nimmt Paul noch einmal in den Arm und drückt ihn.

»Und?«

»Ich versuche es.«

»Das ist die richtige Einstellung«, antwortet sie und nickt ihm noch einmal aufmunternd zu. Dann verabschiedet sie sich von dem Jungen und geht zur Tür. Als sie sich noch einmal umdreht und ihm zuwinkt, hört sie schon seine Mutter nach ihm rufen. Auf dem Rückweg geht Gerder keine Umwege mehr und folgt konsequent den Hinweisschildern zum Ausgang. Sie fühlt sich gut. Vielleicht hat sie dem Jungen ein wenig helfen können, auf jeden Fall mit Verständnis, was ja immer guttut.

Draußen warten sowohl eine Taxischlange als auch zwei Stadtbusse. Zielstrebig geht sie auf die wartenden Taxis zu, wo sich drei Fahrer angeregt unterhalten. Als Gerder sie erreicht, kommt einer auf sie zu und fragt:

»Benötigen Sie ein Taxi?«

»Ja«, antwortet sie, während der Mann ihr die Beifahrertür seines Wagens aufhält.

»Wohin soll es denn gehen?«

»Zurück in die Innenstadt bitte.«

»Und wohin genau?«

»Das weiß ich noch nicht. Fahren Sie einfach los.«

Der Taxifahrer gehört zur schweigsamen Sorte. Nachdem Gerder das begriffen hat, schaut sie neugierig aus dem Fenster. Es herrscht viel Verkehr und immer wieder sorgen rote Ampeln für Unterbrechungen. Ihr ist es recht. So kann sie die Umgebung und das Leben beobachten. Offensichtlich haben alle ein bestimmtes Ziel, denn sie sieht keine sich unterhaltenden Grüppchen oder schlendernden Paare. Alles fließt kontinuierlich wie ein funktionierendes Uhrwerk. Die Menschen haben gelernt, ihr Miteinander draußen zu organisieren und perfekt zu strukturieren. In den letzten Jahrzehnten hat sich wahrlich viel verändert. Es ist eine rasante Entwicklung vonstattengegangen vom gemütlichen Leben auf der Straße, wo man sich getroffen, gegrüßt und unterhalten hat zum ausschließlich funktionalen Gebrauch der Fahr- und Gehwege. Der Alltag hat spürbar an Behaglichkeit verloren.

»Hier muss ich mich entscheiden, in welche Richtung ich abbiege«, unterbricht der Taxifahrer ihre Gedanken. Gerder schaut auf das große Straßenschild vor ihnen, kann aber mit den Begriffen nichts anfangen.

»Bitte fahren Sie rechts ab«, entscheidet sie kurzerhand und nimmt eine Verdichtung der Häuserketten wahr mit schönen alten Stadthäusern, deren Charme durch verspielte blumige oder klassisch geometrische Ornamente geweckt wird, und Nachkriegsbauten ohne Reiz. Dann entdeckt sie ein altes Gebäude mit einem dekorativen Säulenvorbau.

»Hier würde ich gerne aussteigen«, bittet Gerder den Taxifahrer, bezahlt ihn und geht auf den Eingang zu. Hinter der Fassade verbirgt sich eine kleine behagliche Welt aus Restaurants und wenigen Geschäften. Sofort fühlt sie sich besser, denn dieser Bereich ist überschaubar und ruhig. Langsam schlendert sie durch eine kleine Passage, an deren Ende sich automatisch eine große Glastür öffnet. Wie im Klinikum, denkt sie, und geht hinaus in den Innenhof. Sie begrüßt die Sonne, atmet tief durch und lässt sich quer über den Platz zu einem modernen und bunt plakatierten Glaspalast lenken. Auf Anhieb kann sie die Funktion des Hauses nicht erkennen, daher schlendert sie ins Innere. Die riesigen Fensterfronten sind ausgefüllt mit gewaltigen Plakaten. Sie werben also für Filme. Wie interessant. Aus den früheren plüschigen Lichtspielhäusern scheinen wahre Filmpaläste entstanden zu sein mit vielen einzelnen Kinosälen. Allein im Erdgeschoss entdeckt sie fünf. Alles ist gut beschriftet. Gerder weicht einige Schritte zurück. Noch hat sie sich nicht an diese großen Bauwerke gewöhnt. Sie fühlt sich aber nicht nur von ihrer Dimension erdrückt, sondern auch von den dargestellten Motiven. Grüne Monster mit gebleckten gelben Zähnen und kalten Augen drohen ihr mit geballten Fäusten. Daneben sieht sie einen schwarz maskierten Mann, verpackt in einen ebenso schwarzen, enganliegenden Ganzkörperpanzer mit hochstehenden Ohren und Flügeln, der über eine Stadt fliegt. Zwei Meter weiter stürmen drei Männer mit riesigen Waffen unter den Armen ein Flugzeug. Auf dem nächsten Plakat sind Szenen einer riesigen Schlacht dargestellt, die der Kleidung nach zu urteilen vor einigen hundert Jahren stattgefunden hat. Sie spielen Krieg. Gerder schüttelt sich innerlich und geht weiter. Als nächstes starrt sie auf eine junge Frau, die gerade von einem Friseurbesuch gekommen sein muss und mit langen rotgelockten Haaren gefesselt auf einem Stuhl sitzt. Dem engen Rock gelingt es in dieser Haltung nicht mehr, auch nur zehn Zentimeter ihrer langen Beine zu bedecken. Die geweiteten Augen der jungen Frau strahlen blau über dem verklebten Mund und wirken auf Gerder eher verführerisch als angsterfüllt. Sie versteht dies nicht. Dann wieder ein Kriegsfilm. Dieses Mal sind Panzer und schwer bewaffnete Soldaten zu sehen. Eine Komödie, steht darunter, was sie noch viel weniger versteht. Gerder geht weiter.

Endlich ein Tanzfilm. Wie schön. Doch als die leeren Augen einer bis auf die Knochen abgemagerten Ballerina sie anschauen, wendet sie sich traurig und nachdenklich ab, nein, eher entsetzt und verstört.

Das Getöse fröhlicher Kinderstimmen lenkt ihre Aufmerksamkeit zur anderen Seite der Halle, wo sechs Kassen nebeneinander aufgereiht sind. Über ihnen flimmern große Monitore mit Ausschnitten der aktuell angebotenen Filme. Einige Kinder schauen fasziniert nach oben, andere beginnen herumzubalgen, so dass der Geräuschpegel schnell ansteigt. Ihr Lehrer ermahnt sie, sich anständig zu benehmen, während er die Tickets kauft. Gerder kann nicht glauben, dass er sich mit seinen Schülern einen dieser Filme anschauen möchte. Sie muss etwas übersehen haben. Die Gruppe zerstreut sich. Etliche Kinder drängeln sich nun vor einem Stand aus Plexiglas mit dem Aufdruck Pix Mix. Neugierig geworden spaziert sie zu ihnen. Zweimal acht Plastikschubkästen sind aufgefüllt mit verlockenden Süßigkeiten in allen Variationen. Zwei Jungen haben bereits Tüten von einem Haken genommen und packen sie mithilfe bereitgelegter Zangen voll. Bunte Schlangen und Figuren, weiße Bälle, Flaschen und lange, grüne, weiß gepuderte Bänder werden ausgesucht. Gerder staunt über diese Vielfalt. Da kann man sich doch kaum entscheiden. Doch die Kinder haben kein Problem damit, sie kennen sich aus und haben wie es aussieht eigene Vorlieben. Gezielt und sicher gehen sie ans Werk und anschließend zur Treppe, wo der Lehrer wartet. Einige kaufen noch Popcorn. Schon die Ureinwohner Westamerikas haben diese Verarbeitung von Puffmais gekannt, erinnert sich Gerder, nur haben sie es anders genannt. Plötzlich steht sie neben dem Lehrer, der mit Klatschen und Rufen seine Schüler zusammentrommelt.

»Schauen Sie sich mit den Kindern etwa einen dieser furchtbaren Filme an?«, entrüstet sie sich und zeigt auf die monströsen Gruselplakate. Der Lehrer, offenbar nicht gewohnt, in seinen Aktionen gestört zu werden, schaut sie sonderbar an.

»Nein. Natürlich nicht. Wir sehen uns oben den Dokumentarfilm über das Leben der Pinguine an. Er ist sehr informativ. Auch für Erwachsene.«

Und schon stürmt er voran und erklimmt die ersten Stufen der großen Freitreppe, gefolgt von seiner Rasselbande, deren Laufschritt wegen der übervollen riesigen Schleckertüten jetzt erheblich verlangsamt ist. Gerder folgt ihnen. Auf der ersten Etage steht sie vor den großen Türen der einzelnen Filmsäle. Bis auf einen sind alle verschlossen. Es ist wohl noch zu früh am Tag. Die Kinder verschwinden im dunklen Rachen von Kino 8, während ihr Lehrer einem jungen Mann die Eintrittskarten zeigt.

Gerder hat gehofft, einen ergiebigeren Blick in das Innere des Saales werfen zu können, aber die wenigen gelben Lichter lassen nur die schattenhaften schwarzen Umrisse einiger Kinder zu, und das auch nur für wenige Sekunden. So entscheidet sie sich zu fragen.

»Darf ich einmal einen Blick in den Saal werfen? Ich war noch nie in einem solchen Kinopalast.«

»Na klar«, sagt der junge Ticketkontrolleur und begleitet Gerder in den abgedunkelten Vorführraum. Die meisten Kinder haben bereits ihre Plätze in der Mitte des Saales gefunden und sind tief in den gepolsterten dunkelroten Sitzen versunken. Der gesamte Raum ist in dunkle Rottöne getaucht und das gedämpfte Licht verstärkt diese gemütliche Atmosphäre. Eine angespannte Ruhe breitet sich aus, die durch das Knistern und Rascheln der Tüten weiter aufgeladen wird.

»Wir haben zehn Kinosäle«, erklärt der junge Mann, »Fünf befinden sich unten und fünf auf dieser Etage. Dieses ist ein kleiner Raum mit 128 Plätzen. Der größte hat 520.«

Dröhnende Musik setzt ein. Wie von Zauberhand bewegt, teilt sich der rote Vorhang an der gegenüberliegenden Wand und gleitet zur Seite. Eine große Leinwand kommt zum Vorschein und im selben Augenblick erscheint der erste Werbespot. *Kommen Sie zu BodyFit!* hört Gerder nur und sieht drei junge Frauen und zwei grauhaarige Männer auf Laufbändern rennen. Sie ist kurz davor, sich die Ohren zuzuhalten, als ihr Begleiter schreit:

»Das ist das neuste Fitness-Studio der Stadt. Hab's letzte Woche mal ausprobiert. Wirklich cool. Die besten Geräte, gute Einweisung und super Einführungspreise. Kann ich echt empfehlen.«

Gerder schaut in das fröhliche Gesicht des jungen Mannes, lächelt zurück und verlässt umgehend den Saal. Sie hat das Bedürfnis, ihre Trommelfelle retten zu müssen. Der junge Mann folgt ihr.

»Ich danke Ihnen für diese kleine Einweisung und den Tipp mit dem Fitness-Studio. Es macht wirklich einen guten Eindruck«, zwingt sie sich zu sagen. »Ach, ich habe noch eine letzte Frage: Wie viele Plätze hat denn der gesamte Kinopalast? Wissen Sie das?«

»Klar! Es sind 2.200 insgesamt.«

»Braucht man denn so viele in Aix la Chapelle?«

Ihr Gegenüber lacht herzlich.

»Es gibt noch drei weitere Kinos in der Stadt, die sind allerdings etwas kleiner. Bei uns kann man sagen, dass wir ab Donnerstag eigentlich immer ausgebucht sind. Bis Sonntag. Dann wird es ruhiger.«

»Wieso denn ab Donnerstag?«

»Donnerstags ist Programmwechsel«, erklärt der junge Mann. Weitere Erläuterungen scheinen ihm überflüssig zu sein, so dass Gerder sich nochmals bei ihm bedankt und den Kinotrakt auf demselben Weg verlässt, den sie gekommen ist.

Das Leben der Menschen scheint in allen Bereichen anstrengend und schnell geworden zu sein. Die Überflutung mit Licht, Menschen, Geräuschen, Unruhe und visuellen Reizen macht ihr schon wieder zu schaffen. Sie hat das Gefühl, auf einer rotierenden Kugel zu sitzen, die nicht nur ihren Körper, sondern ganz langsam auch ihr Gemüt in einen wabernden Strudel verwandelt. Sehr unangenehm. Wie lange wird es wohl dauern, bis sie sich an dieses Leben gewöhnt hat und ohne Anstrengung mitschwimmen kann? Vielleicht sollte sie jedoch nicht allzu streng urteilen, schließlich fehlen ihr etliche Jahrzehnte und die Aufgabe der Menschen besteht ja nicht im Stillstand. Die Frage ist eher, wohin sie diese Entwicklung führt, geführt hat. Auf jeden Fall zu viel Wohlstand für jeden einzelnen Bürger in diesem Teil der Welt, wenn sie von einzelnen Individuen einmal absieht. So viel kann sie schon jetzt erkennen. Alles Weitere wird sich zeigen.

Wenig später schaut sie in das Schaufenster eines Friseursalons. LOCKE 'n KOPF. Welch ein lustiger Name. Es ist ein schmaler Laden, der tief in das Haus hineinragt. In der Auslage sind nur wenige Artikel ausgestellt. *Bei uns finden Sie nur nachhaltige Produkte,* liest Gerder hocherfreut und geht hinein.

»Guten Tag«, wird sie fröhlich begrüßt.

»Guten Tag«, erwidert Gerder und wartet, bis eine der beiden jungen Frau auf sie zukommt.

»Sie haben Glück. Wenn Sie einen spontanen Termin möchten, so hätte ich in zehn Minuten Zeit für Sie.«

»Äh«, Gerder fühlt sich mal wieder überrumpelt. »Eigentlich wollte ich mich über ihre Geschäftsidee der Nachhaltigkeit informieren. Sie scheint mir Seltenheitswert zu haben.«

»Das stimmt. Wir sind hier in Aix la Chapelle das einzige Geschäft dieser Art. Wenn Sie warten möchten, kann ich Ihnen gleich mehr dazu erzählen.«

»Sind Sie die Geschäftsinhaberin?«

»Ja, eine von ihnen«, antwortet sie und zeigt auf ihre Kollegin im hinteren Bereich, die gerade einer Kundin die Haare schneidet und dabei tief in einer Unterhaltung steckt.

»Bitte nehmen Sie doch Platz. Ich habe hier eine kleine Broschüre für Sie, in der wir unsere Produktpalette und einiges Wissenswerte für unsere Kunden zusammengestellt haben. Damit könnten Sie sich die Zeit vertreiben, wenn Sie möchten. Ich bin dann gleich für Sie da.«

Gerder setzt sich auf einen der beiden freien Plätze vor der langen Spiegelwand und schaut sich erst einmal in Ruhe um. Das Mobiliar ist aus einem hellen Naturholz gestaltet. Mehrere Sisalkörbchen sind angefüllt mit Kämmen und Bürsten, deren Griffe aus Horn gearbeitet sind, und die beiden Kundinnen tragen Frisierumhänge aus bunten Baumwollstoffen. Überhaupt wirkt der gesamte Laden ausgesprochen freundlich. Zu gerne würde sie die Damen unterstützen. Gibt es etwas, das sie gebrauchen kann? Oder sollte sie sich wirklich eine neue Frisur kreieren lassen? Nein, das kann sie Amondo nicht auch noch antun. Sie hat ihn schon mit ihrer neuen Kleidung überfordert.

»Wie ich sehe, haben Sie noch keinen Blick in unsere Broschüre werfen mögen. Denken Sie doch über eine neue Frisur nach? Ich bin übrigens Elena Locke. Sagen Sie einfach Elena zu mir. Und dort hinten ist meine Teilhaberin Cornelia Kopf.«

»Daher also Ihr Firmenname«, schlussfolgert Gerder. »Ich war so frei und habe mir zuerst einmal einen Eindruck von Ihrem Geschäft gemacht. Es gefällt mir gut.«

»Das freut mich. Die Idee meiner Freundin und mir war sehr einfach: Wir wollten etwas für unsere grüne Erde tun. Sagen wir, so viel wie möglich, denn nicht alles lässt sich durch Naturmaterialien ersetzen und macht auch keinen Sinn. Zum Beispiel unsere Arbeitsgeräte wie Haarphöne oder Rasierer. Da ist der Fortschritt einfach sinnvoller.«

»Das verstehe ich gut.«

»Aber alles, was möglich ist, setzen wir um. Haarspray ohne Treibgas, Shampoos zum Nachfüllen, Aufbewahrungsgefäße aus Naturprodukten, ebenso Kämme, Bürsten und ähnliches. Auch werden Sie hier keine Plastiktüten finden. Nur um einige Dinge zu nennen. Und natürlich sind auch unsere Farben biologisch«, führt Elena aus und fährt mit ihren Händen durch Gerders dicke Haarmähne.

»Sie haben wundervolles Haar, wissen Sie das?«

»Vielen Dank für das Kompliment. Ich bin nicht sehr kreativ in solchen modischen Dingen. Eher der praktische Typ. Meistens trage ich sie zusammengebunden.«

»Oh, das dürfen Sie auf gar keinen Fall tun. Dieser offene Look steht Ihnen ganz ausgezeichnet und macht Sie jugendlich.«

»Jugendlich«, wiederholt Gerder monoton und ihr wird bewusst, dass sie an diese Eigenschaft noch nie einen Gedanken verloren hat.

»Ja«, antwortet Elena und bindet Gerders Haare mit den Händen zu einem Zopf zusammen. »Sehen Sie? So wirken Sie mindestens 10 Jahre reifer. Und welche Frau möchte das schon?«

Gerder stutzt kurz und schmunzelt. »Da haben Sie allerdings recht.«

»Durch die natürliche Krause werden Ihre Haare immer so fallen, wie sie mögen. Doch Sie können die Locken ein wenig besser bändigen, wenn die Länge 5 cm kürzer wäre. So etwa.«

Elena öffnet den Zopf wieder und hebt Gerders Lockenpracht ein wenig in die Höhe. »Das wirkt gefälliger und die leichten Splissansätze wären verschwunden. Das ist mein Vorschlag.«

»Hm.«

»Am Gesamteindruck würde sich nichts ändern. Da brauchen Sie sich keine Sorgen zu machen. Und falls Ihnen die

Haare einmal zu stark in Gesicht fallen, könnte ich Ihnen ein oder zwei schöne Haarspangen empfehlen.«

Während Elena in den hinteren Teil des Raumes geht und in einer Vitrine sucht, denkt Gerder angestrengt nach. Soll sie wirklich diesen Schritt wagen? Na ja, wagen ist vielleicht doch etwas übertrieben gesagt. Sich auf diese Weise einmal verwöhnen zu lassen, ist schon ein verlockender Gedanke und wäre eine völlig neue Erfahrung für sie.

»Schauen Sie, mit diesen großen Spangen können Sie Ihre Haare so von beiden Seiten nehmen und hinten zusammenstecken. Das wäre eine Möglichkeit. Wie gefällt sie Ihnen?«

»Wirklich gut«, sagt Gerder überzeugt.

»Diese beiden Modelle passen zu Ihrer Haarfarbe besonders gut«, sagt Elena und legt sie auf den Tisch. »Lassen Sie sie einfach auf sich einwirken.«

Dann wendet sie sich wieder Gerders Frisur zu und wirft ein fragendes Lächeln in den Spiegel.

»Ich habe mich entschlossen, Ihren Vorschlag anzunehmen«, lacht Gerder, »und bin sehr gespannt auf das Ergebnis.«

Während Elena sie mit einem der bunten Umhänge versorgt und ihre Vorbereitungen trifft, taucht Gerder mit allen Sinnen in das Wohlfühlprogramm ein. Sie genießt die Haarwäsche, atmet das angenehme Blumenaroma des Shampoos ein, schließt die Augen und erfreut sich an der intensiven Kopfmassage. So entspannend hat sie sich einen Friseurbesuch nicht vorgestellt. Und ganz langsam vergisst sie die angestaute Unruhe und bringt ihren Körper wieder in einen ausgeglichenen Zustand. Während des Haareschneidens beginnt Elena zu erzählen.

»Am Anfang war es nicht leicht, unser Geschäftsmodell durchzusetzen. Wir brauchten eine ganze Weile, um die richtigen Zulieferfirmen zu finden, deren Produkte auch bezahlbar sind. Umweltschutz hat nun einmal seinen Preis. Aber das alles ist uns gelungen und inzwischen sind wir in jeder Hinsicht gut aufgestellt, obwohl wir immer weiter nach neuen Ideen Ausschau halten.«

»Und die Lage hier in der Stadt ist auch gut gewählt. Ich nehme an, dass Ihnen die Kunden die Türen einlaufen.«

Elena lacht auf.

»Unser Ladenlokal ist groß genug für zwei weitere Friseure und wir haben auch vor zu expandieren, aber ist das finanziell derzeit noch nicht möglich. Cornelia und ich können gut von unserem Geschäft leben, aber mehr ist einfach nicht drin. Doch wir sind zufrieden und freuen uns darüber, dass wir unseren kleinen Beitrag zum Umweltschutz leisten können. Das hat für uns oberste Priorität.«

»Ein schöner Gedanke«, antwortet Gerder hoch erfreut. »Woran liegt es denn, dass nicht mehr Kunden Interesse an Ihrer Idee haben? Ich kann mir kaum vorstellen, dass Sie beide Ihr Handwerk nicht verstehen.«

Bei diesem Gedanken, dessen latente Unterstellung Gerder erst im Nachhinein bewusst geworden ist, schaut sie erschrocken hoch in den Spiegel zu Elenas Händen und grinst. Elena beginnt ebenfalls zu schmunzeln.

»Nein, nein, Sie brauchen sich keine Sorgen um Ihre Frisur zu machen. Unsere Kunden, sowohl die männlichen als auch die weiblichen, waren bisher immer sehr zufrieden. Es ist einfach so, dass die meisten Menschen zu viel am Geld und am äußeren Erscheinungsbild messen. Unsere Holzbürsten beispielsweise sind einfach nicht so chic wie die Kunststoffbürsten in der Modefarbe der Saison. Das schreckt besonders junge Kunden ab. Besser ausgedrückt, es lockt sie nicht an. Wir sind alle ziemlich stark geprägt von der Werbung, die immer geschickter arbeitet, und immer mehr Budget zur Verfügung hat.«

Elena zuckt mit den Schultern.

»Da kann man nichts machen. Und der Preiskampf ist

extrem. Die Menschen wollen zwar alles haben, aber am besten zum Null-Tarif.«

Gerder denkt an die Walburga in ihrer Handtasche und kann nachvollziehen, wie schwer es für junge Menschen ist, sich dem Sog dieser leuchtenden bunten Welt zu entziehen.

»Was halten Sie davon«, fragt Elena nebenbei und zeigt dabei auf die Seitensträhnen von Gerders nassen Haaren, »wenn ich hier vorne ein paar Stufen schneide? Das hätte den Effekt, dass sich die Haare in diesen Bereichen besser an das Gesicht anschmiegen.«

»Da vertraue ich voll und ganz Ihrer Erfahrung und Geschicklichkeit«, antwortet Gerder und nimmt die beiden Haarspangen in die Hand, während Elena den Haarschnitt vollendet und anschließend ihre Haare trocknet. Sie entscheidet sich für das blaue, leicht perlmutt-schimmernde Modell. Dabei kreisen ihre Gedanken noch um die Frage, warum es den Menschen so schwerfällt, etwas für ihre Umwelt zu tun. Ist es ihnen wirklich wichtiger, immer chic auszusehen und sich in jeder Saison den neusten Modetrends anzupassen als ihre Existenz zu sichern? Und sogar in Pflegeprodukten und Gebrauchsgegenständen das optische Erscheinungsbild an die oberste Stelle zu setzen? Es scheint ihr ein Leichtes zu sein, dass sie den Konsum ein wenig einschränken und dafür umweltfreundliche Produkte verwenden. Im Grunde genommen mag sie sich eine solche Oberflächlichkeit nicht vorstellen und vielleicht ist es auch noch etwas zu früh, darüber zu urteilen. Auf jeden Fall ist sie sehr froh darüber, dieses Friseurgeschäft gefunden zu haben. Und ebenso angetan ist sie von ihrem neuen Erscheinungsbild, das tatsächlich ihren Typ nicht verändert hat.

»Schauen Sie, jetzt ist wesentlich mehr Pep in ihrer Frisur«, kommentiert Elena abschließend voller Begeisterung. Gerder geht davon aus, dass Pep etwas Schönes ist, und bedankt sich bei ihr.

Wieder draußen kommt ihr Amondo in den Sinn. Heute möchte sie pünktlich an ihrem Treffpunkt erscheinen, damit ihr bester und einziger Freund sich keine unnötigen Sorgen machen muss. Zielbewusst schlendert sie um die Innenstadt herum in Richtung Studentenviertel. Sie muss nachdenken. Trotz dieses Vorsatzes nutzt sie immer wieder die Seitenspiegel der parkenden Autos, um einen prüfenden Blick hineinzuwerfen und an ihren Haaren zu zupfen. Der neue Look, wie Elena sich ausgedrückt hat, gefällt ihr. Sie fühlt sich tatsächlich moderner und ja, vielleicht sogar jünger. Amondo wird ihre plötzliche Eitelkeit verblüffen, wenn nicht gar verurteilen. Und recht hat er. Sie hat sich schließlich nicht unter die Menschen gemischt, um ihnen in ihrem modischen Wahn nachzueifern. Sie sollte sich ausschließlich für die dahinterstehenden Motive interessieren. Und dennoch kann sie nicht verhehlen, dass ihr Wohlbefinden durch den Friseurbesuch deutlich gestiegen ist. Wahrscheinlich liegt das an der ruhigen und angenehmen Atmosphäre im LOCKE 'n KOPF. Auf jeden Fall hat sie zwei Frauen gefunden, die sich aktiv am Umweltschutz beteiligen und sogar ihr gesamtes Arbeitsfeld und vermutlich auch ihr privates Umfeld auf Nachhaltigkeit ausgerichtet haben und nicht ausschließlich auf Konsum. Dieser Gedanke erfreut sie nicht nur, sondern beflügelt sie geradezu, einen Schritt schneller zu gehen. Immer brav auf dem Bürgersteig.

Ein knallroter Ball rollt vor ihre Füße und holt sie aus ihren Gedanken. Gerder hebt ihn auf und schaut sich nach den immer lauter werdenden Kinderstimmen um.

»Dann musst du mich besiegen!«

Ein kräftiger, etwa fünfjähriger Junge kommt auf Gerder zugelaufen. Unerschrocken reißt er ihr den Ball aus der Hand und rennt weiter. Verdutzt über diese freche Aktion schaut sie ihm nach und entdeckt einen zweiten Jungen, ungefähr gleich alt, aber deutlich kleiner und zarter. Mit einem schüchternen »Hallo« begrüßt er Gerder, um sogleich seinem Freund oder dem Ball hinterherzujagen. Dann taucht der Rest der Mannschaft auf. Drei junge Frauen, von denen eine einen Kinderwagen schiebt und die anderen jeweils ein knapp dreijähriges Kind an der Hand halten, ein Mädchen und ein Junge. Die Mütter unterhalten sich angeregt und folgen den beiden Jungen auf den kleinen Rasenspielplatz, ohne auf Gerder zu achten. Ein wahres Kleinod mitten in der Stadt mit Klettergeräten aus Holz, zwei Schaukeln und einem großen Sandkasten. Das Ganze wird eingerahmt von einigen Sitzbänken.

»Ich werde auf jeden Fall wieder arbeiten. Sobald Luca in der Schule ist. Vielleicht klappt es ja bei Klimke wieder.«

»Und Lea?«

»Geht zur Tagesmutter. Mir wurde eine empfohlen. Mit ihr werde ich bald mal Kontakt aufnehmen.«

»Mir wäre das für Tim etwas früh.«

»Ich finde, Kinder können nicht früh genug selbständig werden.«

»Philipp war doch derjenige, der unbedingt Kinder haben wollte, oder irre ich mich da?«

»Das stimmt, aber Elternzeit nehmen wollte er dann doch nicht.«

»So viel zur Emanzipation der Männer.«

»Ich glaube, er wollte in der Firma nicht als Weichei gelten. Die Baubranche ist da noch sehr konservativ.«

»Aber dass du dich darauf eingelassen hast, verstehe ich nicht.«

Die Stimmen werden leiser und Gerder beobachtet, wie sich alle auf eine Bank setzen, neben ihnen der schlafende Säugling. Die Jungen spielen Fußball, während die beiden Kleinen mit einer Auswahl an Förmchen und Schaufeln im Sandkasten landen.

Gerder grüßt die Frauen und setzt sich spontan auf eine

andere Bank in ihre Nähe in der Hoffnung, etwas mehr von ihrem Gespräch zu belauschen. Eine von ihnen antwortet mit einem Hallo.

»Noch drei Kilo, dann habe ich mein altes Gewicht wieder.«

»Und wie lange brauchst du dafür?«

»Ich hoffe, nur drei Monate.«

»Diese Punktezählerei würde mir tierisch auf den Keks gehen.«

»Ich würde auch eher ins Fitness-Studio gehen und trainieren.«

»Oder regelmäßig joggen.«

»Das ist überhaupt nichts für mich. Ihr wisst doch, dass ich nicht gerne schwitze.«

Alle lachen.

»Ich finde, die drei Kilo stehen dir gut.«

»Was? Guck doch mal hier!«

Ein Schrei ertönt und alle schauen auf. Auch Gerder. Am Fuß einer Leiter, die zu einem Kletterturm führt, balgen sich die beiden Jungen um den Ball.

»Luca! Hennes! Hört sofort damit auf!«

»Ihr könnt euch mit dem Ball abwechseln.«

»Ihr spielt doch sonst so schön zusammen.«

Die Kinder reagieren nicht.

»Hennes, geh sofort von Luca runter!«

Der kräftige Junge sitzt auf seinem Spielkameraden, der sich längst nicht mehr wehrt, und drückt ihn mit beiden Händen gefährlich nah am Hals auf den Boden.

»Dann gibt es jetzt eine Überraschung!«, schreit eine der Mütter genervt. »Wer zuerst auf die Spitze vom Turm geklettert ist, bekommt fünf Gummiriesen.«

Sofort lässt Hennes von seinem Opfer ab und beginnt mit dem Aufstieg. Er ist stark, aber nicht sehr schnell und wendig, so dass Luca ihn auf der gegenüberliegenden Leiter rasch einholt. In der Mitte des Turmes verengt sich das Gerüst und die beiden Jungen stoßen wieder aufeinander. In diesem Augenblick ist Gerder klar, dass der flinkere Luca das Rennen machen wird. Dann aber tritt Hennes seinem Kameraden so kräftig mit dem Fuß vor das Schienbein, dass dieser fast den Halt verliert. Gerder schaut erschrocken zu den Frauen hinüber, die sich längst von den Jungen abgewandt und wieder ihren eigenen Themen zugewandt haben. Auch Luca hat sich hilfesuchend nach seiner Mutter umgesehen. Resigniert und deutlich langsamer klettert er weiter.

»Gewonnen! Ich bin Sieger!«, hört Gerder Hennes brüllen. Grinsend schaut er nach unten und sieht, wie Luca zu seiner Mutter rennt. Sein Rivale hat also aufgegeben.

»Ich war der Erste. Ich krieg die Gummiriesen«, schreit er noch während des Laufens.

»Ja, du warst großartig«, sagt seine Mutter, »ich bin sehr stolz auf dich.« Hennes strahlt und hält die Hand auf, während sie ihm vier bunte Gummiriesen hinein zählt und das fünfte festhält.

»Du solltest Luca etwas abgeben, er ist doch dein Freund.«

Hoffnung strahlt in Lucas Gesicht auf. Aber Hennes reißt seiner Mutter das fünfte Kaubonbon aus der Hand und rennt lachend davon.

»Er setzt sich immer durch. Er wird es noch weit bringen.«

»Das Teilen sollte er aber schon lernen.«

Luca steht immer noch vor den Frauen, wehmütig auf das Süße blickend.

»Das ist für dich«, sagt die Mutter mit der Tüte und gibt dem Jungen einen Riesen, den dieser fest mit seinen Fingern umschließt. Dann trottet er zu den beiden jüngeren Kindern in den Sandkasten.

Gerder ist sprachlos, steht auf und geht weiter. An der nächsten Straßenecke biegt sie links ab und steht nach wenigen Metern stand vor ihrem Ziel. Sie betritt das *Latte Macchiato* und schaut sich suchend um. Ihr Stammplatz ist besetzt. Nein, korrigiert sie sich enttäuscht, alle Tische sind besetzt. Wie schade. Und nun? Ist es üblich, sich zu anderen Gästen zu setzen? Oder würde sie damit eine grobe Unhöflichkeit begehen? Sie lässt ihren Blick von Tisch zu Tisch wandern auf der Suche nach interessanten und aufgeschlossenen Personen.

»Hallo Gerder! Schön, dich mal wieder hier zu sehen.« Sonja steht plötzlich hinter ihr, in der Hand ein Tablett mit schmutzigen Gläsern.

»Guten Tag, Sonja! Meine Sehnsucht nach einem Latte ist inzwischen übermächtig geworden. Aber ich habe wohl Pech«, antwortet sie und schaut etwas enttäuscht über die belegten Tische.

»Komm mit zur Theke, wenn du magst. Dort habe ich noch einen freien Platz. Allerdings kannst du dann nicht zum Fenster hinaussehen.«

Gerder folgt Sonja zum Tresen, der sich hinter zwei dicken Säulen durch den mittleren Bereich des Raumes schlängelt, und klettert auf den freien Hocker.

»Dort unten ist ein Haken für deine Handtasche.« Sonja zeigt auf Gerders Knie. Tatsächlich, ein zur Seite geklappter Messinghaken wartet unauffällig auf seinen Einsatz. Gerder nimmt die Tageszeitung heraus und hängt ihre Tasche auf.

»Sehr praktisch«, staunt sie.

»Ja, das finde ich auch«, sagt Sonja und stellt das Tablett ab. »Ah, da kommt er ja. Das ist Alex, mein Kollege, er studiert auch Design wie ich. Wir beide arbeiten hier schon seit zwei Jahren zusammen.«

Gerder reicht ihm die Hand. »Ich freu mich, dich kennenzulernen. Ich heiße Gerder.«

»Hallo Gerder. Die Freude ist ganz auf meiner Seite. Ich habe gerne ein wenig Gesellschaft an der Theke. Wie ich hörte, stehst du auf Latte Macchiato. Soll ich dir einen kredenzen?«

»Oh, kredenzen! Axel hat ein neues Wort gelernt.« Sonja knufft ihm spielerisch in die Seite. Dann nimmt sie das bereit gestellte volle Tablett und verschwindet wieder.

Axel schaut Gerder fragend an. »Auf jeden Fall«, lacht sie. »Ich freu mich schon den ganzen Tag auf diesen Genuss.«

Sie fühlt sich jetzt schon wohl an der Theke. Die Gesellschaft der beiden jungen Leute hebt ihre Laune. Axel ist braun gebrannt. Die Farbe seiner Haut und die braunen Augen stehen im leichten Widerspruch zu seinen hellblonden, kurzgeschnittenen Haaren. Doch Gerder hat inzwischen gelernt, nicht alles zu glauben, was sie sieht. Die Menschen lieben die Verwandlungen und so fragt sie sich, ob Axels Haare oder seine Augen gefärbt sind? Seine Augen? Gerder schmunzelt in sich hinein, hält aber inzwischen nichts mehr für unmöglich. Auf jeden Fall ist er ein ausgesprochen gutaussehender junger Mann, denkt sie, als er ihr mit einem gewinnenden Lächeln den Kaffee serviert.

»Bitte sehr. Lass ihn dir schmecken.«

»Vielen Dank«, sagt Gerder, packt den Keks aus und tunkt ihn in den Milchschaum. Axels Kleidung ist konsequent schwarz, vom Shirt bis zu den Turnschuhen. Neben den vielen bunten Farben scheint auch schwarze Kleidung modern zu sein. In dieser Hinsicht erinnert er sie an ihren Schutzengel. An seinem rechten kleinen Finger steckt ein breiter Silberring ohne Verzierung und ohne Stein.

»Mmmh«, lässt Gerder laut vernehmen, während Axel sich fröhlich zur Kaffeemaschine umdreht, um die nächste Bestellung vorzubereiten. Auf dem Rücken seines T-Shirts steht in großen Lettern: *Unser Leben – eine Illusion.* Interessant, überlegt Gerder. Soll sie ihm einen neuen Spruch vorschlagen: *Unser Leben – ein Auslaufmodell?* Oder: *Unser Leben*

– *ein Missverständnis?* Nein, über diese Dinge will sie jetzt nicht nachdenken. Viel lieber beobachtet sie die beiden, die konzentriert Hand in Hand arbeiten und zu zweit den ganzen Betrieb managen.

»Normalerweise sind wir zu dritt«, erklärt Sonja ihr zwischendurch, »aber unsere Kollegin ist plötzlich krank geworden und so schnell konnten wir keinen Ersatz finden. So habe ich leider nur wenig Zeit für dich.«

»Das finde ich zwar sehr schade, aber ich sehe ja selbst, was hier los ist.«

»Dein neues Outfit steht dir übrigens ausgezeichnet,« schwärmt Sonja. »Du siehst völlig verändert und mindestens 10 Jahre jünger aus. Super. Übrigens habe ich noch etwas für dich. Kennst du Streuselbrötchen?«

»Äh, nein. Was für Brötchen?«

»Der Name ist etwas irreführend. Ich weiß auch nicht, wie er entstanden ist. Es sind Kuchentaler mit Streuseln drauf. Aber sie heißen hier nun mal Streuselbrötchen.«

Sonja stellt einen Teller mit einem hell gebackenen Teilchen auf die Theke. Rund wie eine Holzscheibe und picklig wie ein Zierkürbis, stellt Gerder belustigt fest, als sie die dicken goldgelben Streuselflocken sieht, die sich dicht an dicht über die gesamte Oberfläche des Kuchens ziehen. Augenblicklich verspürt sie Appetit.

»Sie werden normalerweise mit der Hand gegessen, aber du kannst auch Besteck haben.«

Irgendetwas an dieser Frau fasziniert Sonja. Ist es deren Unbeholfenheit oder Rückständigkeit? Beides ist möglich. Doch da ist noch etwas anderes, dass sich nur schwer greifen lässt. Es fühlt sich so an, als würde die Fremde die Welt, das Leben, ihrer aller Existenz aus einer entfernten Perspektive sehen. So als gehöre sie selbst nicht richtig dazu oder als käme sie von einem Stern, auf dem das Leben völlig anders tickt.

»Zahlen bitte!«

»Ja, ich komme.«

Das Streuselbrötchen schmeckt großartig und ist in der Kombination mit dem Latte Macchiato einfach nicht zu schlagen.

»Du machst so einen ernsten Eindruck. Schmeckt dir der Kuchen nicht?«

Sonja ist wieder hinter den Tresen getreten.

»Oh, das Streuselbrötchen schmeckt köstlich. Ich war nur in Gedanken. Vorhin habe ich einige Kinder auf dem Spielplatz beobachtet. Eines benahm sich ausgesprochen unsozial und wurde von seiner Mutter durch ihre Oberflächlichkeit oder Interessenlosigkeit in seinem Verhalten noch bestärkt. Und jetzt frage ich mich, von wem die Kinder ethische Grundlagen und Wertvorstellungen lernen sollen, wenn nicht von ihren Eltern. Gibt es noch eine andere moralische Instanz? Oder hatte ich das Pech und habe eine Ausnahmesituation erwischt?«

Leicht abwesend pickt sie mit den Fingern einige Streuselkrümel auf, die auf dem Teller liegen. Dann schaut sie hoch in ein Gesicht, dessen Ausdruck sich nicht entscheiden kann zwischen Ernsthaftigkeit und Belustigung, dessen Ausdruck zwischen den Fragen schwankt ›Ich habe doch gewusst, dass du von einem anderen Stern kommst‹ und ›Warum bist du hier?‹ Das Gefühl, erwischt worden zu sein, ist Gerder äußerst unangenehm. Sie sollte Sonja jetzt möglichst schnell ablenken, doch ihre offensichtlich seltsame Frage steht im Raum und lässt sich nicht zurückholen. Warum hat sie nicht intensiver nachgedacht? Eigentlich hat sie überhaupt nicht nachgedacht, ihre Gedanken sind spontan aus ihr herausgeflossen. Offensichtlich fühlt sie sich in Sonjas Gegenwart zu sicher. Sie muss etwas vorsichtiger sein. Zu gerne hätte sie jetzt die Gedanken ihres Gegenübers gelesen, um entsprechend reagieren zu können, denn Sonja schaut sie immer noch ernst und konzentriert an.

»Ich wusste, dass es dir schmeckt«, sagt Sonja nach einer ganzen Weile. Dann stellt Axel ihr eine Tasse Kaffee hin, damit sie sich eine kurze Verschnaufpause gönnen kann. Sonja schenkt ihm einen dankbaren Blick, während er für sie zu einem der Fenstertische geht, um einen Tisch abzuräumen.

»Manchmal bedaure ich auch, dass die Eltern die Hauptverantwortung für die Erziehung ihrer Kinder tragen. Mir scheinen sie oft überfordert zu sein. Eigentlich gibt es keine moralische Instanz mehr bei uns. Die Kirchen müssten es vielleicht sein. Aber die Mitglieder laufen ihnen davon, weil sie sich von dieser Institution nicht mehr verstanden fühlen. Sie ist eine riesige Organisation geworden, machtverliebt eigennützig. Vielleicht auch nur ein Spiegelbild unserer Gesellschaft?«

Sonja rührt gedankenverloren in ihrem Kaffee. »Ich bin vollkommen deiner Meinung, dass die Weichen für unser Zusammenleben schon bei den Kindern gestellt werden.«

Zu gerne würde sie mit Sonja dieses Thema vertiefen und ihre bisher gewonnenen Eindrücke ergänzen, doch das ist ihr jetzt zu heikel. Sonja ist nicht nur eine kluge, sondern auch aufmerksame junge Frau, der sie nicht lange etwas vormachen könnte.

»Heute ist es leider so, dass sich jeder vorwiegend um seinen persönlichen Vorteil kümmert. Das lernen wir oft schon als Kinder, wie du vorhin erlebt hast. Dann geht es in der Schule weiter und fließend in den beruflichen Alltag über und endet in der Politik.«

Ein nachdenklicher Ausdruck hat sich in die Mimik der jungen Frau geschlichen.

»Und irgendwann wird dieses Verhalten nicht mehr hinterfragt,« schaltet sich Axel ein und umarmt Sonja von hinten, »weil es jeder macht. Es ist normal. NORMAL! Schon das Wort ist verrückt. Wie kann Egoismus normal sein? Wir sind doch soziale Wesen, das passt doch gar nicht zusammen.«

»Egoismus schließt Fürsorge aus.« Sonjas Schlussfolgerung hat etwas Einleuchtendes, doch gleichzeitig auch Endgültiges und Erschreckendes.

»Kann es nicht sein, dass ihr«, ein improvisierter Hustenanfall überfällt Gerder hoffentlich noch rechtzeitig, »ich meine, dass **wir** unsere Augen aus einer Angst heraus verschließen?«

Sonja schaut Gerder eindringlich an: »Klar! Aus der Angst heraus, auf irgendetwas verzichten zu müssen.«

Lachend nimmt sie den letzten Schluck Kaffee, schüttelt Axel ab und geht wieder zu ihren Gästen. Die beiden sind also ein Paar. Das freut Gerder. Während auch Axel sich wieder seiner Arbeit zuwendet, entdeckt Gerder neben sich ein Magazin, auf dessen Titelseite ein bis zur Hüfte tätowierter Mann abgebildet ist. Diese Art der Hautverzierungen gehörte für sie bisher in das Leben von Ureinwohnern, doch nicht in die westliche Welt.

»Nach deiner bisherigen Verwandlung könntest du jetzt auch diesen Schritt noch gehen,« kichert Sonja. »Meine Schwester hat ein Tattoo-Studio. Ich könnte also vermitteln. Ich würde dir ein Fake empfehlen, um dich einzufühlen.«

»Ein was, bitte?«

»Eine Imitation. Für jedes Piercing, für jedes Tattoo gibt es auch eine Nachahmung. Dann könntest du ausprobieren, was dir steht und zu dir passt. Lass dich von meiner Schwester beraten.«

Im höchsten Maße verunsichert fragt Gerder sich, ob Sonjas Vorschlag ernst gemeint ist oder ob sie sich ein wenig über sie lustig macht.

»Ich persönlich liebe diese Zungenpiercings«, mischt sich Axel übertrieben lispelnd ein. Liebevoll zieht er Sonja zu sich und gibt ihr einen zärtlichen Kuss auf den Nasenstecker. »Ich finde es so erotisch, wenn man dann so zuzelt beim Sprechen.«

»Alex ist Österreicher«, erklärt Sonja, als alle herzhaft zu lachen beginnen.« »die kennen sehr seltsame Ausdrücke.«

Gerder ist froh, dass ihr ernstes Thema von vorhin beendet ist. Irgendwie möchte sie die Atmosphäre mit den beiden auch nur unbeschwert genießen. Zum einen, weil sie ihr schon in dieser kurzen Zeit ans Herz gewachsen sind, und zum anderen, weil sie ihre Unbeschwertheit und Offenheit aufsaugt wie ein Schwamm. Beides hilft ihr, sich zu entspannen.

»Habt ihr eine Idee, wie ich mein Touristenprogramm morgen gestalten könnte?«, wechselt sie das Thema.

Axel und Sonja schauen sich an.

»Ich habe eine Idee«, antwortet Axel schließlich. »Sicherlich hast du die Innenstadt von Aix schon erkundet und bist ein wenig pflastermüde. Außerdem ist das Wetter hervorragend und lädt dazu ein, in die Natur zu fahren. Miete dir doch am Bahnhof ein Fahrrad und genieße das Umland.«

Donnerstagabend

Die Menschen scheinen ihr Leben sehr stark zu strukturieren. Durch die Erfindung der Elektrizität spielt der Rhythmus der Natur für sie keine Rolle mehr oder nur eine untergeordnete. Sie haben sich einen eigenen Rhythmus konstruiert, den sie Zeit nennen und dem sie alles unterordnen, ihre Arbeit, ihre Freizeit, ihren Alltag, ihr gesamtes Leben. Amondo hat recht. Wenn sich die Menschen keine Zeit für sich selbst nehmen, um über die Sinnhaftigkeit ihres Seins und ihrer Lebensumstände nachzudenken, werden sie keinen Frieden finden. Hat sich ihre Weltanschauung tatsächlich so verändert, dass sie den Sinn des Lebens ausschließlich oder zumindest überwiegend in der Arbeit suchen und finden? Wenn das zutrifft, werden die Menschen tatsächlich nicht mehr gebraucht, sondern nur noch ihre Leistung. Und mit dem Fortschritt von Maschinen und Robotern und der Weiterentwicklung der Künstlichen Intelligenz würden sie sich dann selbst überflüssig machen und in eine Sackgasse wandern. Sie würden von ihrer eigenen Technik abgelöst werden. Welch eine deprimierende Aussicht. Auf der anderen Seite könnte das vielleicht die Lösung ihres Problems sein? Ob sie Omega mit dieser Aussicht von seinem Plan abbringen könnte? Ob die BRUDERSCHAFT bereit wäre, einfach solange abzuwarten, bis die Menschen für sich selbst keine Verwendung mehr haben?

»Guten Abend, Gerder, meine Liebe. Was bedrückt dich? War dein heutiger Tag so anstrengend?«

»Guten Abend, Amondo. Schön, dass du da bist. Und ich bin nicht traurig, nur in meinen Gedanken versunken.«

»Möchtest du mich an ihnen teilhaben lassen?«

So berichtet Gerder ihrem Freund in allen Einzelheiten von den Erlebnissen des Tages.

»Ich bin ein wenig verunsichert, Amondo. Meine Erfahrungen mit den Kindern heute haben mich betrübt. Viele scheinen von klein auf zu lernen, dass das Durchsetzungsvermögen an erster Stelle stehen muss und suchen gar nicht nach alternativen Lösungen.«

»Nun ja, aber wenn ich mir den kleinen Paul im Krankenhaus so anschaue,«

»dann«, unterbricht sie ihn brüsk, »kannst du nur erkennen, dass er zu wenig Vertrauen in seine eigenen Eltern hat.«

»Nun übertreibe mal nicht. Um das richtig beurteilen zu können, weißt du doch viel zu wenig von den Umständen in seiner Familie. Er scheint mir ein sehr pfiffiger Junge zu sein und sehr aufgeschlossen. Das ist doch ein guter Ansatz. Er wird seinen Weg gehen.«

»Ja, wahrscheinlich. Vielleicht kann ich auch nicht mehr klar denken nach diesen beiden turbulenten Tagen.«

»Dafür hast du ja mich«, schmunzelt Amondo. »Sieh es doch so: Die Kinder lernen früh, sich anzupassen, und das müssen sie auch, um in dem menschlichen Haifischbecken«, und bei diesem Wort rollt er diabolisch mit seinen Augen, um Gerder zum Lachen zu bringen, »mit zu schwimmen. Je besser und je früher sie die Regeln beherrschen lernen, umso besser wird es ihnen später gehen. Und alle Eltern wünschen sich natürlich, dass es ihren Kindern immer gut geht.«

Ein Witz mit Wahrheitskern. So zumindest hat der Inhalt seiner Erklärung klingen sollen, aber leider bei Gerder nicht die gewünschte Wirkung erzielt. Noch immer sitzt sie in sich versunken und mit ernster Miene auf ihrer geliebten Bank. Vielleicht ist es klüger, dieses Thema zuerst einmal ruhen zu lassen. Ganz sanft legt er seinen Arm um ihre Schulter.

»Du siehst heute wieder bezaubernd aus. Das blaue Oberteil gefällt mir fast so gut wie das blumige von gestern. Und die neue Frisur steht dir auch hervorragend.«

Gerder blickt geschmeichelt auf ihre Schuhe, als Amondo fortfährt.

»Sieh dir diesen Sachverhalt doch einmal aus der menschlichen Perspektive an. Wenn du ihr Spiel im Griff hast, kannst du dir weitere Hosen und Blazer kaufen, vielleicht auch ein Paar Stöckelschuhe, Halsketten und Ohrringe, damit du genug Auswahl hast, um bei jeder Gelegenheit perfekt auszusehen. Dann kannst du dir auch ein eigenes Auto oder ein Motorrad zulegen und jeden Tag Latte Macchiato trinken. Außerdem um die Erde fliegen, um endlich richtig auszuspannen. Ich nehme an, dass du dafür wieder neue Kleider brauchst. Aber das kannst du bestimmt in der Walburga nachlesen.«

Die Zeitschrift liegt neben Gerder auf der Bank. Eigentlich hat sie ein wenig darin blättern wollen, es sich dann jedoch anders überlegt. Nach dieser überzeugenden Darlegung von Amondo muss auch sie endlich grinsen.

»Ich finde so ein Leben ziemlich anstrengend«, resümiert Amondo und drückt seine Freundin ein wenig fester an sich. »Ich verstehe überhaupt nicht, warum sich die Menschen so kompliziert eingerichtet haben.«

»Ein bisschen Spaß hat mir das Einkaufen aber schon gemacht«, erinnert sich Gerder.

»Natürlich. Weil für dich jetzt jede Situation neu und interessant ist. Und vielleicht hast du beim Shoppen, wie die modernen Menschen sich ausdrücken, auch schon geahnt, dass du mit diesem, mit diesem Schutzengel in Schwarz ausgehen wirst.«

Amondos Stimme hat bei den letzten Worten deutlich an Stimmkraft verloren. Obwohl er sich schon während Gerders Tagesbericht fest vorgenommen hat, dieses Thema nicht anzusprechen, sind die Worte wie von selbst aus ihm herausgerutscht. Nun ärgert er sich darüber, seinen eigenen niederen Gefühlen in die Falle gegangen zu sein. Vielleicht geschah diese verbale Attacke jedoch ausschließlich aus einem Schutzbedürfnis heraus? Nein, aus Eitelkeit, gesteht er sich kleinlaut ein.

»Oh, das klingt ja ganz nach Eifersucht, mein Lieber. Soll ich jetzt ein schlechtes Gewissen haben, weil mein Stadtführer ein gutaussehender hilfsbereiter Mann ist?«

»Natürlich nicht«, antwortet Amondo und senkt betreten den Kopf. »Allerdings mache ich mir schon Gedanken über dieses Treffen.«

»Wieso das denn?«

»Na ja, was willst du ihm denn bezüglich deiner Herkunft sagen, deines Berufs, deiner Familie? Hast du dir das schon überlegt?«

Gerder stutzt und kann Amondos sanftes verständnisloses Kopfschütteln geradezu spüren.

»Ach, ich weiß schon,« spricht er weiter, »das wirst du morgen spontan entscheiden.«

Und wieder wird ihm die Unterschiedlichkeit ihrer beider Charaktere bewusst, denn er selbst hätte sich für diesen Fall eine wasserdichte Vita ausgearbeitet, um in keine unangenehme Situation zu geraten. Vielleicht ist er tatsächlich durch sein Einsiedlerleben etwas unflexibel geworden.

»Ich wollte auch nur ausdrücken, wie sehr du mir am Herzen liegst.«

»Das weiß ich doch, Amondo. Und ich weiß auch deine Fürsorge zu schätzen. Ich habe nicht vor, deinen Platz neu zu besetzen. Du wirst immer mein bester und einziger Freund bleiben.«

Wie lange sie nach dieser Offenbarung in aller Stille die friedliche Atmosphäre am See genossen haben, weiß Amondo nicht mehr. Was er bisher von Gerder über die Menschen erfahren hat, macht ihn nicht glücklich. Obwohl er diese Spezies schon lange mehr oder weniger abgeschrieben hat, bleibt sie doch ein wichtiger Bestandteil im Dasein seiner

Lebenspartnerin. Ja, so kann man es wohl ausdrücken. Lebenspartnerin. Sie sind aufeinander angewiesen, vertrauen sich zu hundert Prozent und stehen zueinander. Sie gehen ihren Weg gemeinsam. Genauso wie die Erdlinge auch. Warum ist es ihnen nicht möglich, mehr Toleranz, mehr Mitgefühl, mehr Frieden zu leben? Was hindert sie? Wie gerne würde er Gerder einen Ausweg aus ihrer Situation aufzeigen. Wie gerne würde er ihr sagen: Versuche, den Menschen dieses oder jenes klarzumachen. Doch im Grunde seines Herzens hält er jede Mühe für überflüssig.

»Mir scheint, es zu spät ist für Veränderungen oder Individualismus. Jetzt muss der einzelne in die gleiche Richtung wie alle laufen und möglichst genauso schnell. Wer stehen bleibt, wird bestenfalls angerempelt, eher umgestoßen.«

Und nicht weiter beachtet, ergänzt Gerder in Gedanken an ihren Zusammenstoß mit der Frau in der Einkaufsmeile.

»Eines ist sonnenklar. Man braucht Geld, um zu ihnen zu gehören. Schon aus diesem Grund ist es unabdingbar, sich anzupassen.«

Gerder greift in ihre Hosentasche und zieht 50 € heraus. Amondo nimmt den Geldschein, flattert mit ihm in der Luft herum und kichert:

»Und das nennen sie eine harte Währung?«

»Die Zeiten, als sie mit Golddukaten im Gürtel reisten, sind vorüber. Ich weiß, du hörst es nicht gerne, aber auch die Menschen haben dazugelernt.«

»Wie viel hat deine neue Garderobe gekostet?«

»Ungefähr 350 €.«

»Da muss man sich wohl ganz schön anstrengen, um immer chic auszusehen, sonst grüßt der Park.«

Sofort tauchen Bilder des Stadtstreichers in Gerders Gedanken auf, verbunden mit einem äußerst stechenden Duft in ihrer Nase.

»Wenn du nicht mitspielst, verdienst du wahrscheinlich nicht genug Geld und dir bliebe nichts anderes übrig, als die Reste aus den Mülleimern zu suchen.«

Ein beklemmendes Gefühl überrollt Gerder. »So schnell wird das doch wohl nicht gehen?«

»Keine Ahnung. Doch spielt das eine Rolle? Wer sich nicht ausreichend integriert, aus welchen Gründen auch immer, hat wahrscheinlich verloren. Die Walze der Schnelllebigkeit, die für Wohlstand, Komfort, also ein gutes Leben verantwortlich ist, überholt dich und macht dich gesellschaftsunfähig.«

Amondos Worte klingen hart und bitter. Gerder spürt, wie eine große Woge des Mitgefühls für die Menschen ihren Körper überschwemmt. Sie denkt an Sonja und Axel, die mit viel Fleiß und Engagement das *Latte Macchiato* führen. Wieviel mögen sie wohl verdienen? Reicht das Geld für ihr Studentenleben aus? Und Elena und Cornelia, die mit ihrer umweltfreundlichen Geschäftsidee geradeso leben, jedoch nicht expandieren können. Und sie denkt an den Alten an der Bushaltestelle, der sein ganzes Leben gearbeitet hat, um jetzt nichts Sinnvolles mehr mit sich anfangen zu können. Ja, die Leistungsfähigkeit greift tief in das Leben jedes einzelnen hinein und spielt eine große Rolle. Eine zu große?

»Weißt du, Amondo«, sagt sie nach einer Weile, »wenn die Leistung bei den Menschen so bedeutend ist, müssen wir uns nicht wundern, dass sie so unter Druck stehen und immer in Eile sind. Ich finde, ihr Tempo ist atemberaubend, aber sie scheinen sich damit wohl zu fühlen. Und vielleicht ist es auch notwendig so?«

»Oder sie haben ihr Gefühl dafür verloren, weil sie nichts anderes kennen?«

»Das kann natürlich auch sein. Ich muss immer an das riesige Klinikum denken. Wenn man durch die langen Flure streift und die vielen Abteilungen sieht, kann man sich des Eindrucks nicht erwehren, dass die Menschen sehr krank sind.«

»Wahrscheinlich ist die häufigste Todesursache die Atemlosigkeit, also Luftnot, Herzenge und solche Störungen eben«, witzelt Amondo. »Wer sich Zeit seines Lebens den Atem rauben lässt, trägt selbst die Verantwortung dafür, oder?«

»Das weiß ich nicht, Amondo. Etwas mehr Empathie und weniger Sarkasmus würde ich mir von dir schon wünschen.«

Auf einmal fühlt Gerder sich müde und schwer. Natürlich ist es gut, von Amondo eine kritische Einschätzung zu hören, aber in ihrem Inneren sehnt sie sich nach seiner Unterstützung. Als hätte er in sie hineingeschaut, fügt er etwas leiser hinzu:

»Ich sehe auch, dass die Menschen durch ihr Leben rennen, als würden sie von irgendeiner Macht getrieben. Doch wir wissen beide genau, dass das nicht der Fall ist. Das Tempo ist ihr eigenes Werk. Sie haben es nicht nur entwickelt, sondern ihre Anpassung sogar perfektioniert. Jetzt scheinen sie nicht mehr ohne die Geschwindigkeit leben zu können. Am Anfang ist es sicher die Euphorie des Schwungs, der Vitalität, die sie beflügelt, doch irgendwann scheint sie zur Belastung zu werden, vielleicht sogar, ohne dass ihnen der Zusammenhang begreiflich wird.«

Zärtlich spielt er an ihren Locken.

»Denk doch nur an dein Erlebnis mit dem Busfahrer. Daran siehst du sehr deutlich, dass derjenige, der sich nicht sofort einfügen kann, das Nachsehen hat. Um es mal vorsichtig auszudrücken. Ehrlich gesagt wird mir jetzt noch ganz schwindlig bei dieser Vorstellung.«

»Ja«, sagt Gerder, »sie machen schon viel Wirbel um die Belanglosigkeiten ihres Alltags.«

»Und vergessen das Entscheidende, nämlich sich um die Gesundheit ihrer Seele zu kümmern. Es wird höchste Zeit, dass sie sich dafür mal ein Zeitfenster einrichten.«

»Ja«, antwortet Gerder leise und nimmt die Walburga in die Hand, weil sie das Gefühl hat, irgendetwas tun zu müssen, um ihren Kopf mit anderen, leichteren Gedanken zu füllen. Amondo beobachtet sie aufmerksam. Dann sagt er mit einem grinsenden Blick auf das Titelbild gespielt ernst:

»Jedenfalls hoffe ich inständig, dein Wunsch nach modischer Veränderung und Anpassung an die Menschen wird dich nicht so weit führen, dass ich dich demnächst wegpusten kann.«

Das Universum mahnt und spricht:
Der Leib allein beseelt euch nicht.

Am Freitag

Gerder ist froh, auf den Rat des Fahrradverleihers gehört zu haben, denn schon innerhalb von Aix la Chapelle wäre ihr mit einem normalen Rad schnell die Puste ausgegangen. Doch das Pedelec mit seinem Elektromotor schenkt ihr an den hügeligen Stellen ausreichend Schubkraft. An die Bedienung des Fahrrades hat sie sich sehr schnell gewöhnt; auch dank der gründlichen Einweisung der Angestellten. Wäre da nicht der rasante Stadtverkehr und vor allem der nicht unerhebliche Busverkehr. *Nehmen Sie sich in Acht vor dem Long Wajong*, hat die Frau sie gewarnt. Und als Gerder sie fragend angeschaut hat, hat diese auf einen gerade vorbeifahrenden doppelten Gelenkbus gezeigt. Großer Gott, hat Gerder gedacht und *Machen Sie sich keine Gedanken, ich schaffe das schon!* vollmundig geantwortet. Doch schon wenige Minuten später ist ihr Optimismus geschwunden und sie hat den Entschluss gefasst, vorwiegend die ungefährlicheren Nebenstraßen zu nutzen.

Jetzt hat sie den Innenstadtbereich verlassen und hofft, bald ins Grüne zu gelangen. Sie spürt die wohltuende Wirkung von Bewegung und frischer Luft und schickt ein stilles Dankgebet an Axel, der ihr diesen wunderbaren Rat gegeben hat. In dem kleinen Fahrradkorb an der Lenkstange liegt zusammengesunken ihre Handtasche. Die Walburga hat sie gestern Abend auf ihrer Bank zurückgelassen und die Tageszeitung heute früh locker auf einen Mülleimer im Kurpark gelegt, bestückt mit einem Geldschein unter der ersten Seite. Für den Clochard. Jetzt steckt allein ihre kleine Geldbörse in der Tasche, was, wie sie unterwegs feststellen muss, etwas seltsam anmutet. Keine Frau scheint ohne irgendeine Tasche unterwegs zu sein und erst recht keine mit einer leeren. Sie sollte bis zum Mittag irgendeinen füllenden Gegenstand finden, um bei ihrem Rendezvous keinen wunderlichen Eindruck zu hinterlassen.

Der neue Tag hat gut begonnen. Ausgeruht und voller Optimismus radelt Gerder zur Stadt hinaus. Inzwischen traut sie sich sogar, das Tempo leicht zu erhöhen. Eine wunderbare Erfindung, diese Fahrräder. Wenn alle häufiger damit unterwegs wären, könnte das Klimaproblem sicher schon verkleinert sein. Oder? Derzeit sind jedenfalls alle Straßen mit fahrenden und parkenden Autos verstopft, von Lebensqualität kann da ihrer Meinung nach keine Rede sein. An der nächsten Kreuzung biegt sie intuitiv rechts ab, dann links und schon findet sie sich allein in einer ruhigen Einkaufsstraße wieder, die allerdings keine Ähnlichkeit mit den Einkaufsstraßen in der Innenstadt besitzt, obwohl auch hier drei große Supermärkte dicht beieinander liegen, außerdem eine Getränkehandlung, ein Teppichgeschäft und ein weißes dreistöckiges Gebäude mit großen Fensterfronten, hinter denen sie ein hektisches Treiben wahrnimmt. *BodyFit* liest sie. Ach, das scheint wohl das neue Fitness-Studio aus der Kinowerbung zu sein.

Ohne groß nachzudenken, steigt Gerder von ihrem Rad ab, kettet es gehorsam an den bereitstehenden Fahrradständer an und geht ins Haus. Das Gebäude macht einen hellen, modernen Eindruck. Ein Hinweisschild führt sie in die erste Etage, wo sie an einer langen Theke freundlich empfangen wird. Im Hintergrund vernimmt sie laute dröhnende Musik, die im Bereich der Rezeption oder Bar oder einer Kombination aus beidem deutlich abgeschwächt klingt.

»Interessierst du dich für einen unserer Kurse?«, fragt die junge Frau in Sportkleidung, die geschäftig hinter einer langgezogenen Theke hin- und herläuft.

»Ich weiß noch nicht so recht«, antwortet Gerder souverän und schaut sich neugierig um. In diesem Augenblick öffnet sich hinter ihr eine Tür und ein Schwall dröhnender Musik ergießt sich in den Vorraum. Gleichzeitig erhascht Gerder einen kurzen Blick auf beängstigend große Trimm-Dich-Geräte und schwitzende Leiber. Mehr kann sie in der Kürze der Zeit nicht ausmachen.

»Wir haben die modernsten Geräte im Einsatz und bieten ein sehr umfangreiches Fitnessprogramm an. Wenn du nicht an Geräten arbeiten möchtest, sind unsere Live-Kurse vielleicht etwas für dich. Sie runden unsere Aerobic- und Workoutkurse ab. Viele unserer Kunden trainieren gerne in Gesellschaft.«

Gerder hat sich wieder umgedreht und schaut ihr Gegenüber interessiert an. Noch hat sie nichts von dem begriffen, was diese gesagt hat.

»Ah, ich glaube, ich weiß jetzt, was du suchst. Könnte es eine Fitnesslösung für deine Firma sein? Das gemeinsame Training am Arbeitsplatz oder in der Freizeit fördert nicht nur die Gesundheit, sondern steigert auch die Motivation und damit die Leistungsfähigkeit. Wir bieten dir ein vielfältiges Angebot, das einen einzigartigen Wettbewerbsvorsprung für dein Unternehmen darstellt. Firmenfitness ist ein Gewinn für alle. Du kannst dir gerne unsere Broschüren dazu mitnehmen und dich in Ruhe damit beschäftigen.«

Und mit wenigen Handgriffen sucht die junge Frau einige Prospekte zusammen und legt sie vor Gerder auf die Theke. Box Workout. Stretching. Core Workout. Vibrationstraining. Kinesis. Gerätetraining. Last Minute Sixpack. Ganzkörpertraining. Bodystyle für Frauen. Firmenfitness.

»Du kannst jederzeit ein Probetraining mit uns vereinbaren, entweder allein oder auch mit den Kollegen.«

Bevor die junge Frau ihren werbenden Redefluss weiter ins Rollen bringt, nutzt Gerder eine kurze Atempause und hakt schnell ein.

»Ist es möglich, dass ich mir einen der Geräteräume einmal anschaue?«

»Aber natürlich, gerne«, antwortet die Mitarbeiterin und greift zum Telefon. Nach wenigen Augenblicken erscheint ein knapp bekleideter Gorilla. Gerder kann nur mit Mühe ein Grinsen in ein aufgeschlossenes Begrüßungslächeln umwandeln. Der Mann ist fast zwei Meter groß und sehr muskulös. Sein ärmelloses Shirt lässt jeden am Spiel seiner ausgearbeiteten Muskeln teilhaben. Mit einem breiten Lächeln, das inmitten eines dicken braunen rauschenden Vollbarts zutage tritt, kommt er auf sie zugeschritten.

»In einem fitten Körper steckt auch ein fitter Geist«, begrüßt er sie. »Herzlich Willkommen bei *BodyFit*. Mein Name ist Hektor.«

Auch das noch, denkt Gerder und hat umso mehr Mühe, ernst zu bleiben. Hektor. Ob das wohl sein richtiger Name ist?

»Guten Morgen, Hektor. Ich heiße Gerder und würde mir gerne einmal euren Geräteraum anschauen, um mir ein eigenes Bild machen zu können.«

»Herzlich gerne, Gerder. Bitte folge mir.«

Etwas langsamer schreitet er zu der Tür, durch die sie schon einen kurzen Blick hat werfen dürfen, und öffnet sie. Noch nie hat Gerder ein Ansinnen so schnell bereut wie in diesem Augenblick. Ihre armen Trommelfelle. Doch sie erhält keine Zeit, sich um diese Angst zu kümmern.

»Hier siehst du eine kleine Auswahl unserer Geräteausstattung. Wir haben noch einen größeren Raum im hinteren Bereich. Aber hier stehen die wichtigsten Maschinen, um deinen Körper in Form zu bringen, z. B. die Bauchpresse, die Rückenstreckmaschine und den Twister. Außerdem die Geräte fürs Ausdauertraining.«

Hektor scheint es keine Mühe zu bereiten, gegen die Lautstärke der Musik anzureden. Mit ruhigen Bewegungen zeigt er auf die einzelnen Trimmgeräte.

»Neben dem Bodystyling fördert das Training auch ein höheres Wohlbefinden und Selbstvertrauen. Es lohnt sich also immer.«

Wieder schenkt er ihr sein haariges Lächeln, das irgendwie nicht zu seinem kahl geschorenen Schädel passt. Ungefähr die Hälfte der Geräte ist belegt, sowohl von Frauen als auch von Männern. Tief konzentriert führen sie ihre Bewegungen aus oder lassen sich von den Maschinen führen. Sie drehen und wenden sich, heben und stemmen, laufen und springen und ... sie schwitzen. Viele haben ein Handtuch um den Nacken gelegt. Gerder kann ihren Schweiß riechen.

»Komm, ich zeige dir unseren speziell für Frauen entwickelten Trainingsbereich. Dort findest du alles, um deinen Körper optimal in Form zu bringen. Mit Hilfe unserer abwechslungsreichen innovativen Übungen ist endlich Schluss mit den Problemzonen.«

»Was für Problemzonen?«, entfährt es Gerder.

»BBP natürlich. Bauch, Beine, Po. Straffere Beine, flacher Bauch knackiger Po. Und einen starken unteren Rücken als Nebeneffekt. Das alles kannst du bei uns entwickeln. Wir begleiten dich dabei.«

»Wie schön.«

»Ja, genau das ist unser Ziel, ein Angebot für jedermann und jedefrau nach ihren Bedürfnissen zuzuschneiden. Selbstverständlich wird dir ein Coach zur Seite gestellt, der dich anleitet.«

Die Aussicht, von Hektor zum Schwitzen gebracht zu werden, amüsiert sie einen Augenblick lang, während sie neben ihm an den Geräten vorüberschreitet. Ab und zu begrüßt Hektor einen der transpirierenden Leiber oder gibt eine kurze Hilfestellung oder Haltungskorrektur zum Besten.

»Möchtest du eines der Geräte einmal ausprobieren.«

Gerder zuckt zusammen. Um Gottes willen!

»Äh, nein, heute noch nicht. Ich habe auch gar nicht die richtige Kleidung dabei.«

»Keine Sorge, da könnten wir dir aushelfen. Spätestens in deinem Alter sollte man mit einem gezielten Training beginnen.«

»Ach ja?«

»Mit jedem Lebensjahrzehnt verliert der Körper enorm an Spannkraft, vor allem in Bauch und Rücken. Diesem Prozess kannst du gezielt vorbeugen. Das tut deiner Haltung gut und gibt deinem Körper die nötige Stabilität, um aufrecht zu gehen.«

»Um aufrecht zu gehen?«, wiederholt Gerder dümmlich. Bisher hat sie noch keine Alten auf allen Vieren durch die Stadt kriechen sehen. Oder waren die alle durchtrainiert? Doch diesen provokanten Gedanken behält sie lieber für sich.

»Weißt du, Hektor,« schreit sie, als sie am Ende ihres Rundganges angelangt sind, »euer Studio gefällt mir sehr gut. Und das Angebot scheint mir auch sehr vielseitig und ausgewogen zu sein. Ich werde mir eure Prospekte in Ruhe durchlesen und auch über deine Worte nachdenken.«

Inzwischen ist ihr sein haariges Lächeln vertraut.

»Und wenn ich mich für ein Training entscheiden sollte, komme ich auf jeden Fall zu euch.«

»Das freut mich sehr, Gerder. Du kannst jederzeit ein Probetraining bei uns machen, natürlich kostenlos und unverbindlich. Das ist die beste Methode, um einen intensiveren Eindruck zu erhalten. Auf Wiedersehen. Es war mir ein Vergnügen.«

Und schon steht Gerder wieder im Vorraum. Die junge Frau, die sie so freundlich empfangen hat, ist nicht mehr da, so dass sie ohne einen Abschiedsgruß das Haus verlässt. Auf der Straße atmet sie erst einmal tief durch. Wie ist es möglich, sich freiwillig diesem Lärm auszusetzen? Dass die Menschen trainieren und sich fit halten, ist löblich und schwer genug, nach allem, was sie eben beobachten durfte. Warum muss der Körper zusätzlich durch dieses Dröhnen strapaziert werden? Sie kann es nicht verstehen, muss sich aber auch keine weiteren Gedanken dazu machen, da sie *BodyFit* mit Sicherheit nicht mehr betreten wird.

Das Wetter ist wieder herrlich. Gerder schwingt sich auf ihr Rad und da der Verkehr nicht zugenommen hat, fährt sie mühelos zur Stadt hinaus und landet schnell auf einem gut ausgebauten, sicheren Radweg. Die Straße führt nach Vaals, der ersten Stadt direkt hinter der Grenze zu den Niederlanden, und ist gesäumt von fruchtbaren Wiesen und Feldern. Ein großes Holzschild zeigt ihr den Weg zu einem Bauernhof, wo es Kartoffeln und Erdbeeren zu kaufen gibt. Wie schnell man auf dem Land ist, wundert sich Gerder und freut sich darüber, dass sich die Einwohner von Aix la Chapelle solche Erholungsmöglichkeiten in der Nähe erhalten haben. Und wie schnell man diese inzwischen erreichen kann, sowohl mit dem Auto als auch mit dem Fahrrad. Ja, es hat sich wahrlich viel verändert in den letzten Jahrzehnten, doch hier ist es sehr idyllisch geblieben. Die Wiese auf der anderen Straßenseite wird von einer Herde Kühe beschaulich langsam bearbeitet. Es ist ein Bild der Ruhe und des Friedens, das sich hoffentlich nie ändern wird. Neben ihrem abgezäunten Areal führt eine schmale asphaltierte Straße zu einem kleinen Wäldchen. Ein verlockendes Ziel, das ihr sicherlich ein wenig Entspannung bieten wird. Gerder wartet auf eine Autolücke und überquert die Hauptstraße. Die Kühe scheinen den Anblick von Radfahrern gewöhnt zu sein, denn sie lassen sich bei ihrem späten Frühstück nicht stören. Die Straße führt bergauf. Gerder erhöht die elektrische Schubkraft und erreicht schon nach wenigen Minuten den Wald. Das ist jetzt genau das Richtige. Während sie den frischen Duft des Laubes einsaugt, überlegt sie, ob sie rechts oder links herum weiterfahren soll. Sie entscheidet sich für die rechte Seite und biegt an der Gabelung entsprechend ab. Endlich Stille. Eine

Stille, die vom leisen Rauschen der Autos und vom Surren des Fahrradmotors begleitet wird. Doch beides stört sie nicht. Es ist schön hier. Das Laub der Bäume wiegt sich geschmeidig im warmen Wind und das leise Rascheln ist Balsam für ihre Sinne. Vogelgezwitscher begleitet sie. Rechts die Wiesen und links der Wald. Kann ein Weg durch die Natur Schöneres bieten?

Irgendwann vernimmt sie leises Hundebellen und entdeckt an einer Abzweigung ein Hinweisschild mit der Aufschrift *Pension Hundt*. Neugierig geworden folgt Gerder einem festgefahrenen Schotterweg. Je näher sie dem großen Bauernhof kommt, desto lauter wird sie vom Gebell mehrerer Hunde begrüßt. Ein junger Mischling kommt auf sie zugestürmt, von den anderen Artgenossen kann sie nichts entdecken. Sie steigt vom Rad ab, beugt sich hinunter und lässt ihre Hand überschwänglich von dem Kleinen abschlecken.

»Oskar! Was soll das denn? Komm her!«

Doch der Welpe lässt sich in seinem Enthusiasmus nicht beirren und springt weiter um Gerder herum wie aufgedreht.

»Oskar ist ein richtiges Temperamentsbündel.«

»Allerdings. Er ist erst fünf Monate alt und muss noch viel lernen.«

»Guten Morgen erst einmal. Ich bin durch Zufall hier vorbeigekommen und neugierig auf Ihr Haus geworden.«

»Guten Morgen. Ich bin Elisabeth Hundt. Mein Mann und ich führen diese Pension«, erklärt die Frau und gibt Gerder die Hand. »Besitzen Sie einen Hund?«

»Nein«, improvisiert Gerder, »doch ich spiele immer wieder mit dem Gedanken, mir einen zuzulegen.«

Frau Hundt ist eine große schlanke Frau von Ende Dreißig. Ihr blondes Haar ist zu einem lockeren Zopf geflochten, der von ihrem Nacken bis zum Ende des Rippenbogens reicht und mit einem blauen Gummiband zusammengehalten wird. Ihre kurzen Jeans laufen über den Knien fransig aus und bringen ihre braun gebrannten schlanken Beine zur Geltung. Dazu der Kontrast einer rotweiß karierten Bluse. Eine sportliche Frau, die sich wahrscheinlich viel an der frischen Luft aufhält.

»Dann kommen Sie doch mit. Ich zeige Ihnen gerne unser Anwesen. Vielleicht inspiriert Sie ja einer unserer vierbeinigen Gäste, Ihren geheimen Wunsch bald in die Tat umzusetzen.«

»Sehr gerne.«

Das ganze Grundstück ist von einer hohen Mauer umschlossen. Als sie durch das schmiedeeiserne Portal gehen, gelangen sie über einen großen Hof mit einigen Parkplätzen zu zwei Gebäuden. Das eine sieht wie ein Wohntrakt aus, an dem anderen daneben steht *Beauty Salon*. Gerder ist leicht irritiert, doch bevor sie etwas fragen kann, zeigt ihr Frau Hundt einen Platz, um das Fahrrad abzustellen. Anschließend folgen sie Oskar, der hinter das Wohnhaus stürmt und ausgelassen überall herumschnuppert. Jetzt wird das Hundegebell deutlich aufgeregter und Gerder entdeckt entlang der Mauer zehn Hundezwinger, von denen fünf belegt sind.

»Hier sind also die Krachmacher«, lacht sie und geht auf die Käfige zu.

»Ja, das sind derzeit unsere Gäste. Wir sind keine Hunde-Kita für Tagesbesucher. Die Aufenthaltsdauer bei uns beträgt mindestens drei Tage, das sind dann meistens Wochenendbesucher. Am liebsten ist uns jedoch eine Dauer von einer oder mehr Wochen.«

»Warum das?«

»So ist es auf dem Hof ruhiger und wir können unser eigenes Leben besser bestimmen. Die Tiere gewöhnen sich auch schneller an uns und fühlen sich zu Hause. Wissen Sie, wir gestalten unseren Alltag gemeinsam mit den Tieren.«

Gerder schaut sich die Käfige an und empfindet die Aussage von Frau Hundt etwas übertrieben.

»Sie dürfen sich nicht davon irritieren lassen, dass die

Hunde jetzt eingesperrt sind. Manchmal lässt sich das einfach nicht vermeiden, zum Beispiel wenn das Haus geputzt wird wie an diesem Vormittag.« Frau Hundt schmunzelt. »In solchen Situationen ist sogar ein einzelner Hund störend.«

»Das kann ich mir gut vorstellen.«

»Kommen Sie. Dort hinten haben wir ein großes Freigehege. Normalerweise dürfen die Hunde in dieser Zeit dort toben.«

Ein großes eingezäuntes Areal wird sichtbar. Außerdem ein Rasenmäher und ein liebenswürdig wirkender Mann mit einer Harke. Als er sie entdeckt, kommt er auf die beiden zugelaufen.

»Guten Morgen«, grüßt er und reicht Gerder die Hand.

»Das ist mein Mann. Wie Sie sehen, ist auch unsere Spielwiese im Augenblick nicht einsetzbar.«

»Ich verstehe«, lacht Gerder, »zwanzig Beine, die um den Rasenmäher herumtanzen, kann man dann wirklich nicht gebrauchen.«

»Vierundzwanzig Beine. Sie haben Oskar vergessen. Und er ist der schlimmste von allen.«

Als hätte der Welpe nur auf dieses Stichwort gewartet, kommt er angeschossen und umrundet alle in der Hoffnung, einen von ihnen zum Spielen animieren zu können. In seinem Maul trägt er einen abgeschlafften Ball, der Gerder unangenehm an ihre Handtasche erinnert.

»Na, dann komm«, erbarmt sich Herr Hundt und gibt Gerder erneut die Hand. »Schauen Sie sich in Ruhe um. Meine Frau wird Ihnen alle Fragen beantworten. Auf Wiedersehen.« Und schon läuft er hinter Oskar her, um ihm den Ball abzujagen.

Frau Hundt und Gerder gehen währenddessen zum Haus.

»Dies ist der Wohntrakt für unsere Gäste.«

Gerder staunt. Sie betreten ein gemütlich eingerichtetes Wohnzimmer mit zwei Sofas, etlichen Sesseln und zwei Hundekörben. Alle Möbelstücke sind mit bunten Decken überzogen.

»Die Überzüge liegen nicht immer so ordentlich auf den Möbeln. Meist werden sie zum Toben missbraucht. Frau Koch, unsere großartige Haushaltshilfe hat gerade alles frisch gereinigt und in einen ordentlichen Zustand gebracht. Jetzt arbeitet sie oben auf der ersten Etage«, führt Frau Hundt aus. »In den Schränken haben wir Decken, Fressnäpfe, Leinen und ähnliches verstaut. So halten wir die Wege kurz. Alles ist möglichst hundegerecht und für uns praktisch eingerichtet.«

In einer Ecke sieht Gerder einen großen Korb mit Stofftieren. Sie nimmt ein Kamel heraus und grinst.

»In diesem Wohnbereich lassen wir nur weiches Spielzeug und Kaumaterial zu,« erklärt Frau Hundt, »damit es ein ruhiger Bereich bleibt, denn hier schlafen die Tiere auch.«

»Und wie bekommen Sie mit, wenn etwas nicht in Ordnung ist?«

Sie gehen in die nächsten beiden Räume, die deutlich kleiner, doch ähnlich ausgestattet sind.

»Dort ist ein direkter Durchgang in unsere privaten Wohnräume. Die sind allerdings für die Tiere tabu. Eine kleine aufgeräumte Zone benötigen auch wir. Bisher hatten wir immer mehrere Hunde zeitgleich zu Besuch, so dass sie nie allein waren und sich langweilten. Sollte doch etwas nicht in Ordnung sein, hören wir das sofort, weil mein Mann in jedem Raum ein Babyfon installiert hat, so dass alle Geräusche in unsere Wohnung übertragen werden. Auf diese Weise können wir sofort reagieren. Was bisher glücklicherweise noch nie nötig war.«

»Das ist eine gute Idee«, lobt Gerder. »Wo fressen die Tiere denn?«

»Das hier ist unsere Hundeküche«, sagt Frau Hundt und

öffnet eine verschlossene Tür. »Die müssen wir leider immer abschließen, weil einige unserer Gäste sehr intelligent und neugierig sind.«

Erst jetzt fällt Gerder auf, dass die anderen Räume keine Türen besitzen.

»Das ist ja eine voll ausgestattete Küche.«

»Ja, die brauchen wir auch. Der Herd ist unabdingbar, weil manche Hunde einen nervösen Magen haben und nur angewärmtes Fressen vertragen. Und die Waschmaschine ist im Dauerbetrieb.«

»Das kann ich mir gut vorstellen.«

Außerdem ist die Küche mit vielen Schränken und Regalen ausgestattet.

»Jedes Tier enthält ein eigenes Fach für den Fall, dass unser Futter nicht das richtige ist«, erklärt Frau Hundt. »Es gibt immer mehr empfindliche Tiere.«.

Alle Fächer sind ordentlich beschriftet. Gerder liest: Sammy, Woody, Gina, Gandhi, Lennie. Interessant.

»Und hier ist unser Esszimmer.«

Neben der Küche befindet sich ein langer schmaler Raum. Sowohl die beiden Seitenwände als auch die Stirnwand unter dem Fenster sind mit Holzbänken in verschiedenen Höhen ausgestattet, alle versehen mit runden Ausschnitten, in denen glänzend polierte Fressnäpfe stecken.«

»Das ist ja eine tolle Idee.«

»Finde ich auch. Mein Mann hat diese Konstruktion geplant und gebaut. Sie ist einfach, sinnvoll und äußerst stabil. Wir erfreuen uns jeden Tag an ihr.«

Frau Hundt führt Gerder jetzt aus dem Wohnbereich der Hunde hinaus zur Vorderseite des Hauses. Sie betreten den *Beauty Salon*.

»Neben unserem Hundehotel habe ich noch diesen Friseurbereich aufgezogen.«

Der Wartebereich ist mit einigen Lederstühlen nett eingerichtet. Auf einem kleinen Beistelltisch liegt etwas Lesestoff bereit, Zeitschriften und Hundebroschüren.

»Wellnessbereiche für Hunde?«, fragt Gerder verunsichert. »Was fällt denn so an?«

»Eine ganze Menge: Entfilzen und Kämmen, Zecken entfernen, Pfoten ausscheren, Ohren- und Krallenpflege und natürlich das Standardprogramm mit Waschen, Föhnen, Trimmen, Schneiden oder Scheren.«

Waschen, Föhnen, Entfilzen, wiederholt Gerder im Stillen. Mit den Pflegeprogrammen, die Frau Hundt so selbstverständlich aufgezählt hat, kann sie nicht viel anfangen.

»Schauen Sie sich unseren Waschbereich an. Hier würde es Ihrem Liebling an nichts fehlen.«

Ein komplett weiß gefliestes und eingerichtetes Badezimmer versteckt sich im Nebenraum. Im Blickpunkt steht eine kleine, bis in Hüfthöhe aufgemauerte Badewanne mit einem Treppenaufgang. Der muss wohl für die Hunde sein, grinst Gerder in sich hinein. Ein Duschvorhang kann bei Bedarf um die Wanne herumgezogen werden. Auf einem Edelstahlwagen stehen die für dieses Vergnügen notwendigen Utensilien bereit.

»Baden Hunde denn gerne?«

»Das ist sehr unterschiedlich. Manche mögen es, andere müssen manchmal mit viel Mühe dazu überredet werden.«

»Müssen Hunde denn überhaupt gebadet werden?«

»Meiner Meinung nach nicht zu oft. Aber manche Kunden, meistens Kundinnen, benötigen dieses Reinlichkeitsgefühl. Da kann ich dann nichts machen.«

»Die armen Tiere werden so doch viel zu empfindlich und anfällig, oder nicht?«

»Es ist schon erstaunlich, wie sehr sich die Tiere daran gewöhnen können. Sie müssen auch bedenken, dass sich die Lebensumstände zu früher sehr verändert haben. Heute leben die Hunde fast ausschließlich im Haus und sind nur wenig draußen. Leider. Aber der Vorteil ist, dass sie sich dadurch kaum infizieren können.«

Frau Hundt lacht. »Natürlich ist es auch meinem Geschäft zuträglich, wenn ich einen großen Kreis von Stammkunden habe. Aber so denken wir nicht. Anfangs habe ich sehr viel mit meinen Kunden über dieses Thema diskutiert. Als sich herausschälte, dass die Tiere mehr Kinderersatz als Hunde für viele sind und oftmals auch im Bett der Menschen schlafen, konnte ich zumindest ihr Sauberkeitsbedürfnis nachvollziehen.«

Dazu fällt Gerder nichts mehr ein.

»Leider muss ich mich jetzt von Ihnen verabschieden«, lächelt Frau Hundt. »Um 13.30 Uhr, also in wenigen Minuten erwarte ich eine Kundin. Hier ist unser Flyer mit allen Kontaktdaten. Falls sich im Nachhinein noch Fragen ergeben sollten, rufen Sie uns an. Wir beraten Sie auch gerne bei der Wahl des richtigen Hundes. Das ist nämlich eine ganz wichtige Entscheidung, die von Ihren speziellen Lebensumständen abhängt.«

»Ich danke Ihnen ganz herzlich für die intensive Führung und Ihre Offenheit, Frau Hundt. Viel Freude weiterhin mit Ihren Vierbeinern.«

Gerder verstaut die Broschüre in ihrer Handtasche und verlässt das Haus. Fast im Laufschritt stürmt sie auf ihr Fahrrad zu. In wenigen Minuten ist es halb zwei. Wie lange wird sie wohl zurück in die Stadt brauchen? Gibt es vielleicht eine Abkürzung? Auf keinen Fall möchte sie zu spät zu der Verabredung mit ihrem Schutzengel kommen. Während sie auf dem langen Zufahrtsweg den Hof hinter sich lässt, entscheidet sie sich, auf Nummer sicher zu gehen und den bekannten Weg zurück in die Stadt zu nehmen. Sie tritt kräftig in die Pedale und freut sich, dass die erste Strecke bergab geht. Unten an der Hauptstraße biegt sie wieder auf den Radweg ein. Sie trifft keinen anderen Radfahrer, so dass sie gut vorankommt. Schon wieder wird sie mit dem Phänomen Zeit konfrontiert. Und das sozusagen in ihrer Freizeit. Es scheint tatsächlich nur schwer möglich zu sein, sich dieser Klammer zu entziehen. Noch hat sie sich an ein Leben, das diesem Takt in Gänze unterstellt ist, nicht gewöhnen können. Doch wie sollte sie auch? Schließlich haben die Menschen ja Hunderte von Jahren daran gearbeitet.

Gerder verscheucht jeden weiteren Gedanken an dieses Thema, denn sie möchte sich ein wenig auf ihre Verabredung vorbereiten. *Ganz schön knapp*, wandert Amondos Stimme durch ihren Kopf. Doch dieser Hinweis hilft ihr jetzt auch nicht weiter. Außerdem muss sie sich etwas mehr auf den Weg konzentrieren, da ihr Tempo sich bedenklich erhöht hat. Gerder erinnert sich an den Tacho, der ihr bei der Einweisung gezeigt worden ist, und schaut aufs Display. 30 Stundenkilometer. Ist das eine normale Geschwindigkeit oder schon zu viel? Sie kann es nicht sagen. Gefühlsmäßig wird sie gleich abheben. Und jetzt ist auch der Radweg zu Ende und sie findet sich auf einem für Fahrräder markierten Teil der Straße wieder. Eine Woge des Unwohlseins überrollt sie. Gerder bremst ab, hart und lange, doch gerade noch rechtzeitig vor einer roten Ampel, die sie erst im letzten Moment wahrgenommen hat. Die stehenden Autos haben sie irritiert. Glücklicherweise. Das hätte ganz schön ins Auge gehen können. Sie schluckt. Nur wenige Meter vor ihr rollen nun die ersten Autos von rechts an ihr vorüber. Sie atmet tief durch. Wie spät mag es sein? Doch ohne Uhr ist auch dieser Gedanke zwecklos. Sie registriert wohl, dass der Autoverkehr dichter und die ersten Häuser wiederaufgetaucht sind. Als die Ampel auf Grün schaltet, folgt sie den Straßenschildern Richtung Innenstadt. Das Risiko, jetzt auf sichere Nebenstraßen auszuweichen, ist ihr zu groß.

Dom, springt ihr plötzlich ins Auge. Das Wort steht auf einem kleinen weißen Hinweisschild, auf dem auch ein

Fahrrad abgebildet ist, und daneben 1,5 km. Ein Zeichen des Himmels. Wunderbar. Sie biegt entsprechend ab und gibt wieder Gas. Ich werde total verschwitzt sein, schimpft sie mit sich selbst. Und zerzaust. Und außer Atem. Aber das hilft jetzt alles nichts. Das einzig Hilfreiche ist, sich auf den Verkehr zu konzentrieren, um keine unnötigen Umwege zu fahren und vor allem, sicher anzukommen. Dann endlich erkennt sie die Jakobstraße wieder und entspannt sich langsam. Gleich hat sie es geschafft. Und tatsächlich erreicht sie nach wenigen Minuten den Fußgängerbereich. Sie sieht schon die große Freitreppe vor dem Rathaus. Unsicher wirft sie einen Blick auf die Turmuhr, die im selben Augenblick zwei Uhr schlägt. Puh, das wäre geschafft.

»Da sind Sie ja«, vernimmt sie eine vertraute Stimme«, »und sogar motorisiert. Ganz schön mutig.«

Gerder dreht sich um und spürt ihr Herz deutlich höherschlagen, wahrscheinlich von der schnellen Fahrt. Sie setzt den Fahrradständer, um etwas Zeit zu gewinnen. Dann dreht sie sich um und gibt ihrem Schutzengel lächelnd die Hand.

»Ich freue mich, Sie zu sehen. Und ja, ich habe mich ein wenig akklimatisiert und fühle mich inzwischen sehr viel sicherer im Verkehr«.

»Nun, ich muss zugeben, dass ich dazu sehr zwiespältige Gefühle habe«, antwortet ihr Schutzengel und ein kurzes Zucken umspielt seine Mundwinkel, während seine Augen schelmisch grinsen. Gerder ist irritiert. Warum sollte es in seinem Interesse sein, dass sie sich weiterhin gefahrvoll verhält? Und wieso dieser spitzbübische Blick?

»Ich möchte es einmal so formulieren«, erklärt ihr Schutzengel. »Zum einen erleichtert es mich natürlich zu sehen, dass Sie sich inzwischen sattelfest im Verkehr bewegen. Zum anderen jedoch befürchte ich, nun arbeitslos zu werden.«

Der Schalk in seinen Augen verwandelt sich in Trauer und Wehmut. »Ist das etwa kein Grund, bekümmert zu sein?«

Gerders Lachen dröhnt über den Marktplatz. Ihr Schutzengel versteht es zu flirten, muss sie zugeben und spürt, wie ein Kribbeln durch ihren Körper zieht. Wie kann sie dieses Flattern nur unter Kontrolle bringen? Doch im Grunde ihres Herzens muss sie sich eingestehen, dass sie es genießt. Kein Wunder, dass die Menschen sich gerne verlieben, wenn schon dieses harmlose Schäkern solche Wallungen auslöst. Auf jeden Fall kann sie nicht verhehlen, dass sie sich in dieser Rolle ausgesprochen wohlfühlt. Sofort kommt ihr Amondos Eifersucht in den Sinn. Welch ein Unsinn! Ein wenig Koketterie kann ihrem Auftrag doch nur zuträglich sein.

»Vielleicht finden wir ja eine andere Rolle für Sie«, antwortet Gerder und bemerkt im selben Augenblick, dass diese Antwort etwas missverständlich wirken könnte.

»Oh ja, das wäre wunderbar«, hört sie ihren Schutzengel schon frohlocken, bevor sie imstande ist, ihr Gesagtes zu relativieren.

»Sollen wir zuerst einmal einen Kaffee trinken gehen? Ich kenne ein nettes Bistro ganz in der Nähe.«

»Das ist eine sehr gute Idee«, erwidert Gerder und schiebt ihr Rad zu einem Fahrradständer, um es anzuketten. »So, jetzt bin ich bereit.«

Völlig ungeniert hakt sich ihr Schutzengel bei ihr ein. An seinem Äußeren kann sie keine Veränderung feststellen. Wie bei den letzten beiden Treffen trägt er wieder schwarze Kleidung. Offensichtlich ein Markenzeichen von ihm. Oder er ist kein Mann für farbige Variationen oder aufwendige modische Anstrengungen. Auch sein Haar ist erneut zu einem dicken Zopf zusammengebunden. Das alles ist ihr inzwischen vertraut. Sie fühlt sich wohl in seiner Gegenwart und lässt sich unterwegs einige Details zum Dom, zum Rathaus und anderen historischen Gebäuden der Innenstadt erklären. Besonders die architektonischen Besonderheiten scheinen ihn zu interessieren. Immer wieder bleiben sie vor alten Häusern stehen und Gerder entdeckt mit seiner Hilfe viele sehenswerte Komponenten der Baukunst. Dadurch ist sie so abgelenkt, dass sie das *LatteMacchiato* erst erkennt, als sie davor stehenbleiben.

»So, da sind wir.«

»Oh«, entfährt es Gerder, »das *Latte*. Eine sehr gute Wahl!«

»Sie kennen es?«

»Allerdings. Nachdem Sie mich das erste Mal gerettet haben, nicht weit von hier am alten Stadttor, habe ich es durch Zufall entdeckt und mich hier ein wenig von dem Schrecken erholt und gleich wohlgefühlt.«

»Und ich wollte ihnen neue Dinge zeigen und den Verkehr erklären, dabei kennen Sie sich inzwischen bestens aus.«

Mit einer gespielt gekränkten Miene hält er ihr die Tür auf. Sofort laufen sie auf Alex zu, der gerade ein Tablett mit leeren Gläsern zur Theke bringen will.

»Guten Tag, Herr Karma«, begrüßt er die beiden. »Hallo Gerder.«

»Hallo Alex«

»Guten Tag, Herr Winter.«

»Der letzte Tisch am Fenster ist noch frei.« Alex weist mit einem Kopfnicken in die Richtung und lässt sich nicht anmerken, dass er sich über die Bekanntschaft der beiden wundert.

»Den nehmen wir«, antwortet Gerder und stürmt los. »Das ist mein Lieblingsplatz. Hier hat man einen herrlichen Blick nach draußen und drinnen.«

»Brauchen Sie das Bedürfnis, alles unter Kontrolle zu haben?«

»Eigentlich nicht, obwohl es mir lieber ist, wenn ich es habe«, antwortet Gerder ungeniert. Sie setzen sich gegenüber an den Tisch. Als Kavalier hat er ihr den Platz an der Wand überlassen, während er selbst die Vorgänge im Bistro durch mehrere Spiegel verfolgen kann.

»Sonja ist heute Nachmittag leider nicht da. Sie sitzt in einer Vorlesung.« Alex ist ihnen gefolgt, nachdem er das Tablett abgestellt hat.

»Wie schade«, sagt Gerder.

»Möchtest Du wieder einen Latte?«

»Herzlich gerne.«

»Und was darf es für Sie sein, Herr Karma?«

»Ich nehme einen Kaffee bitte.«

»Gerne.«

»Der Latte Macchiato hat hier einen sehr guten Ruf. Sie haben die richtige Wahl getroffen.«

»Warum haben Sie denn keinen bestellt?«

»Ich trinke keine Milch.«

»Ach so. Leiden Sie unter einer Unverträglichkeit?«

»Nein, glücklicherweise nicht. Mir schmeckt sie einfach nicht.«

»Wie schade.«

»Es wäre schade, wenn ich etwas vermissen würde, aber das tue ich nicht«, antwortet er und lächelt sie an.

Heute ist Alex derjenige, der die Gäste bedient. Hinter der Theke arbeitet ein junger Mann, den Gerder nicht kennt. Die beiden haben gut zu tun.

»Haben Sie schon zu Mittag gegessen?«

Ihr Schutzengel scheint Gedanken lesen zu können.

»Nein, das hat sich bisher nicht ergeben.«

»Das passt doch sehr gut. Ich habe auch noch nichts zu mir genommen. Wonach steht Ihnen der Sinn, nach etwas Süßem oder Deftigem?«

»Mmh?«

»Meine Empfehlung für die herzhafte Variante ist ein Salat, zum Beispiel der Lachssalat oder lieber mit Hähnchenbrust. Beide schmecken hier ausgezeichnet.«

Gerder blickt in das aufmunternde Gesicht von Herrn Karma, muss sich jedoch innerlich schütteln. Bei dem

Gedanken an Lachs oder Hähnchen wird ihr klar, dass es ihr unmöglich ist, einen ihrer Schützlinge zu verspeisen. Noch nie hat sie vor einer solchen Entscheidung gestanden. Aber sie ist auch noch nie zuvor den Menschen so nah gewesen. Dieser Gedanke macht sie ein wenig traurig. Hat sie wirklich Entscheidendes verpasst? Vielleicht. Vielleicht aber auch nicht. Ihre Rolle ist dieses Mal eine andere, nicht mehr die der reinen Beobachterin. Dadurch verändert sich alles. Wieder schaut sie in das Gesicht ihres Begleiters und sein fragender Ausdruck holt sie in die Wirklichkeit zurück. Mit einem rettenden Gedanken.

»Ich bin Vegetarierin«, antwortet sie. »Ich nehme den Salat ohne diese Zutaten. Das ist doch möglich, oder?«

»So, ein Latte für Dich, Gerder, und für Sie einen Kaffee. Bitte sehr.«

»Vielen Dank, Alex.«

»Vielen Dank, Herr Winter. Wir würden gerne noch etwas zum Essen bestellen. Einen gemischten Salat für meine Begleiterin und für mich einen Lachssalat, bitte.«

»Kommt sofort. Da die meisten Gäste schon gegessen haben, müsste es recht schnell gehen«, antwortet Alex und schlängelt sich durch die Tischreihen zur Küche.

»In diesem Lokal werden alle Gäste vertrauensvoll geduzt, nur Sie nicht, Herr Karma. Welche Erklärung gibt es dafür? Oder ist das ein Geheimnis?«

Ein breites Grinsen macht sich auf seinem Gesicht breit.

»Nun, das ist leicht zu erklären. In den letzten Wochen bin ich selten als Gast hier gewesen, sondern in meiner Eigenschaft als Mitarbeiter des Bauamtes. Ich bin für den Schutz und die Pflege der oberirdischen Baudenkmäler in Aix zu ständig und dieses herrliche spätklassizistische Gebäude des 18. Jahrhunderts gehört auch dazu.«

»Die historischen Gebäude werden also geschützt«, denkt Gerder laut.

»Selbstverständlich. Sie sind nicht nur ein Teil unserer Geschichte, sondern verleihen der Stadt ihr Gesicht und ihren Glanz.«

»Und dafür muss einiges getan werden.«

»Genauso ist es.«

»Jetzt verstehe ich auch, warum der Schwerpunkt Ihrer kleinen Stadtführung vorhin auf der Architektur lag«, schmunzelt Gerder.

»Oh, ich habe Sie gelangweilt!«

»Nein, nein, ganz und gar nicht. Es war höchst interessant und ich höre es gerne, dass die Stadt so viel in die alten Bauwerke investiert.«

»Mittlerweile geht es überwiegend um den Erhalt und die Pflege. Nach dem Krieg stand der Wiederaufbau im Vordergrund, nach Möglichkeit anhand historischer Pläne, falls diese noch vorlagen.«

»Ja, der Krieg hat viel zerstört und großes Leid gebracht.«

»Glücklicherweise kennen wir beide diese Zeit ja nur aus Erzählungen und Büchern.«

Wenn Sie wüssten, denkt Gerder und entschließt sich zu einer mutigen Frage.

»Glauben Sie denn nicht an die Bedeutung Ihres Namens?«

Ihr Gegenüber stutzt., antwortet jedoch nicht.

»Oder heißen Sie nicht wirklich Karma?«

»Doch, doch, und die Schreibweise ist ebenfalls identisch mit dem spirituellen Konzept der Wiedergeburt.«

Unwillkürlich muss Gerder grinsen. »Bitte entschuldigen Sie mein Benehmen. Es sollte nicht respektlos erscheinen. Ich sehe Ihnen an, dass Ihnen das Thema unangenehm ist«, beschwichtigt Gerder. »Sie sind mir auch keine Erklärung schuldig.«

Das Gesicht von Herrn Karma hellt sich nach einer Weile auf. »Wissen Sie, ich habe eine Idee. Ich erzähle Ihnen, warum mir mein Nachname nicht gefällt, im Gegenzug nennen Sie mich dann beim Vornamen. Was halten Sie von diesem Vorschlag?«

Dieser Einfall kommt Gerder sehr entgegen, denn sie hat sich schon in der Zwangslage gesehen, sich selbst einen Familiennamen ausdenken zu müssen.

»Er gefällt mir gut«, antwortet sie daher schnell.

»Dann entschuldigen Sie mich bitte einen Moment«, sagt Herr Karma und geht zu Theke. Nach wenigen Augenblicken sitzt er ihr wieder gegenüber.

»Meine Eltern hatten nie ein Problem mit dem Namen Karma«, beginnt er zu erklären, »ich glaube, zu ihrer Zeit hat man sich keine Gedanken um solche profanen Dinge gemacht. Und die Probleme, naja, Probleme ist vielleicht ein etwas starker Ausdruck dafür, fingen auch erst in meiner Jugend an.«

Die Ausführungen von Herrn Karma werden durch Alex' Erscheinen unterbrochen. Er stellt zwei Gläser Sekt vor sie auf den Tisch, wünscht ihnen ein Zum Wohl und verschwindet wieder. Jetzt ist Gerder diejenige, die keine Worte findet.

»Ich mag den Brauch, miteinander anzustoßen, um das Duzen formell zu besiegeln«, erklärt Herr Karma und nimmt sein Glas in die Hand. »Ich heiße übrigens Raffael.«

Einen Augenblick lang hat Gerder sich nicht unter Kontrolle und ist heilfroh darüber, ihr Glas noch nicht in die Hand genommen zu haben. Wahrscheinlich hätte sie sich fürchterlich verschluckt und die Hälfte des kostbaren Inhalts verschüttet. So aber kann sie nur ein spontanes Aufprusten nicht unterdrücken, das in ein herzliches Lachen übergeht und ihr schrecklich peinlich ist.

»Es tut mir leid«, stottert sie, »es tut mir aufrichtig leid. Aber Ihre Eltern müssen viel Humor gehabt haben, als sie Ihnen ausgerechnet den Namen eines Erzengels gaben.«

»Trinken wir erst einmal einen Schluck«, sagt Herr Karma zurückhaltend amüsiert. »Also, Raffael.«

»Gerder.«

Gerder nimmt einen großen Schluck und als sie ihr Glas wieder abstellt, sieht sie, dass es schon halb leer ist.

»Meine Eltern haben sich wohl eher nichts dabei gedacht. Sie kümmerten sich nie um das, was andere gesagt oder getan haben. Ihnen gefiel der Name einfach.«

»Es ist ja auch ein wunderschöner Name«, antwortet Gerder, der es gelungen ist, sich wieder zu fangen.

»Ja, aber wie du selbst gemerkt hast, ist die Kombination der beiden Namen, wie soll ich sagen ...?«

»... etwas Besonderes«, ergänzt Gerder. »Und in der Schule wurdest du deshalb nicht ernst genommen?«

»Doch, das schon. Aber oft gehänselt. *Pass mal auf, dass du dich im nächsten Leben nicht als Flo wiederfindest.* Solche Sprüche waren halt an der Tagesordnung.«

»Und jetzt, wo du erwachsen bist, animiert dein Nachname sicher zu ernsthaften philosophischen Diskussionen mit Freunden oder Kollegen?«

»Eher nicht. Außerdem habe ich keine Lust mehr, mich auf flache ideologische Gespräche einzulassen, die womöglich damit enden, dass man in der esoterischen Ecke landet.«

»Was ist denn an der Esoterik so schlimm?«

»Für die meisten Menschen ist es ein Milieu für Spinner.«

»Wieso das denn?«

»Man ist abgestempelt und wird nicht mehr für voll genommen.«

»Aber bedeutet Esoterik nicht einfach nur ein Nach-Innen-Schauen?«

»Das schon. Die meisten interessiert das jedoch nicht. Ohne sich mit der Philosophie näher beschäftigt zu haben, glauben sie, spöttisch darüber urteilen zu können. Ich glaube, Unkenntnis oder vielleicht auch die Beschäftigung mit ihrem Inneren macht ihnen Angst.«

»Das ist doch erst recht ein guter Grund, sich damit auseinanderzusetzen. Hast du es getan?«

»Früher ja, da wollte ich der Sache auf den Grund gehen, um besser argumentieren zu können, bis ich merkte, wie fruchtlos meine Bemühungen waren. Die Menschen wollen einfach nur ihren Spaß haben.«

»In dem sie andere hänseln?«

»Ja, das manchmal auch. Aber vor allem wollen sie sich in ihrer Freizeit nicht mit den Fragen des Lebens auseinandersetzen.«

»Dann scheint ihnen das Thema nicht wichtig genug zu sein.«

»So ist es. Spaß, Spiel und Sport stehen heutzutage im Vordergrund. Zumindest in der Freizeit. Und Leistung und Geldverdienen im Beruflichen. Das kennst du doch sicher?«

»Ja, natürlich. All das hat ja auch seine Berechtigung. Nur fehlt da nicht die andere Seite, die Frage nach dem Sinn des Lebens, nach der philosophischen Verankerung? Oder ist das die Aufgabe der Kirchen?«

Raffael hat sich auf einen Nachmittag mit leichter Konversation eingestellt. Jetzt findet er sich in einem ernsthaften Gespräch wieder, das ihn allerdings fasziniert. Diese Frau fasziniert ihn, wenn er ehrlich ist. Das hat sie schon bei ihrer ersten Begegnung getan, was er sich offen gestanden nicht erklären kann, denn ihre äußere Erscheinung ist alles andere als anziehend gewesen. Altbacken und bieder. Er denkt an ihre Hilflosigkeit im Verkehr und lächelt. Ist es nur diese Unsicherheit gewesen, die sein Herz gerührt hat? Nein, keinesfalls. Irgendwie hat er eine große Kraft hinter dieser Unbeholfenheit gespürt, die er nicht näher beschreiben und sich erst recht nicht erklären kann. Er kann nur so viel sagen: Sie ist außergewöhnlich. Sie ist interessiert an allem, allerdings auf eine andere Art und Weise als alle anderen in seinem Umfeld. Sie hat eine besondere Sichtweise auf die Dinge. Sie schaut genau hin.

»Die Kirchen«, holt er sich in die Gegenwart zurück, »beschäftigen sich nach meiner Einstellung heute viel zu sehr mit sich selbst.«

»Und werden dadurch ihrem Auftrag nicht mehr gerecht?«

»Zu wenig auf jeden Fall. Sie sind nicht mitgewachsen mit der Zeit. Die Menschheit ist global und offen geworden, während die Kirchen sich weiterhin verschlossen verhalten. Das kann nicht funktionieren.«

»Werden die vielen Religionen in dieser modernen Zeit überhaupt noch gebraucht? Letztendlich ist doch jeder einzelne für sein Seelenheil verantwortlich.«

»Womit wir wieder beim Karma angelangt wären«, lacht Raffael.

»Glaubst du daran?«

»Nein. Und du?«

»Auf jeden Fall. Unsere Körper sind vergänglich, doch unsere Seelen sind für die Ewigkeit gemacht. Sie sollen hier wachsen und sich zum Guten entwickeln. Das kann doch nur funktionieren, wenn sie immer wieder die Möglichkeit zur Korrektur, zur Verbesserung erhalten? Meiner Meinung nach reicht ein Leben nicht aus, um diese Aufgabe zu bewältigen.«

»Nun ja.«

»Ich halte das Universum für eine große Kraft der Liebe und fände es daher widersprüchlich und auch inhuman, uns Menschen diese Chance nicht zu gewähren. Glaubst du denn, dass es Menschen ohne Schuld gibt?«

Raffael lacht. »Ich habe jedenfalls noch keinen kennengelernt. Meiner Meinung nach wissen nur die wenigsten Menschen in der westlichen Welt von dieser Chance, wenn ich deinen Gedankengang einmal weiterführe.«

»Wie kannst du das sagen, wo du schon in deiner Jugend dazu gehänselt wurdest?«

»Das schon, aber das war kein Wissen, nur oberflächliches Geplapper.«

»Das irgendwo seinen Ursprung haben muss«, sinniert Gerder. »Auf jeden Fall hat jeder Mensch die Möglichkeit, nach innen zu schauen und Antworten auf die Frage nach dem Sinn seines Lebens zu suchen, wenn er dieses möchte. Egal ob mit oder ohne Kirche.«

»Das ist richtig und ein wunderbares Schlusswort, Gerder. Denn da kommen gerade unsere Salate. Ich hoffe, wir finden ein leichter verdauliches Thema zum Essen.«

»Ich habe dich gelangweilt«, sagt Gerder, nachdem sie über die große Salatportion gestaunt und zum Brot gegriffen hat.

»Auf gar keinen Fall«, schüttelt ihr Gegenüber den Kopf. »Es ist nur ein ungewöhnliches Thema für eine erste Verabredung.«

»Nicht ungewöhnlicher, als sich über Skulpturen, alte Brunnen und Ausgrabungsfunde zu unterhalten, finde ich.«

»Touché«, schmunzelt Raffael und schiebt sich genüsslich ein Stück Lachs in den Mund. »Mmh. Habe ich zu viel versprochen? Schmeckt der Salat nicht großartig?«

»Allerdings. Das Dressing ist köstlich und ich liebe französische Baguettes.«

»Dann greif kräftig zu. Wir können jederzeit Brot nachbestellen. Was hast du heute Vormittag unternommen?«, wechselt Raffael das Thema. »Wohin bist du geradelt?«

Aus unerklärlichen Gründen hält Gerder es für angebracht, ihren Besuch im Fitnessstudio nicht zu erwähnen.

»Ins Grüne«, antwortet sie daher. »Hinaus aus der Stadt in die Natur. Das kribbelige Stadtleben ist anstrengend. Ich bin eher der Landtyp.«

Und bevor er sich nach ihrer Herkunft erkundigen kann, erzählt sie weiter. »Ich bin Richtung Holland gefahren. Auf dieser Strecke konnte ich immer auf dem Radweg bleiben, wo ich mich wesentlich sicherer gefühlt habe. Irgendwann bin ich links abgebogen, weil mich ein kleines Wäldchen angezogen hat. Es war herrlich. Das Moos roch so frisch, das Laub tanzte im Wind und die Vögel zwitscherten nur für mich.«

Raffael tunkt ein Stück Brot in die Soße und schweigt. Jeder Kommentar hätte die schönen Worte seiner neuen Bekannten zerstört. Noch nie wurde ihm ein Ausflug so liebevoll beschrieben. Er beobachtet, wie bedächtig, geradezu achtsam Gerder ihren Salat isst und fühlt sich wie ein oberflächlicher Tropf, wie ein Tölpel, der stumpf und unaufmerksam durch sein Leben dümpelt. Wie ist es möglich, dass so wenige Umschreibungen solche Gefühle in ihm auslösen?

»Bist du Botanikerin?«

»Merkt man mir meine Begeisterung für die Natur so deutlich an?«

»Ja, und ich finde das sehr sympathisch und anziehend.«

Anziehend. Was meint er damit? Gerder wird plötzlich etwas unsicher in seiner Nähe. Raffael ist ein großer Wissensquell für sie. Noch ein paar Stunden Plauderei und sie würde vielleicht die gesuchten Antworten auf ihre Fragen finden. Zumindest ist das bis eben ihre große Hoffnung gewesen. Jetzt scheinen sie sich einem Bereich zu nähern, wo das unschuldige Flirten gefährlich werden kann, und sie möchte ihren neuen Freund – Darf sie ihn eigentlich schon so nennen? - auf gar keinen Fall vor den Kopf stoßen.

»Ich finde dich sehr anziehend, Gerder.«

Mit starrem Blick und einem beklommenen Gefühl im Bauch schaut sie in seine braunen Augen, die sie offen, fragend und zärtlich zugleich ansehen. Es gelingt ihr nicht lange, diesen Zauber zu ertragen. Fieberhaft sucht sie nach einem Ausweg und stochert planlos auf einem Streifen Paprika herum.

»Ich verstehe schon, Gerder, du bist nicht frei.«

Wie einfach und schmerzlich zugleich die Lösung ist. Im Stillen dankt sie dem Universum dafür, dass sie diesen einfühlsamen Mann treffen durfte, denn sie hat bisher nicht den Eindruck gewonnen, dass alle Menschen mit dieser Eigenschaft ausgestattet sind.

»Ja, so ist es«, antwortet sie erleichtert und traurig zugleich. »Das Leben ist nicht immer einfach.«

Mit diesen Worten, die hoffentlich auch ihre Zuneigung zu ihm ein wenig deutlich gemacht haben, kann sie ihm wieder in die Augen schauen, ohne ein schlechtes Gewissen haben oder lügen zu müssen. Befreit lächelt sie ihn an.

»Wie dem auch sei«, sagt er nach einer Weile, »ich würde mich trotzdem sehr freuen, wenn ich deinen Aufenthalt in unserer Stadt noch ein wenig bereichern darf.« Er schiebt seinen Teller zur Seite, nimmt Gerders Hände in die seinen und streichelt sie liebevoll. »Ganz freundschaftlich, natürlich.«

»Ganz freundschaftlich ist eine wunderbare Idee«, flüstert Gerder. »Dieses Angebot nehme ich mit großer Freude an.«

Noch immer hält er ihre Hände fest umschlungen, auch als Alex ihre Teller und den Brotkorb abräumt. Dann führt er sie zu seinem Mund, drückt einen Hauch von Kuss auf jede Hand und legt sie sanft zurück auf den Tisch.

»Möchtest du noch einen Nachtisch«, leitet er ein unverfängliches Thema ein. »Ein Streuselbrötchen, einen Espresso oder etwas Stärkeres. Ehrlich gesagt könnte ich jetzt einen kräftigen Schluck gebrauchen. Machst du mit?«

»Aber natürlich«, antwortet Gerder, ohne zu ahnen, was auf sie zukommt, doch mit dem guten Gefühl, ihm einen Gefallen zu tun, »und ein Streuselbrötchen dazu«.

Raffael lacht laut auf.

»Passt das nicht zusammen?«, fragt Gerder irritiert.

»Doch, doch, das passt wunderbar zusammen«, erwidert er und winkt Alex zu, um seine Bestellung aufzugeben.

Schon nach wenigen Augenblicken steht das Gewünschte vor ihnen. Gerder kann sich des Eindrucks nicht erwehren, dass Alex sie die ganze Zeit beobachtet. Sie sucht seinen Blick und als er sie amüsiert anlächelt, nickt sie ihm zu und nimmt ihr Glas in die Hand.

»Es ist ein Grappa«, erklärt Raffael, »ich weiß nicht, ob es den auch bei euch auf dem Land gibt?«

»Bei uns heißt das einfach Schnaps«, erinnert sich Gerder stolz, obwohl sie ihn noch nie getrunken hat. Sie stoßen an und im selben Augenblick hat ihr Freund den Inhalt des Glases hinuntergekippt. Gerder tut es ihm nach und kann nur mit großer Mühe verhindern, dass sie alles wie eine große Fontäne über den Tisch sprüht. Es brennt wie Feuer in ihrem Hals.

»Gut, nicht wahr?«

»Ja«, krächzt sie und bevor ihr die Tränen in die Augen schießen, sucht sie etwas, das ihre Kehle beruhigt. Zwischen ihnen steht der Teller mit dem Streuselbrötchen. Ein kleines Messer liegt daneben. Beherzt schneidet sie den Kuchen durch und beißt in ihre Hälfte. Noch immer hat sie das Gefühl, dass ihr die Augen aus den Höhlen treten. Sicherheitshalber schaut sie auf den Tisch und isst. Diesmal schneller als gewöhnlich. Und es hilft.

»Ich hätte wohl etwas langsamer trinken sollen«, entschuldigt sie sich, immer noch mit ihrer Atmung kämpfend. Unaufgefordert bringt ihr Alex ein Glas Wasser und grinst. Gerder stürzt es dankbar hinunter.

»Jetzt ist es vorbei«, lacht sie.

»Bist wohl ein wenig aus der Übung?«, stellt Alex trocken fest. »Brauchst du noch ein Wasser?«

»Nein, vielen Dank, man sollte wahrlich nicht so gierig sein«, rügt Gerder sich selbst und stimmt in das Lachen der beiden ein. Dann fällt ihr etwas ein und sie bittet Alex, ihr noch ein Streuselbrötchen für später einzupacken. Plötzlich steht Raffael auf und setzt sich neben sie auf die Bank.

»Wir machen jetzt ein Selfie«, erklärt er und hält sein Smartphone auf Armeslänge von ihren Körpern entfernt. Gerder staunt nicht schlecht, als sie sich selbst und Raffael auf dem Display erkennt. Ohne dass sie es bemerkt, sind einige Fotos geschossen. Raffael legt seinen Arm um Gerders Schulter.

»Jetzt bitte einmal lächeln oder besser noch lachen«, sagt er und kitzelt Gerder am Ohrläppchen. Es klappt. Das nächste Bild zeigt ein ausgelassenes fröhliches Paar.

»Zur Erinnerung«, sagt er etwas wehmütig, doch die Stimmung bleibt auch noch ausgelassen, als sie das Bistro verlassen. Raffael hat darauf bestanden, die Rechnung zu begleichen und Gerder hat sich gerne verwöhnen lassen. Auf Nebenwegen schlendern sie durch die Stadt. Er ist ein wahres Geschichtsbuch und kann nicht nur die Architektur der vielen historischen Gebäude erklären, sondern auch historische Ereignisse und Zusammenhänge. Irgendwann stehen sie wieder vor dem Rathaus.

»Geschichte ist meine große Leidenschaft«, entschuldigt er sich. »Möchtest du einen Blick hineinwerfen oder lieber in den Dom gehen?«

»Lieber in den Dom«.

Mit einem beschwingten Schlenker umfasst er ihre Schulter und zieht sie sanft um die Ecke.

»Wir stehen jetzt auf der früheren inneren Pfalzanlage Karls des Großen zwischen der ehemaligen Königshalle im Norden und der Pfalzkapelle im Süden. Verbunden waren die Gebäude durch hölzerne oder steinerne Wandelgänge. Hier atmet die Geschichte noch.«

»Ja.« Gerder schaut sich um. Sie erinnert sich gut an die Zeit des großen Herrschers Karl, an die großen Feldzüge quer durch Europa, an das viele Blut, das ihren Boden getränkt hat. War es wirklich der Gedanke an ein vereintes Europa, um es einmal so modern auszudrücken, oder der pure Größenwahn, der ihn angetrieben hat? Ihn und seine kriegerischen Nachfolger einige Jahrhunderte später in diesem Teil der Erde. Wie schön, dass die Menschen hier im Augenblick eine Zeit des Friedens erleben dürfen. Dafür werden in anderen Ländern Kriege geführt. Für sie spielt es keine Rolle, in welchem Teil der Welt die Menschen sich gerade bekämpfen. Sie leidet immer, denn es sind nicht nur die Menschen, die Schaden nehmen, sondern auch tausendfach die Tiere, die Pflanzen, der Boden, die Gewässer, die Atmosphäre. *Das ist noch untertrieben*, hört sie die Stimme Amondos, die sie in die Gegenwart zurückholt. Sie hat das Gefühl, leicht zu taumeln bei der Wucht an Erinnerungen.

Inzwischen stehen sie vor dem Eingangsportal des Doms. Noch immer hält Raffael sie umschlungen, wofür sie sehr dankbar ist.

»Ich kenne den Dom bereits«, flüstert sie.

»Dann brauche ich dir ja nichts zu erklären.«

»Nein. Aber ich würde mich gerne irgendwo hinsetzen und das Flair der Geschichte in Verbindung mit der Magie des Himmels einatmen. Vielleicht dort drüben?«

Sie setzen sich ins Mittelschiff und schweigen. Raffael ist traurig. Insgeheim hat er gehofft, dass Gerder frei für ihn ist. Seit seiner Scheidung vor fünf Jahren hat er sich zu keiner Frau mehr so intensiv hingezogen gefühlt wie zu dieser ungewöhnlichen Person. Und das von der ersten Minute ihres Kennenlernens an, trotz aller widrigen Umstände. Eine Erklärung für dieses Verhalten hat er nicht. Am Anfang hat er noch geglaubt, ihre außergewöhnliche Attraktivität habe ihn in ihren Bann gezogen. Eine Schönheit, die vielleicht nicht dem modernen Zeitgeschmack entspricht, denn Gerder hat nicht die magere Figur eines Models und scheint überhaupt nicht eitel zu sein. Dennoch hat sie eine Ausstrahlung, die irgendwie, ja irgendwie ätherisch wirkt. Das Wort ist vielleicht etwas hochgegriffen, aber eine passendere Umschreibung fällt ihm beim besten Willen nicht ein. Diese Frau besitzt ein Licht, das von innen scheint. Und dieses Licht hat ihn voll erwischt. Der Gedanke, sie nicht wiederzusehen, umschlingt sein Herz wie eine glühende Fessel. Darf er so leicht aufgeben? Darf er diese Frau so leicht aufgeben, ohne wirklich alles versucht zu haben? Doch welche Möglichkeiten stehen ihm zur Verfügung? Eines jedenfalls weiß er sehr genau: Gerder ist keine Frau, die man bedrängt.

Als sie wieder vor dem Domportal stehen, versuchen beide, sich von ihrer schweren Stimmung nicht vereinnahmen zu lassen.

»Ich muss jetzt leider gehen«, sagt Gerder leise.

»Ich weiß«, antwortet Raffael, nimmt sie an der Hand und führt sie auf Umwegen zurück zum Marktplatz, wo ihr Fahrrad geparkt ist.

»Wie lange wirst du noch in Aix bleiben?«

»Wahrscheinlich bis Sonntag.«

»Oh.« Raffael schaut betreten auf den Boden. »Leider bin ich morgen auf einer Dienstreise. Sollen wir uns am Sonntag noch einmal treffen? Zur selben Zeit am selben Ort?«

»Ja, liebend gerne«, sagt Gerder. Und im nächsten Augenblick spürt sie seine innige Umarmung. Dann küsst Raffael sie freundschaftlich rechts und links auf die Wange.

»Ich freu mich sehr darauf«, flüstert er und geht schnellen Schrittes über den Platz.

Freitagabend

Der See beruhigt wie immer Gerders Sinne. Das Glitzern der Wasseroberfläche erinnert sie an die Edelsteine einiger Schmuckstücke im Schaufenster eines Juweliergeschäfts, in das sie irgendwann auf ihrem Streifzug durch Aix la Chapelle hineingeschaut hat. Wie sehr ein Funkeln die Herzen berührt. Offensichtlich nicht nur die der Menschen, lächelt sie in sich hinein. Der heutige Tag hat sie mit Freude erfüllt. Er hat keine Energie gekostet, ganz im Gegenteil. Sie fühlt sich beschwingt, geradezu aufgeladen von Hoffnung und Leidenschaft. Leidenschaft. Bei diesem Wort muss sie unwillkürlich an Raffael denken. Hoffentlich kann sie ihren Besuch in der Stadt bis Sonntag ausdehnen. Auf keinen Fall möchte sie ihn enttäuschen und zu ihrer Verabredung nicht erscheinen. Das wäre nicht nur ein großer Vertrauensbruch ihm gegenüber, sondern auch für sie selbst ein spürbarer Verlust, denn es werden sicherlich noch Fragen auftauchen, die nur er beantworten kann. Fragen, die sie nur jemandem stellen kann, zu dem sie Vertrauen hat.

»Meine teure Freundin, guten Abend.«

»Guten Abend, Amondo«, strahlt sie. »Ich freue mich, dich zu sehen.«

»Wie gut du heute ausschaust, obwohl ich keine äußerliche Veränderung an dir feststellen kann. Die alte neue Frisur, die alte neue Kleidung, der leer gepumpte Taschenballon. Was ist los?«

Seine unverblümte Frage bringt Gerder ein wenig aus dem Konzept.

»Ja, Amondo, es war ein wunderschöner Tag heute und ich bin optimistisch, doch noch einen Ausweg finden zu können.«

»Das würde mich freuen. Lass mich bitte an deiner Hoffnung teilhaben.«

Temperamentvoll und euphorisch, wie es ihrer Natur entspricht, schildert sie ihrem Freund in fast allen Einzelheiten den Ablauf ihres Tages.

»Du bist wirklich mit einem motorisierten Fahrrad durch die belebte Stadt gefahren, ohne die geringsten Kenntnisse von Verkehrsregeln und Technik zu haben?«

»Nun hör aber auf! Erstens habe ich mich sehr umsichtig verhalten und bin vorwiegend auf den Radwegen geblieben. Und zweitens wurde mir die Technik ausführlich erklärt.«

»Du bist gerast wie ein Komet auf dem Flug durchs Weltall, zumindest zeitweise. Das hast du zwar nur angedeutet, aber ich kenne dich zu gut und besitze ausreichend Fantasie. Ich darf mir gar nicht ausmalen, was alles hätte geschehen können. Hattest du etwa Lust auf eine Selbsterfahrung im grünen Klinikum? Neben ihren Stationen für Luftgestaute haben sie dort sicherlich auch eine gute Orthopädie.«

Amondos Ausbruch trifft sie so unvorbereitet, dass ihr Hochgefühl auf einen Schlag wie ein Luftballon geplatzt ist. Hat sie sich wirklich so verantwortungslos verhalten? Oder ist es seine Zögerlichkeit und Übervorsicht, die mal wieder ans Licht kommt? Wie auch immer. Darüber will sie jetzt nicht weiter nachdenken und auf keinen Fall ihre wertvolle Zeit mit solchen nutzlosen Theorien verbringen.

»Was zählt, ist doch, dass mir nichts passiert ist. Außerdem hat mir dieser Flug, wie du ihn nennst, recht gut gefallen«, entgegnet sie trotzig. »Man kann nicht unter den Menschen leben, ohne auch mal etwas zu riskieren, ohne mit ihren Gewohnheiten mitzuschwingen, ihr Lebensgefühl zu spüren. So jedenfalls sehe ich meine Mission.«

»Es scheint mehr ein Abenteuer als eine Mission zu sein.«

»Jede Mission kann zu einem Abenteuer werden und jedes Abenteuer zu einer Mission. Nicht immer kann man vorher alles überblicken. Beides erfordert ein gewisses Maß an Flexibilität.«

»Waghalsigkeit ist keine Flexibilität.«

»Na schön. Da wir in diesem Punkt keine Einigkeit erzielen, können wir ihn auch ruhen lassen.«

Gerder greift in ihre Handtasche, holt die Prospekte von *BodyFit* heraus und schlägt eine Broschüre auf.

»Was meinst du, soll ich mich zu einem dieser Kurse anmelden?«

Sie rückt näher an ihren Freund heran und zeigt mit dem Finger auf Bodystyle für Frauen. Amondo nimmt ihr den Flyer aus der Hand, blättert ihn durch und schaut sie völlig entgeistert an.

»Wozu soll das gut sein?«

»Na ja«, antwortet Gerder ernst. »In meinem Alter beginnt der Körper, seine Problemzonen zu vernachlässigen, wenn man nichts dagegen tut.«

»Was für Problemzonen denn?«

»Schau. Hier stehts: BBP. Bauch, Beine, Po. Straffere Beine, flacher Bauch, knackiger Po. Ich könnte an der Bauchpresse arbeiten, an der Rückenstreckmaschine oder am Twister.«

Amondo ist fassungslos. Noch nie in ihrer gemeinsamen Zeit haben sie über Gerders Körper gesprochen, geschweige denn über ihre, äh, Problemzonen. Er beginnt leicht zu schwitzen und überlegt fieberhaft, wie er sich dieser peinlichen Situation entziehen kann.

»Was ist denn ein Twister?«, fällt ihm glücklicherweise ein.

»Ehrlich gesagt habe ich das vergessen«, lacht Gerder und knufft Amondo in den Arm. Sie kann sich nun nicht länger beherrschen. Die Ernsthaftigkeit, mit der er ihren Vorschlag aufgenommen hat, belustigt sie in hohem Maße.

»Du hast mich auf den Arm genommen!«

»Nun ja, ein wenig schon.«

Amondo nimmt noch einmal den Prospekt in die Hand, dieses Mal etwas beruhigter und milder gestimmt.

»Last Minute Sixpack«, liest er laut, »das wäre dann wohl das richtige Training für mich.«

Grinsend legt er die Broschüre auf die Bank. Nach einer Weile fragt er Gerder:

»Sind die Menschen so wenig ausgelastet?«

»Körperlich, glaube ich, schon.«

»Hm. Aber in einem geschlossenen Raum mit so vielen anderen zu trainieren, und dann noch bei dieser lauten Musik, stelle ich mir wenig einladend vor.«

»Du bist ja auch kein Herdentier. Sieh doch mal die Vorteile: Für jedes Körperteil, das du bearbeiten möchtest, findest du das geeignete Gerät vor. Außerdem die richtige Anleitung. Du kannst bei jedem Wetter trainieren, dich mit anderen austauschen und vielleicht auch Gleichgesinnte finden. Oder du fährst direkt wieder nach Hause, dann hast du deine Zeit effektiv eingesetzt.«

Amondo stöhnt auf. »Nicht schon wieder das Thema Zeit. Ich frage mich vielmehr, warum die Menschen so viel Wert auf ihr Aussehen legen? Alle wissen doch, dass die Körper vergänglich sind, nur ihre Seelen nicht. Und dennoch investieren sie ihre Zeit und Energie fast ausschließlich in Äußerlichkeiten. Sie kümmern sich rührend um ihre Fitness, ihre Schönheit, ihre Kleidung, eben um diese ganzen Nebensächlichkeiten. Zumindest deinen bisherigen Erkenntnissen nach zu urteilen. Und in allen Dingen scheinen sie extrem effektiv zu sein. Einzig in dem Punkt ihres Seelenheils gerät ihr Lebensmodell völlig in die Schieflage. Wieso eigentlich? Wieso ist ihnen dieser Teil ihres Seins entglitten?«

Im selben Moment dröhnt Amondos Lachen über den See. »Jetzt hab ich's. Vielleicht füllen sie ihre seelische Leere mit einem lebendigen Ersatz auf? Ich denke da an ihre Haustiere, zum Beispiel die Hunde, zu denen sie offenbar eine besonders enge Beziehung pflegen. Jedenfalls gehen sie mit den Vierbeinern wesentlich liebevoller um als mit dir.«

Gerder schweigt, während Amondo immer noch mit seinem Lachanfall kämpft.

»Die Menschen scheinen sehr fleißig zu sein«, gluckst er, »und haben sich eine komfortable Welt geschaffen, die ihnen das Leben außerordentlich erleichtert. Sie leben im Luxus, denn die meisten haben wesentlich mehr, als sie für ihr Leben brauchen. Daran haben sie Jahrhunderte lang gearbeitet und trotz der vielen niederschmetternden Kriege konnten sie diesen Standard erreichen. Respekt.«

Seine Augen wandern über den See und saugen seine beruhigende und magische Kraft auf.

»Sie haben erkannt, dass der Körper einen Rhythmus braucht und das Schema Zeit eingeführt. Dass es auch eine Geisel sein kann, darauf möchte ich jetzt nicht wieder eingehen. Doch was sie im Laufe ihrer Entwicklung vergessen haben, ist die Tatsache, dass auch ihr Geist ein Ordnungsprinzip braucht. Mit Geist meine ich jetzt nicht das Denkvermögen, sondern den Spirit, die Essenz des Lebens, den inneren Lebensantrieb. Das, was sie nicht mit Arbeit und Leistung erreichen können. Wenn dieser Teil verkümmert, wird der Mensch nicht überleben können. Denn erstens sorgt nur eine seelische Tiefe für Frieden und zweitens stellt die Dualität ein Grundprinzip auf deinem Planeten dar. Es ist gerade diese Ausgewogenheit, die alles im Gleichgewicht hält. Wäre mal interessant zu erfahren, wie weit sich die Menschen von diesem Zustand schon entfernt haben?«

Noch immer weiß Gerder nicht, was sie diesen analytischen Betrachtungen, denen sie zwar nichts entgegensetzen kann, die sie jedoch nicht wahrhaben möchte, entgegnen soll.

»Die enge Verknüpfung von Leistung und Geld raubt ihnen die Magie des Lebens.«

Gerder schluckt. Da gibt es nichts, kein Argument, keine neue Sichtweise, gar nichts, was sie zur Verteidigung der Menschen anführen könnte. Wenn sie ehrlich ist, kann sie seinem Fazit nur zustimmen. Traurig lehnt sie sich an ihren Freund und freut sich, dass er ihren Schmerz erkennt und sie in seinen Arm nimmt.

»Es tut mir leid, das sagen zu müssen, doch nicht einmal dein neuer Freund Raffael glaubt an das Universum, obwohl er seinen ungewöhnlichen Namen doch als Fingerzeig ansehen könnte.«

»Wie kannst du das sagen?«, ereifert sich Gerder. »Er hat lediglich geäußert, dass er nicht ans Karma glaubt und die Kirchen zu starr geworden sind, um überlieferte Denkgebäude zu erneuern.«

»Hattest du denn den Eindruck, dass er sich mit der Sinnhaftigkeit seines Daseins auseinandersetzt?«

»Ich glaube schon, dass er das tut«, setzt Gerder zu seiner Verteidigung an, »schließlich wird er durch seinen Beruf immer wieder auf die Vergänglichkeit der Historie und …«

»… auf die Niedertracht der Menschen gestoßen. Das ist wohl wahr. Sicherlich ist er dadurch der Gewalt überdrüssig geworden, aber das heißt noch lange nicht, dass er zu den Suchenden gehört. Denn nur, wer sucht, wird finden.«

»Da gebe ich dir natürlich recht, doch …«

»Liebe macht blind.«

»Was soll das denn jetzt heißen, Amondo? Er hat ein wenig mit mir geflirtet, ja. Und ich finde ihn sympathisch und bin froh, ihn getroffen zu haben, weil ich durch ihn an viele Informationen komme.«

»Auf jeden Fall hat er sich in dich verliebt«, resümiert Amondo und presst seinen Mund zu einem dünnen Strich zusammen.

»Dafür kann ich doch nichts«, lacht Gerder. Sie stupst ihren Freund in die Seite. »Ich bin halt eine attraktive Frau, deren Problemzonen noch nicht zum Problem geworden sind.«

Jetzt muss auch Amondo lächeln.

»Er spürt deine Andersartigkeit. Von ihr ist er fasziniert.«

»Du meinst also, er findet mich gar nicht attraktiv?«

»Du weißt ganz genau, was ich meine«, wehrt sich Amondo. »Du hast für die Menschen eine besondere Ausstrahlung, eine, die sicher ein wenig übermenschlich und nicht einordbar anmutet. Das wirkt charmant und anziehend auf Raffael und weckt das Interesse von anderen.«

»Nur einiger weniger, mein lieber Amondo.«

»Raffaels auf jeden Fall und auch Sonja hat etwas Ungewöhnliches an dir entdeckt. Da bin ich mir ganz sicher.«

»Hm. Was soll ich deiner Meinung nach jetzt tun?«

»Nur etwas vorsichtiger sein«, antwortet Amondo leise. »ich möchte nicht, dass du in ungemütliche Situationen gerätst.«

Gerder lässt den Tag noch einmal Revue passieren und stößt dabei ausschließlich auf gemütliche Situationen. Sehr gemütliche sogar. Dennoch unterdrückt sie ein Schmunzeln und jede weitere Äußerung dazu, denn sie möchte die latente Eifersucht ihres Freundes nicht weiter anheizen.

»Ich weiß deine Fürsorge zu schätzen«, sagt sie stattdessen »und ich verspreche dir, morgen sehr vorsichtig zu sein.«

»Dafür danke ich dir«, sagt Amondo in die Dunkelheit hinein. »Eine Frage habe ich noch. Du hast vorhin von einer eventuellen Lösung gesprochen, die du Omega anbieten könntest. Bisher habe ich nicht gesehen, worin sie liegen könnte. Oder meintest du die Tatsache, dass du Menschen gefunden hast, die einen Hoffnungsschimmer in sich bergen? Ich fürchte nämlich, dass der BRUDERSCHAFT diese Tatsache nicht ausreichen wird.«

Sie löst sie sich aus seiner Umarmung.

»Ja«, antwortet sie traurig. »Das fürchte ich auch. Für mich tragen sie dennoch das Potential in sich, der BRUDER-SCHAFT eine andere Seite der Menschen aufzuzeigen, eine humanere und in die Zukunft weisende.«

»Das sehe ich ebenso, doch wird die noch so vielverspre-chende Lebensphilosophie einzelner Individuen ihnen be-stimmt nicht genügen.«

»Aber vielleicht meinen Vorschlag unterstützen, solange abzuwarten, bis sie sich selbst überflüssig gemacht haben.«

»Du meinst, bis sie sich selbst durch Kriege ausgerottet haben?«

»Nein, natürlich nicht. Dazu wird es auch nicht kom-men, weil nie alle Völker gleichzeitig militärische Konflikte austragen. Ich denke dabei an ihre technologische Fortent-wicklung, an deren Ende die Maschinen stehen, jedoch keine Menschen mehr gebraucht werden.«

»Du meinst, Leistungsfähigkeit und Tempo gewinnen so stark an Bedeutung, dass die Menschen immer mehr Technik einsetzen müssen, um ihre eigenen eingeschränkten körper-lichen und geistigen Möglichkeiten zu ersetzen. Das klingt gut. Dann wäre es nur noch eine Frage von wenigen Epo-chen, bist du wieder frei bist. Hier lassen sich bestimmt noch geeignete Möglichkeiten finden, diesen Prozess zu beschleu-nigen«, schmunzelt Amondo. »Auf jeden Fall finde ich deine Idee ausgesprochen charmant.«

Nach dieser für Gerder bedrückenden Option greift sie in ihre Handtasche.

»Fast hätte ich es vergessen, Amondo. Ich habe dir ein Geschenk mitgebracht. Hier, es ist ein Streuselbrötchen. Es schmeckt köstlich. Hoffentlich auch dir?«

Voller Erwartung öffnet Amondo die Papiertüte und holt das Gebäckstück heraus. Er begutachtet das handtellergroße Teilchen sehr intensiv, bevor er hineinbeißt. Dann hält er es

Gerder hin, um es mit ihr zu teilen, so dass sich beide mit vollem Mund der Stille hingeben.

»Eines muss ich den Menschen lassen«, resümiert Amondo nach einer Weile, »Backen können sie.«

Das Universum warnt und spricht:
Ihr selber wollt das Glück doch nicht.

Am Samstag

Nachdem Gerder ihr Elektrofahrrad wieder zum Bahnhof zurückgebracht hat, beginnt sie, ihre nächsten Schritte zu planen. Was möchte sie sich heute anschauen? Wo könnte sie neue Einsichten sammeln, am besten solche, die ihr zeigen, dass der Mensch zumindest willens ist, seinen Lebensstil zu korrigieren, um noch größere Schäden zu vermeiden. Technik und Wissenschaft sind so weit fortgeschritten, dass Nachhaltigkeit überhaupt kein Problem darstellen dürfte. Amondo hat recht: Allein der Wille fehlt ihnen. Doch es ist nicht ihre Aufgabe, nach den großen Lösungen zu suchen. Die Masse der Menschen hat die entscheidende Kraft, das Ruder herumzureißen und zu sagen: *Ich brauche weniger! Ab jetzt konsumiere ich weniger. Ab jetzt konsumiere mit Augenmaß und Verstand.* In diesem Teil der Erde lebt der Mensch im Überfluss. Nicht, dass sie ihren Schützlingen Behaglichkeit, Mobilität und Reichhaltigkeit nicht gönnt, im Gegenteil, ihr Wohlbefinden hat für sie stets eine hohe Priorität gehabt. Doch scheint sich der Konsum verselbständigt zu haben, so dass es nicht mehr ums Benötigen, sondern um Besitzen geht. Wie sonst ist diese Masse an überflüssigen Produkten zu erklären?

Es ist die reine Gier, durchzuckt es sie. Amondo. Er verfügte schon immer über einen besonderen Sinn für den rechten Augenblick, um sich in ihre Gedankenwelt einzuklinken. Obwohl sie sich ein wenig ertappt fühlt, erfüllt sie der Gedanke, begleitet zu werden, mit einem warmen Gefühl. Versonnen schaut sie aus dem Fenster. In Ermangelung irgendwelcher

Ideen ist sie am Bahnhof in den erst besten Bus gestiegen und hat sich einen gemütlichen Fensterplatz in einer Vierer-Sitzgruppe gesucht in der Hoffnung, auf diese Weise mit anderen Mitfahrern ins Gespräch zu kommen. Sie fahren den äußeren Stadtring entlang, doch Gerder nimmt wenig von der Umgebung wahr, zu sehr ist sie in ihrer Gedankenwelt verstrickt. Aus den Augenwinkeln heraus beobachtet sie einen jungen Mann, der schnellen Schrittes über den Bürgersteig läuft. Er kaut leidenschaftlich auf seinem Kaugummi herum und bringt eine Blase nach der anderen zum Platzen. Plötzlich spuckt er die zu einer kirschgroßen Kugel geformten Kaumasse im hohen Bogen aus, folgt in wenigen leichtfüßigen Schritten dem sich zur Erde neigenden Flugobjekt und kickt es mit der Fußspitze über den Gehweg, um es dort achtlos liegen zu lassen.

Gier und Faulheit, hört sie Amondos Stimme aus dem Off, dieses Mal verbunden mit einem leichten Kichern. Gerder atmet tief durch und wendet ihren Blick in das Innere des Busses. Alle Fahrgäste schweigen. Die meisten jungen Leute hantieren an ihren elektronischen Geräten herum oder hören darüber Musik. Gerder hat eine Weile gebraucht, um die Bedeutung der Ohrknöpfe einzuordnen, doch die dazugehörigen wippenden Köpfe und Füße waren eindeutig. Die anderen Fahrgäste schauen wie sie entweder aus dem Fenster oder einfach vor sich hin. An der nächsten Haltestelle strömt eine weitere Gruppe ins Innere. Jetzt erhält auch Gerder Gesellschaft. Drei junge Frauen oder eher Mädchen von vielleicht 15 oder 16 Jahren setzen sich zu ihr und beginnen sofort, sich aufgeregt zu unterhalten, ohne die geringste Notiz von ihr zu nehmen.

»Das war doch ein geiler Abend gestern, oder Mädels?«

»Mega cool.«

»Hätte niemals gedacht, dass die Bude so voll wird.«

»Erinnert ihr euch an den abgefuckten Typen mit den gefärbten Haaren?«

»Der so süß tanzte?«

»Ja, genau der. Der hat mich total geflashed.«

»Nicht wirklich!«

»Doch. Warum auch nicht? Wenn ich an ihn denke, habe ich immer noch Puls.«

»Warum hast du ihn denn nicht angemacht?«

»Hab' ich doch.«

»Ich hab' euch auf der Tanzfläche gesehen.«

»Das war mega Hammer, sage ich euch. Der hatte es voll drauf. Das war total magic, wie auf einer Wolke.«

»Hattest du was eingeworfen?«

»Nee und auch keinen Schluck Alk.«

»Vielleicht war er ja bekifft?«

»Quatsch, das hätte ich gemerkt. Es war einfach nur turbomäßig geil, wie wir über die Tanzfläche gerockt sind.«

»Wahnsinn.«

»Und weiter? Habt ihr euch verabredet?«

»Nee, nach der Tanzrunde kam seine Alte.«

»War das etwa die mit der pinkfarbenen Hose, wo die Nähte fast platzten?«

»Genau die.«

»Echt scheiße.«

Und mit diesem niveauvollen Schlusswort stehen alle drei gleichzeitig auf und verlassen den Bus. Gerder schaut ihnen amüsiert nach. Sie glaubt zwar, die Essenz dieser geistreichen Unterhaltung erfasst zu haben, staunt aber noch im Nachhinein über die vielen seltsam anmutenden Vokabeln, die sich jedoch nicht in ihr Gedächtnis eingebrannt haben. So wird sie diese wohl nicht näher analysieren können. Total schade, grinst sie. Da scheint sich eine neue Sprache zu entwickeln, die nur Eingeweihte verstehen können und die nicht gerade den höchsten Ansprüchen gerecht wird. Wieder hält der Bus an einer Haltestelle. Gerder hat die Orientierung verloren. Um sich nicht noch weiter vom Stadtkern zu entfernen, schlüpft sie schnell zur Tür hinaus. Sie schlendert in eine von alten Linden begrünte Seitenstraße. Eine Wohnstraße, deren Häuser liebevoll mit Blumenkästen geschmückt sind. Hinter einer hohen Hecke steht ein gelber Container mit der Aufschrift *Kleiderspende. Auch Schuhe, paarweise gebündelt.* Interessante Idee, findet Gerder und liest den Straßennamen. Lindenstraße. Den kann sie sich gut einprägen. Reflexartig blickt sie auf ihre eigenen Schuhe, mit denen sie in den letzten Tagen so viele Kilometer gewandert ist. Wie lange würden sie wohl bei einer solchen Belastung durchhalten, bis auch sie dieser Endstation zugeführt werden müssten? Ein Jahr? Fünf Jahre? Welch eine unnötige Überlegung. Als hätte sie keine größeren Sorgen. Mit schnellen Schritten spaziert sie weiter, bis sie vor einem schmiedeeisernen Zaun steht, hinter dem ein weitläufiges Grundstück zum Vorschein kommt. Durch das Gestänge erkennt sie am Ende ein altes weißgestrichenes Gebäude. Zwischen Haus und Einfriedung befindet sich ein Garten mit unterschiedlich großen Tischen, von denen etliche besetzt sind. Neugierig geworden drückt Gerder die Klinke des Eisenportals hinunter. Dabei entdeckt sie ein Firmenschild mit der Aufschrift *Seniorenstift Abendrot.* Das Tor ist nicht verschlossen und so marschiert sie in den Garten hinein, verfolgt von etlichen Augenpaaren.

»Guten Morgen«, ruft sie laut über die ergrauten Köpfe hinweg, damit sie auch von allen gehört wird. Keine Reaktion, bis auf ein leises Raunen. Nach einigen quälenden Augenblicken vernimmt sie von einem der hintersten Tische ein krächzendes »Guten Morgen« und erkennt ein grinsendes Gesicht. Langsam schiebt sich Gerder an den Tischen vorbei, die alle mit fröhlichen bunten Decken und kleinen Blumensträußen geschmückt sind. Ein krasser Gegensatz zu den unbeweglichen und ausdruckslosen Mienen der Alten.

»Das ist ja ein herrliches sonniges Plätzchen hier. Darf

ich mich ein wenig zu Ihnen setzen?«, fragt sie das von unzähligen Runzeln eingefasste Schmunzeln.

»Aber gern«, sagt die Frau. »Ich finde Gesellschaft immer sehr belebend. Im wahrsten Sinne des Wortes«, schiebt sie nach und Gerder weiß nicht so recht, wie sie diese Worte einordnen soll. Auch kann sie das Alter der Frau nur schwer schätzen. Ihre Haut scheint jegliche Spannkraft verloren zu haben, ihre Fingerknöchel sind arthritisch gezeichnet und sie sitzt zusammengekauert wie ein Häufchen Elend in einem gepolsterten Gartenstuhl, dessen Rückenlehne sie um Haupteslänge überragt. Ein schwarzer Gehstock ist an ihren Tisch gelehnt.

»Ist es hier immer so ruhig«, fragt Gerder und im selben Augenblick erscheint ihr diese Frage aufdringlich und ein wenig anmaßend. Doch bevor sie sich korrigieren kann, vernimmt sie schon das Kichern der Alten, das sich anhört wie das röhrende Krächzen eines jahrzehntelang rauchenden Grubenarbeiters, dessen Lungen durch Feinstaub und Qualm ans Ende ihrer Kraft gelangt sind.

»Ja«, räuchert sie, »hier ist es fast immer so ruhig.«

Als Gerder ihren Blick durch den Garten schweifen lässt, haben die meisten Senioren ihre Augen geschlossen. Sie scheinen ihr Vormittagsschläfchen in der Sonne zu halten.

»Und woran liegt das?«

»Weil in unserem Alter nur noch wenige ein Interesse an der Außenwelt haben.«

»Was machen die alten Leute denn den ganzen Tag lang?«

»Essen, Trinken, Schlafen, Fernsehen und äh«, gluckst die Alte, »mehr fällt mir nicht ein.«

»Kein Lesen, sich Unterhalten, miteinander Lachen, Spazieren gehen, Bilder anschauen und Erinnerungen austauschen oder gemeinsam ins Café gehen?«

»Nur selten und wenn, dann unter Anleitung.«

»Wie, unter Anleitung?«

»Nun ja, das *Haus Abendrot* gibt es sehr viel Mühe, uns aus der Reserve zu locken, aber nur mit mäßigem Erfolg, meiner Beobachtung nach.«

»Wie schade!«

»Das sehe ich ähnlich.«

»Ich kann das gar nicht glauben«, sagt Gerder, nachdem sie kurz über die Worte der alten Frau nachgedacht hat. »Kommunikation ist doch die wichtigste Schnittstelle zwischen den Menschen, sozusagen der Motor, der alle antreibt und miteinander verbindet. Ohne diesen Austausch verkümmert der Mensch doch.«

»Ja, ja«, röhrt die Alte, »wir Menschen sind soziale Wesen und brauchen einander, aber im Laufe des Alters setzt sich immer mehr das Gefühl durch, nicht mehr gebraucht zu werden.«

»Ist dieses Gefühl denn berechtigt?«

»Ja und nein. Natürlich können wir in dieser Leistungsgesellschaft nicht mehr mithalten, dafür sind das Tempo der Veränderungen und die Anstrengung zu groß geworden. Für das Berufsleben werden wir in der Tat nicht mehr gebraucht. Unsere Erfahrungen sind out, wie mein Enkel sagt, sie passen nicht mehr in die moderne Zeit.«

»Das verstehe ich. Doch das Leben besteht doch nicht nur aus Beruf und Arbeit.«

Die Alte rückt ihre, wie Gerder scheint, viel zu große Brille zurecht und lächelt.

»Das ist richtig, Kindchen. Viele Rentenjahre läuft auch alles bestens und die meisten genießen ein gutes Freizeitleben. Doch dann kommen meist die Einschläge: Der Verlust des Partners oder ernsthafte Krankheiten, die die Mobilität und die Selbstständigkeit einschränken. Und so konzentriert sich der Mensch immer mehr auf sich selbst und verliert die Neugier und das Interesse auf die Welt außerhalb des eigenen immer enger werdenden Horizonts.

Das ist ein schleichender Prozess über viele Jahre hinweg.«

»Und die Familie?«

»Die Familien haben ihr eigenes Leben und eigene Herausforderungen, die gemeistert werden müssen. Und nebenher tun sie, was sie können, um die alten Eltern oder Angehörigen zu unterstützen. So habe ich es selbst erfahren und so beobachte ich es auch bei vielen anderen. Doch jede Beziehung beruht auf Gegenseitigkeit und wenn eine Seite das Interesse verliert, muss man sich nicht wundern, wenn die Verbindung nur noch auf einem Verantwortungsgefühl beruht und verblasst.«

»Das ist ein hartes Urteil.«

»Das ist das, was ich sehe, und es tut mir aus ganzem Herzen leid für viele meiner Mitbewohner hier, denn sie sind dadurch sehr unglücklich und unzufrieden.«

»Was ist mit Ihnen, wenn ich fragen darf?«

»Was soll mit mir sein, Kindchen?«

»Sind Sie auch unglücklich? Mir scheint, Sie sind noch sehr interessiert an dem, was um sie herum geschieht.«

»Meine körperlichen Einschränkungen beglücken mich selbstverständlich auch nicht.« Beide schauen auf die knotigen Hände der Alten. »Da hat halt jeder sein Päckchen zu tragen. Meiner Meinung nach muss man im Alter an seiner Lebensphilosophie arbeiten, um alle Hürden gut zu bewältigen. Spätestens dann braucht man einen festen Halt. Aber wir haben ja auch genügend Zeit, uns mit den Fragen des Lebens zu beschäftigen. Diese letzte Lebensphase bietet sich also dafür richtig an. Vielleicht hat die Natur das ja extra so eingerichtet?«

»Ja, vielleicht?«, denkt Gerder laut. »Nehmen sich denn die Menschen in ihrem Alter ausreichend Zeit für solche Überlegungen?«

»Sie schauen lieber fern, Kindchen. Das ist weniger anstrengend und viel spannender. Da schlägt man zwei Fliegen mit einer Klappe: Man erlebt etwas und kann trotzdem in seinem bequemen Fernsehsessel sitzen bleiben.«

Während Gerder etwas ratlos in den Garten schaut, krächzt die alte Frau noch einmal laut auf. Ihr Lachen ist zu anstecken. Schmunzelnd überwindet sich Gerder zu ihrer letzten Frage.

»Darf ich Sie fragen, wie alt Sie sind?«

»Aber natürlich. Kindchen, ich bin erst 99 und hoffe, dass ich noch das volle Jahrhundert schaffen werde. Danach werde ich einschlafen und meinem Schöpfer fröhlich entgegentreten.« Wieder ertönt ihr raues Glucksen.

Gerder steht auf und legt ihre Hände auf die der alten Frau. »Dafür wünsche ich Ihnen alles Gute. Und bleiben Sie so optimistisch und frohgemut wie Sie sind. Auf Wiedersehen!«

»Machen Sie es gut, Kindchen. Es war nett, mit Ihnen geplaudert zu haben.«

Wenige Augenblicke später steht Gerder wieder auf der Straße. Mit schnellen Schritten läuft sie bis zum Straßenende, als würde sie verfolgt. Obwohl das Gespräch mit der alten Frau sehr aufschlussreich und diese selbst erfrischend humorvoll gewesen ist, hat das *Haus Abendrot* doch eine triste, um nicht zu sagen trostlose Atmosphäre ausgestrahlt, was jedoch nicht an der Einrichtung, sondern an den Bewohnern im Garten und den Schilderungen ihrer Gesprächspartnerin gelegen hat. So hat sie ihre anfängliche Idee, ins Haus zu gehen, schnell verworfen. Jetzt folgt sie einem Hinweisschild für Radfahrer in die Innenstadt.

Nur wenige Geschäfte befinden sich in diesem Teil der Stadt. Aus den Augenwinkeln heraus nimmt sie das spärlich dekorierte Schaufenster eines Friseurladens wahr. Nur zwei Glasvitrinen stehen rechts und links neben der geöffneten Eingangstür. Sie sind mit wenigen Spangen und Klammern bestückt. Angenehm übersichtlich, denkt Gerder und schaut etwas genauer hin. Kleine Stecker, Haken, Ringe, Ösen, Stäbe und Spiralen in verschiedenen Edelmetallen, verziert mit Steinen in allen Farben liegen dort ordentlich aufgereiht oder auf schwarze Karten gesteckt und aufgestellt. Ein Geschäft für Ohrringe, korrigiert sich Gerder und presst ihren Kopf an die Schaufensterscheibe, um besser sehen zu können. Und Schrauben. Schrauben? Tatsächlich. Schrauben und krumme Nägel. Gebogen wie Stoßzähne oder spiralförmig gedreht. Mal spitz zulaufend, mal mit Kopf. Daneben Ringe. Fast alle haben eine Öffnung, mehrere sind aufgebogen, andere nur halbrund oder drei-, vier- oder sechseckig. Viele haben eine kleine Kugel als Verbindungsglied. Alles ist sehr dekorativ auf schwarzem Filz aufgereiht. Unmengen bunter Garnspulen. Garnspulen in einem Schmuckladen? Tunnels steht darunter, was ihr leider auch nicht weiterhilft.

»Willst du nicht lieber reinkommen, bevor du dir die Nase plattdrückst?«

Peinlich berührt hebt Gerder den Kopf. Sie hat die Stimme sofort erkannt.

»Guten Tag Sonja«, antwortet sie und beginnt zu ahnen, um welche Art von Schmuck es sich in diesem Geschäft handeln könnte. Sie grinst. Hinter Sonja erscheint eine junge Frau, die Gerder sofort verblüfft. Trotz ihrer langen Haare und dem reich versilberten Gesicht ist die Ähnlichkeit zwischen den beiden Frauen unverkennbar.

»Das ist meine Zwillingsschwester«, stellt Sonja vor. »Ihr gehört dieses Studio.« Die junge Frau gibt Gerder die Hand.

»Hallo. Ich freu mich sehr, dich kennenzulernen. Ich bin Sabine.«

»Ich heiße Gerder und freu mich auch. Sonja und ich kennen uns aus dem *LatteMacchiato.*«

»Das habe ich mir schon gedacht. Komm doch rein«, sagt Sabine. »Wie ich merke, bist du mit Piercings und Tattoos noch nicht so vertraut. Schau dich einfach um.«

Sabine tritt einen Schritt zurück. Ein wenig ehrfürchtig, aber auch gespannt und neugierig beginnt Gerder, sich einen Überblick zu verschaffen. Der kleine Verkaufsraum ist sparsam eingerichtet. Außer den beiden Glasschränken am Fenster und einer weißen Verkaufstheke an der Wand gegenüber gibt es noch einen kleinen runden Glastisch mit zwei schalenförmigen Stühlen aus schwarzem Kunststoff. Schwarz, weiß und Glas, eine fast sterile Nüchternheit. Und kein einziges Bild an der Wand, das diese klare Ordnung stören könnte. Ungewöhnlich zurückhaltend in dieser lauten, bunten und aufdringlichen Verkaufswelt, doch sehr wohltuend. Auf der Theke steht ein weißes Kästchen mit Visitenkarten. Gerder liest: *STICHWERK tattoos & piercings.*

Sabine und Sonja unterhalten sich vor dem Laden. Dann umarmen sie sich und Sonja kommt zu Gerder. »Ich muss jetzt los. Hab' heute Spätdienst. Vielleicht sehn wir uns ja nachher noch im *Latte*? Womöglich mit einer kleinen Verschönerung?« Lachend zeigt sie auf ihren eigenen Nasenstecker. »Der hat dich doch schon immer fasziniert.«

Betreten schaut Gerder nach unten. »War das so auffällig?«

»Ach was«, beruhigt sie Sonja. »Alle schauen dorthin. Du bist da keine Ausnahme.«

Nachdem Sonja gegangen ist, tritt Sabine neben Gerder und zeigt auf die Vitrinen.

»Das ist natürlich nur eine kleine Auswahl. Falls du besondere Wünsche hast, sag' es ruhig.«

Im linken Nasenflügel trägt Sabine zwei kleine Ringe dicht übereinander, die andere Seite ist mit einem weißen Nasenstecker dekoriert. An diese Art von Schmuck hat sich Gerder schon durch Sonja gewöhnt. Neu für sie ist der Ohrenschmuck. Rechts teilt ein dünner Metallstab etwa ein Drittel des oberen Ohres optisch vom Rest schräg ab. Seine Enden sind durch die Außenränder des Ohres gebohrt und mit jeweils einer kleinen Kugel fixiert worden. Gerders Blick wandert fasziniert zur anderen Seite. Dort ist ein riesiges Loch in das Ohrläppchen gestanzt worden, um einen Ring einzusetzen. Unwillkürlich schieben sich Bilder von Blut und Nägeln in ihren Kopf. Sie schüttelt sich innerlich und denkt an den Schmerz, den Sabine dabei erlitten haben muss. Kummerfalten bilden sich auf ihrer Stirn und sie kann ihren Blick nicht von diesem geschundenen Körperteil losreißen, obwohl sie genau weiß, dass ihr Verhalten mittlerweile viel zu auffällig, vielleicht sogar unhöflich ist. Dann greift Sabine an ihr geschundenes Ohrläppchen und löst damit behutsam den sorgenvollen Knoten in Gerders Bauch. Sie zeigt auf die Vitrine.

»Das ist ein sogenannter Tunnel.«

Gerder schaut auf die Palette mit den bunten Röllchen und beginnt zu lachen.

»Und ich dachte, das sind Garnspulen«, bringt sie mühsam hervor.

»Garnspulen?«

Gerder nickt. Auch Sabine muss nun bei diesem für sie völlig abwegigen Vergleich lachen. Sie nimmt ein kleines Metallstäbchen aus der Vitrine.

»Schau her! Das ist der kleinste Tunnel, mit dem immer begonnen wird. Er ist kaum größer als das Stäbchen eines Ohrsteckers. Wenn das gestochene Loch dann abgeheilt ist, nimmst du den nächst größeren. So weitet sich mit der Zeit das Loch ganz von selbst und du merkst es kaum.«

»Ach so«, staunt Gerder, »und ich dachte schon ...«

»Ich habe dir angesehen, was du gedacht hast«, lacht Sabine, »aber ich bin doch kein Barbar. Sie heißen übrigens Flesh Tunnels.«

Jetzt nimmt sie ein größeres Objekt aus dem Regal.

»Es gibt auch geschlossene tunnels, sogenannte Ohr Plugs. Bei ihnen sieht man das Loch nicht. Für dich sehen sie wahrscheinlich aus wie Knöpfe«, grinst Sabine. »Den hinteren Rand kann man abschrauben. Dann führt man den Knopf ins Ohr und schraubt den Ring wieder drauf, damit man ihn nicht verlieren kann.«

Gerder schaut der Vorführung fasziniert zu.

»Die Ohr Plugs geben dir natürlich mehr Möglichkeiten der Dekoration, weil die gesamte Front gestaltet sein kann. Hier vorne liegt nur eine kleine Auswahl an Möglichkeiten.«

Diese kleine Auswahl besteht aus mindestens dreißig Ohr Plugs in unterschiedlichen Farben, Bildern und Mustern. Sabine trägt also einen metallenen Flesh Tunnel in ihrem Ohr, fasst Gerder für sich zusammen. Dabei fällt ihr auf, dass Sabines gesamter Gesichtsschmuck silberfarben ist, entweder aus Stahl oder Edelmetall. Das passt gut zu der sachlichen Atmosphäre dieses Raumes.

»Und was hat es mit den Nägeln dort auf sich?«

»Diese Utensilien wollte ich dir eigentlich noch ersparen«, sagt Sabine und legt die beiden tunnels zurück in die Vitrine, um drei weitere Schmuckstücke heraus zu nehmen.

»Das sind Dehner.« Gerders Augen weiten sich.

»Dies ist ein Dehnungsstab.« Sabine hält einen keilförmig gearbeiteten Nagel hoch. »Man erhält ihn in allen Farben und in verschiedenen Materialien wie Stahl oder Kunststoff. Es gibt ihn in gerader Form und als Horn.«

»Für mich sehen die gebogenen wie Stoßzähne aus.«

»Ja, das ist auch eine gute Beschreibung«, erwidert Sabine. »Und dieses ist eine Dehnungsschnecke. Sie ist sehr dekorativ und benötigt wegen ihrer gebogenen Form keinerlei Fixierung.«

Sabine drückt Gerder eine kleine weiße Schnecke in die Hand, die sie sofort an die harmonische Form des chinesischen Yin-Zeichens erinnert. Sie ist mit schwarzen Sternen bemalt.

»Also sind das eher Werkzeuge als Schmuckstücke, wenn ich es richtig verstanden habe.«

»In erster Linie ja. Du erkennst an der Form der Dehner, wie weit du dein Ohr damit weiten kannst.« Gerder nickt.

»Da es je nach Dehnung einige Wochen oder Monate braucht, bis das Ohrläppchen die gewünschte Weite hat, sind die Instrumente sehr schön gearbeitet. Vielen gefallen sie so gut, dass sie nur Dehner als Schmuck tragen.«

Als Gerder ihre nächste Frage stellen möchte, betritt ein etwa 40-jähriger Mann den Laden. Er hat kurzgeschnittene dunkelblonde Haare und trägt eine modische Hornbrille. In seinem dunkelgrauen Anzug mit dem hellgrauen Hemd und der grünen Krawatte, wirkt er auf Gerder wie ein Geschäftsmann.

»Hallo Sabine«, grüßt er die Ladeninhaberin mit einem wohlklingenden dunklen Timbre.

»Hallo Ben«, antwortet Sabine herzlich und küsst ihn auf beide Wangen.

»Gerder, darf ich dir Herrn …«

»Einfach Ben bitte«, fällt ihr der Kunde ins Wort und gibt Gerder die Hand. »Sich in dieser Umgebung zu siezen, das passt irgendwie nicht, oder? Guten Tag Gerder.«

»Guten Tag Ben.« Gerder staunt über die lockere Art dieses so förmlich wirkenden Mannes.

»Habe ich heute etwa eine Zuschauerin?« Grinsend schaut er die beiden an.

»Das ist eine gute Idee«, greift Sabine Bens Vorschlag auf. »Gerder, was meinst du? Bisher hast du nur einen Teil meiner Arbeit kennengelernt, das Piercing. Jetzt könntest du Einblick in das Tätowieren bekommen.«

Völlig überrumpelt sieht Gerder schon fließende Blutströme vor ihrem geistigen Auge. Doch sie ist auch neugierig. Bisher weiß sie noch nicht, was sie von dieser eigenartigen Welt des Stechens halten soll. Es ist ein Hin und Her zwischen Faszination und Unwillen, zwischen Erstaunen und Ablehnung. Vielleicht würden sich diese Gegensätze nun klären?

»Ich bin sehr gespannt darauf«, erwidert sie daher und blickt leicht zögerlich von Sabine zu Ben, der sich ehrlich über ihre Gesellschaft zu freuen scheint. Sie folgt den beiden in den hinteren Raum des Studios, der ebenfalls ziemlich spartanisch eingerichtet ist: Schreibtisch und Stuhl, derselbe Glastisch wie im Verkaufsraum mit zwei Besucherstühlen, ein Schrank, ein Garderobenständer und all das natürlich in Weiß gehalten. Auch hier hängt kein einziges Bild, steht keine einzige Blume, kein Dekorationsstück, also kein Staubfänger. Ihr Blick fällt auf die weiße Liege und ein mulmiges Gefühl überkommt sie. Will sie sich das wirklich antun? Noch könnte sie sich verabschieden. Währenddessen hängt Ben in aller Ruhe sein Sakko auf und beginnt, die Krawatte zu lösen. Er lächelt vor sich hin. Hm, so schlimm kann es dann wohl doch nicht sein, überlegt Gerder und setzt sich schnell auf einen der Stühle, um zu verhindern, dass ihre Fluchtgedanken Beine bekommen. Inzwischen ist Sabine mit ihren Vorbereitungen beschäftigt, was ein Klappern von Gegenständen auf Metall verursacht und bei Gerder augenblicklich eine Gänsehaut hervorruft. Ich muss mich ablenken, befiehlt sie sich und mustert Ben, wie er seinen Oberkörper freimacht. Seine Brust ist nicht behaart. Das gefällt Gerder und sie denkt automatisch an Amondo. Ob seine Brust auch unbehaart ist? Ob sie dieses irgendwie in Erfahrung bringen könnte? Am liebsten hätte sie laut losgelacht. Welch eine verrückte Idee! Was ist nur mit ihr los?

Inzwischen hängen Bens Kleidungsstücke ordentlich gefaltet über einem Stuhl und mit Boxershorts und Socken bekleidet macht er es sich bäuchlings auf der Liege bequem. Sabine fährt den vorbereiteten Beistellwagen und einen Rollhocker, beides natürlich in Weiß gehalten, neben die Liege.

»Was ist das denn?«, ruft sie lachend aus. »Wo hast du bloß diese Boxershorts her?« Bens Hose präsentiert die Seite eines Notenheftes. »Welche Partitur ist es denn?«.

»Ich hatte so eine Vorahnung, dass wir heute eine nette Zuschauerin bekommen. Und da wollte ich den Damen etwas Besonderes bieten«, grinst er, »ist doch mal was anderes. Oder gefällt euch meine Hose nicht?«

»Doch, doch, mir schon«, grinst Sabine. »Wie findest du sie, Gerder? Du musst wissen, dass Ben in seiner Freizeit Saxofon spielt.«

Gerder fühlt sich durch die lockere und vertraute Stimmung sofort in die kleine Gruppe integriert, so dass auch ihre Angespanntheit langsam nachlässt.

»Mir gefällt sie auch gut«, antwortet sie ehrlich, obwohl ihr jeglicher Vergleich fehlt. »Sie ist sehr individuell.« Alle lachen.

»Rück mit dem Stuhl näher zu uns, damit du besser sehen kannst.«

Gerder befolgt Sabines Rat und entdeckt jetzt ein zitronengroßes Ornament auf Bens rechtem Schulterblatt. Sabine sprüht eine Schicht weißen Schaum drauf.

»Das ist Rasierschaum. Ben ist zwar kaum behaart, aber es ist besser, auch die feinsten Härchen zu entfernen«, erklärt Sabine und schabt ein paar Bahnen durch die weiße Masse. Die Schaumreste wischt sie mit einem Tuch ab. »Jetzt wird desinfiziert und dann kann ich anfangen.«

»Hat das Muster eine Bedeutung?«, fragt Gerder.

»Nein«, antwortet Ben. »Es ist ein Ornament der Fantasie. Sabine war die Künstlerin und mir gefällt es ausgesprochen gut.«

Gerder hätte Ben gerne geantwortet, aber sie sieht, wie Sabine mit Hilfe einer kleinen Maschine eine rotierende Nadel, die sie immer wieder in schwarze Tinte tunkt, durch seine Haut zieht. Sie arbeitet sehr konzentriert.

»Bis ein Tattoo fertig ist, sind mehrere Arbeitsschritte nötig. Du fängst immer mit den Außenlinien an«, erklärt sie. »Hier muss ich noch die Innenlinien nacharbeiten und ausfüllen. Manchmal gibt es auch Schattierungen. Ben hat sich für ein relativ kleines einfarbiges, also schwarzes Motiv entschieden, das geht recht schnell.«

Ben blutet. Sabine wischt immer wieder über die bearbeitete Fläche. Sie trägt dünne Gummihandschuhe.

»Die Farbe dringt also in die Haut ein.«

»Ja, genau.«

»Du zuckst nicht einmal zusammen, Ben. Tut es nicht weh?«

»Nein, nicht wirklich. Zumindest nicht an dieser Stelle. Es ist ein stärkeres Kratzen, anders kann ich es nicht ausdrücken. Man gewöhnt sich schnell dran.«

Gerder weiß, dass die Menschen schon seit Jahrtausenden ihre Körper auf diese Art und Weise schmücken oder auch kennzeichnen. Sie gehören dann einer bestimmten Gruppe an, einem Stamm, einer Kultur oder auch einem Geheimbund. Doch wie ist es heute?

»Für mich ist es einfach nur ein schöner Schmuck«, unterbricht Ben Gerders Gedanken schmunzelnd. »Ich sehe dir doch an, dass du dich fragst, warum ich das über mich ergehen lasse.«

»Das ist richtig. Könntest du dir nicht besser eine ausgefallene Uhr kaufen? Das ist doch auch ein schöner Schmuck.«

»Das ist schon etwas anderes. Ein Tattoo ist individueller, hat Charakter und kann nicht mehr abgelegt werden wie eine Uhr. Es gehört zu dir, wird ein Teil von dir und deinem Körper.« Ben schaut Gerder ernst an. »Das Motiv ist also eine wichtige Entscheidung, der ein intensiver Denkprozess vorangegangen sein sollte.«

»Das sind mir die liebsten Kunden«, mischt sich Sabine ein. »Leider denken aber nicht alle so. Manche finden es nur sexy, ein Tattoo zu haben. Oder sie suchen ein Ventil für ihre Aggressionen, wollen gegen die Eltern oder die Gesellschaft rebellieren oder jemanden in Erinnerung behalten.«

»Aha?«

»Bei Jugendlichen graviere ich zum Beispiel grundsätzlich keine Namen von Freunden oder Freundinnen ein«, lacht sie, »denn die ändern sich doch sowieso noch etliche Male. Dann hat der Arme Anne auf dem Unterarm stehen und zwei Monate später heißt Anne Lisa. Nein, das mache ich nicht.«

»Kannst du dir denn erlauben, auf diese Kunden zu verzichten?«

»Am Anfang nicht, so dass ich versuchte, die Kids zu überzeugen, auf ein anderes Motiv umzusteigen. Bei machen ist es mir gelungen, andere sind leider zur Konkurrenz gegangen.« Sabine zuckt mit den Schultern. »Viele denken, dass die Menschen, die sich ein Piercing oder Tattoo stechen lassen, ein psychisches Problem haben. Ich glaube das nicht und kann es auch aus meiner Praxis nicht bestätigen. Heute ist es nicht einmal mehr ein Ausdruck der Individualität, weil es ein Massenphänomen geworden ist.« Wieder wischt Sabine einige Blutstropfen weg.

»Ich bin vorhin im *Haus Abendrot* vorbeigekommen und hatte stark den Eindruck, dass die meisten alten Menschen dort ihre Individualität aufgegeben haben. Sie wirkten so desinteressiert und unscheinbar, irgendwie ausdruckslos.«

»Und du meinst, mit einem Tattoo erhielten sie ein eigenes Gesicht? Ein interessanter Gedanke. Was meinst du dazu, Sabine? Könnte sich dort ein neuer Kundenstamm für dich auftun?«

»Wohl kaum«, grinst Sabine. »Jemand, der bis ins hohe Alter keine Individualität entwickelt hat, dem wird auch kein Tattoo oder Piercing mehr helfen.«

Dem stimmen die beiden anderen nickend zu.

»Individualität muss von innen wachsen, denke ich. Ein Tattoo kann sie vielleicht verstärken oder verdeutlichen.«

»Wenn ich mir also ein Saxofon als Motiv ausgesucht hätte …«

»… dann würdest du der Welt zeigen, dass du dich für Musik interessierst oder dass Musik deine Leidenschaft ist, ein Teil deines Wesens, ja.«

»Dann wäre ich allerdings leicht durchschaubar.«

»Na ja«, antwortet Sabine, »die Menschen sind halt unterschiedlich und nicht jeder beschäftigt sich mit Tiefenpsychologie.«

»Die Bewohner der Altenstiftung beschäftigen sich kaum noch«, sagt Gerder.

»Ja, das ist ein großes Problem heute. Die Alten fühlen sich vielfach nutzlos und abgeschoben, suchen aber auch nicht selbst nach einem Ausweg«.

»Woher weißt du das?«, fragt Ben.

»Ich habe das bei meinem Opa erlebt, der nach dem Tod seiner Frau emotional nicht mehr auf die Füße gekommen ist«, erzählt sie.

»Das bedeutet ja, dass er sich viel zu stark mit deiner Oma identifiziert und nach ihrem Tod nichts Eigenes mehr gefunden hat. Eine traurige Geschichte. Hoffentlich passiert mir das nicht.«

»Dazu musst du erst einmal heiraten«, lacht Sabine und kommt nach diesem Fazit wieder auf ihre praktische Tätigkeit zurück. »So, für heute sind wir fertig. Bens Mittagspause ist gleich um«, erklärt sie Gerder. »Wir arbeiten immer in kleinen Einheiten.«

Gerder bedankt sich bei beiden für die vielen Informationen und mit einer STICHWERK-Broschüre in der Hand macht sie sich wieder auf den Weg in die City. Jetzt wird es belebter. Die Straßen füllen sich mit Geschäften und immer mehr Menschen strömen an ihr vorüber, mit vollen und mit leeren Taschen. Viele scheinen es eilig zu haben. Doch sie sieht auch Frauen, die lachend von Schaufenster zu Schaufenster schlendern und über die Auslagen diskutieren. Ihnen schaut Gerder gerne zu, denn sie strahlen nicht nur Freude am Einkaufen, sondern auch Freude an der anderen, am Miteinander, an ihrer Freundschaft aus. Lebensfreude. Ja, es ist diese unbeschwerte Lebensfreude, die sie in den letzten Tagen vermisst hat. Das wird ihr jetzt klar. Sie hat erwartet, dass die Menschen fröhlicher und glücklicher sind, wo es ihnen doch so gut geht. Diese Fülle. Dieser Glanz. Diese Eleganz. Nie fehlt etwas. Es ist immer alles da. Und von allem zu viel. Ja, zu viel. Wieso hört sie dann so wenig Lachen um sich herum? Wieso sieht sie so wenige glückliche Gesichter? Sogar die Kinder sind im Wettstreit. Plötzlich fühlt sie sich verloren und allein. Plötzlich erscheint ihr eine Tätowierung gar nicht mehr so fremd und abwegig. Eher wie ein etwas Persönliches, das nicht in den Schaufensterauslagen, in diesen Massenartikeln zu finden ist und das man so individuell gestalten kann, wie man dies möchte. Vielleicht verbergen sich in Sabines Handwerk eher Hoffnung und die Suche nach Zufriedenheit, nach etwas Eigenem? Tief in Gedanken versunken wendet sich Gerder wieder den Seitenstraßen zu.

»Guten Morgen, junge Frau. Wie schön, Sie wiederzusehen!« Lothar steht strahlend auf einer Leiter und hängt oberhalb des Verkaufsfensters ein großes, gelbes Plakat auf.

»Guten Morgen, Lothar. Kann ich Ihnen helfen?«

»So weit kommt es noch, dass Kunden bei mir arbeiten. Nein, nein, trotzdem vielen Dank für Ihr Angebot. Ich bin jetzt aber auch fertig.«

Leichtfüßig steigt er von der Leiter und stellt sich neben Gerder, um sein Werk zu begutachten.

»Wie finden Sie es? Es macht sich doch gut dort, oder?«

Beide schauen nach oben.

»Lotto! Der Weg zum Glück!«, liest Gerder etwas ratlos und schaut in Lothars Gesicht, in dem sich Befriedigung mit Stolz mischen.

»Es sieht wunderbar aus«, lobt Gerder sein Werk, »und

es ist sehr gut sichtbar. Ich finde, Sie haben einen guten Platz für das Plakat ausgewählt.«

»Ja, man kann es schon von weitem gut sehen. Es ist ausgezeichnet platziert.« Zufrieden klappt er die Leiter zusammen und stellt sie hinter den Kiosk. »Neue Angebote müssen gut präsentiert werden.«

»Ah, dann hoffen Sie auf ein gutes Geschäft«, mutmaßt Gerder mehr aus dem Gefühl heraus und hofft, Lothar damit eine Freude zu machen.

»Allerdings.«

Wieder schaut Gerder nach oben und sucht nach einer eleganten Formulierung, die ihre Unwissenheit verbirgt, findet jedoch keine. So entscheidet sie sich für den direkten Weg in der Hoffnung, Lothar nicht allzu misstrauisch zu machen. Während er im Innenraum seines Büdchens Ordnung schafft, stellt sich Gerder vor das offene Verkaufsfenster:

»Ist Lotto so eine Art Meditation oder Yoga?«

»Was?« Ruckartig dreht er sich zu ihr herum, sieht ihr ernstes Gesicht und schüttet sich aus vor Lachen. »Wie kommen Sie denn darauf?«

»Nun ja«, antwortet Gerder ehrlich, »weil es heißt: Der Weg zum Glück! Und es gibt doch nur das eine Glück, oder?« Neugierig auf seine Antwort beobachtet sie, wie sich sein Gesicht von einer Minute auf die andere weiß färbt. Sie erschrickt.

»Ist Ihnen nicht gut, Lothar? Was habe ich nur gesagt? Du meine Güte.«

Lothar stützt sich auf die Theke, bekommt jedoch schon wieder etwas Farbe im Gesicht.

»Bitte entschuldigen Sie, dass ich eben so gelacht habe. Ich, ich wollte Sie nicht beschämen.«

»Aber das weiß ich doch, Lothar. Ich bin manchmal etwas weltfremd und stelle törichte Fragen.«

»Törichte Fragen haben oft den Vorteil, dass sie uns auf-rütteln und zwingen, manches aus einem neuen Blickwinkel heraus zu betrachten. Sie haben recht, es gibt nur das eine Glück, das tief in uns verwurzelt ist. Wir verwechseln es oft.«

Sein trauriges Gesicht verrät ihr, dass er noch mehr er-zählen möchte. Sie legt ihre Hand mitfühlend auf seine und wartet ab.

»Bis vor vier Jahren wusste ich, was Glück war. Dann verließ mich meine Frau und nahm unsere Tochter mit. Seit-dem habe ich das Glück nicht mehr gefunden.«

Lothar spürt Gerders warme Hand und die Ehrlichkeit in ihrem Gesicht lässt mehr Worte aus sich herausfließen, als ihm lieb ist.

»Als Sie den Weg zum Glück hinterfragten, war für einen Augenblick alles wieder präsent: der Schmerz, die Trauer. Und noch viel deutlicher all die Freude und Liebe, die mal da war.« Er drückt kurz und dankbar Gerders Hand. »Aber was rede ich? Sie sind doch meine Kundin und ich habe für Sie da zu sein und nicht umgekehrt.«

Er greift in einen schwarzen Ständer neben sich, in dem verschiedene Vordrucke einsortiert sind, und zieht einen Schein heraus.

»Also. Lotto ist ein Glücksspiel«, beginnt Lothar seine Erklärung und muss nachdenklich lächeln. Gibt es denn ein Spiel mit dem Glück? Ist es nicht eher so, dass das Glück mit den Menschen spielt? Noch vor wenigen Augenblicken hätte er jeden dieser Gedanken lachend vom Tisch gewischt. Doch jetzt?

»Es gibt verschiedene Möglichkeiten.«, holt er sich in die Wirklichkeit zurück. »Bei diesem Schein wählen Sie aus 49 Feldern 6 Zahlen aus und kreuzen sie an. Dafür bezahlen Sie etwas und je nach Anzahl der ausgefüllten Spielfelder erhöhen Sie Ihre Gewinnchancen.«

»Also meine Glückschancen, wenn ich das richtig verstanden habe«, lacht Gerder.

»So ungefähr«, antwortet Lothar. »Das eingenommene Geld kommt in einen Topf. Jeden Samstag gibt es dann eine offizielle Ziehung der Gewinnzahlen und eine bestimmte Geldsumme wird an die Gewinner ausgezahlt.«

Er schiebt ihr den Zettel hin und legt einen Kugelschreiber dazu. »Möchten Sie, äh, Ihr Glück versuchen? Ich lade Sie dazu ein.«

Gerder zögert. Sie hat ein sonderbares Gefühl. Die Verknüpfung von Glück und Spiel und Geld erscheint ihr völlig absurd. Glück ist doch nicht käuflich wie ein Auto oder eine Jacke, sondern ein innerer Zustand mit dem Ziel, seine materiellen Wünsche zu überwinden. Doch ist sie nicht hier, um die Menschen zu belehren, sondern ihre Gepflogenheiten kennenzulernen. So nimmt sie den Stift und gleitet über die Zahlen. Wie von magischer Hand geführt, malt sie bedächtig und zielgerichtet sechs Kreuze. Lothar lässt den Tippschein durch eine Art elektronischer Kasse laufen und händigt Gerder feierlich die Quittung aus.

»Nicht vergessen: Nur mit diesem Beleg haben Sie den Gewinn in den Händen.«

»Und damit das Glück«, kombiniert Gerder und schaut auf das Stück Papier. »Das ist also mein Weg zum Glück. Er wird immer mit Ihnen verbunden sein, Lothar. Herzlichen Dank!«

Dann faltet sie es sorgfältig zusammen und steckt es schmunzelnd in ihre Handtasche, die trotz dieses überaus bedeutenden Gegenstandes nicht sichtbar voller geworden ist.

»Eigentlich wollte ich mir bei Ihnen nur ein Brötchen kaufen«, sagt sie und schaut sich suchend um.

»Leider habe ich keine mehr. Es tut mir sehr leid. Wie wäre es mit einem Croissant?«

»Sehr gut. Bitte geben Sie mir gleich zwei.« Gerder verspürt zwar keinen Hunger, doch die Tüte wird ihre Handtasche ein wenig auffüllen. Sie zahlt und verabschiedet sich von Lothar. Am Ende der Straße dreht sie sich noch einmal um. Das neue Schild ist auch aus der Entfernung sehr gut zu erkennen.

Lotto! Der Weg zum Glück!

Es wird Zeit, dass sie ein stilles Plätzchen findet. Ich drehe mich im Kreis, denkt sie. Ich drehe mich fortlaufend im Kreis herum. Eine glühende Hitze wandert aus der Handtasche ihren Arm hoch und macht sich ungeniert in ihrem Körper breit. Sie geht noch schneller in der trügerischen Hoffnung, der leichte Wind, der beim Gehen entsteht, würde sie ein wenig abkühlen. Natürlich kommt sie dadurch noch mehr ins Schwitzen, denn die Nachmittagssonne hat bereits ihre ganze Kraft entfaltet. Es ist die verräterische Aura des Lottoscheines, die sie erglühen lässt. Er steht als Synonym für die vielen Irrwege der Menschen, ihr Glück zu suchen. Sie binden ihr Glück an Geld, Erfolg, gutes Aussehen, schicke Kleidung, funktionierende Beziehungen und wer weiß, was noch alles. Und das, obwohl jeder einzelne von ihnen schon die Erfahrung gemacht hat, dass diese Art von Glück fadenscheinig und vergänglich ist. Woher kommt nur ihre Unbeirrbarkeit? Gerder schüttelt den Kopf, um sich dadurch von diesen unschönen Gedanken zu befreien. Eine ebenso trügerische Hoffnung. Sie geht noch einen Schritt schneller und irgendwann fühlt sie sich auch wieder wohl in ihrem Körper.

Ein wunderschönes altes Gemäuer weckt ihre Aufmerksamkeit. Unwillkürlich muss sie an Raffael denken. Er könnte ihr sicherlich einiges zur Geschichte dieses Hauses erzählen. Mit einem träumerischen Gefühl im Bauch liest sie das edle Schild über der Tür: *Bücher Lensing*. In dem schmalen, äußerst einladenden und gemütlichen Geschäft werden auf drei Etagen Bücher angeboten. Die Eingangstür steht offen. Gerder betritt die Buchhandlung und steht sofort vor einem großen Büchertisch mit Neuerscheinungen. Alle Wände sind bis zur Decke mit Regalen ausgestattet, vollgepackt mit Lesestoff. Die bunten Buchrücken wirken fröhlich und so animierend, dass bestimmt kein Kunde den Laden mit leeren Händen verlässt. Gerder ist begeistert. Sie schlendert mit großen Augen in den hinteren Teil des Raumes. Hier bietet sich ihr das gleiche Bild. Sie befindet sich in der Kinderbuchabteilung. *Der neugierige Max. Die Streithähne. Munk, der Affe. Der Räuber und die Kinderbande. Moritz und sein Freund. Das große Wissensbuch.* Eine riesige Auswahl für kleine Leseratten. Gerder nimmt die Treppe zur ersten Etage. Auch hier stapeln sich die Bücher auf Tischen und in Regalen. Ein schönes Bild. Viele Bände haben einen schwarzen Einband.

»Guten Tag«, hört sie eine Frauenstimme hinter sich. »Suchen Sie ein bestimmtes Buch? Vielleicht kann ich Ihnen helfen? Auf dieser Etage finden Sie überwiegend Kriminalromane. Der Tisch hier enthält alle Neuerscheinungen seit dem Frühjahr. In den Regalen finden Sie die Krimis nach Autoren geordnet.«

All diese Bücher beschäftigen sich mit Tod und Gewalt? Wer mag denn freiwillig so tief in diese blutige Materie hineinschauen? Oder sie beschreiben? Gerders Hochgefühl beginnt schon wieder zu sinken.

»Das scheint ja ein beliebtes Genre zu sein«, gibt sie zum Besten.

»Allerdings. Und der Bedarf steigt.«

»Tatsächlich?«

»Ja. Krimis gehen immer. Da gibt es die ganz brutalen Geschichten, die früher überwiegend von den Männern gelesen wurden, und die Softkrimis, die eine Stammleserschaft bei den Frauen haben.«

»Und heute lesen auch Frauen die harten Romane?«

»Ja. Da haben wir gut aufgeholt«, lacht die Verkäuferin, irgendwie stolz, »sowohl als Leserinnen als auch als Autorinnen.«

Gut aufgeholt, widerholt Gerder dümmlich im Stillen, während ihre gesprächige Beraterin einige Bücher zusammenträgt.

»Hier habe ich Ihnen ein paar unterschiedliche Werke zusammengestellt«, sagt sie und drückt Gerder vier Bücher in die Hand. Auf der zweiten Etage haben wir ein kleines Café, wo Sie sich damit beschäftigen können, wenn sie mögen. Vielleicht ist ja eines dabei, das Sie anspricht? Bei so viel Auswahl ist man leicht überfordert, nicht wahr?«

»Da haben Sie allerdings recht. Herzlichen Dank.«

Gerder versucht, dankbar zu lächeln und verabschiedet sich nach oben. Dort setzt sie sich an einen kleinen runden Tisch, bestellt einen Latte Macchiato und beginnt zu lesen. Schon die Aufmachung der Deckblätter stößt sie zum Teil ab. Dicke Blutstropfen, ein Friedhof, ein Galgen. Nur eines ist ganz schlicht gehalten. Dafür trägt es den Titel: *Hölle – Der 5. Fall von Kommissar Katzer.* Sie liest weiter. *Friedhof der Sünde. Der wütige Schakal. Mord ist sein Hobby.* Nein, bei dieser Auswahl ist keines dabei, das sie anspricht. Keines, das sie in Erwägung ziehen würde zu lesen. Der kleine dicke Ober bringt ihr den Kaffee. Sein Blick fällt auf ihre Bücher.

»Wenn ich Ihnen einen Rat geben darf? *Der wütige Schakal* ist extrem spannend geschrieben. Nicht unbedingt eine Bettlektüre für zarte Gemüter, aber die ideale Urlaubslektüre.«

Gelangweilt rührt Gerder in ihrem Kaffee.

»Und welche Bücher finde ich hier oben?«

»Überwiegend Sachbücher. Sprachen. Biografien. Reiseliteratur. Hörbücher. Und dort hinten in der Ecke Religion und Lebenshilfe.«

Mit diesen Worten lässt er sie wieder allein. Der Kaffee schmeckt gut. Gerder genießt jeden Schluck und überlegt, ob sie sich noch die Bücher der Kategorie Religion oder Lebenshilfe anschauen soll. Lebenshilfe. Ein seltsames Wort. Wenn darunter Hilfe zum Glücklichsein verstanden wird, dann müssten diese Bücher deutlich sichtbar im Eingangsbereich liegen und nicht im hintersten Winkel der Buchhandlung. Ein deutliches Zeichen für die Bedeutung dieser Werke. Ihr Bedarf ist gedeckt. Natürlich werden sich inmitten dieser riesigen Auswahl auch inspirierende und gewaltlose Bücher finden, doch sie hat keine Energie und auch keine Lust mehr, sich auf diese Suche zu begeben. Eines steht für sie fest: Es ist hier schwer, Blut und Gewalt zu ignorieren. Als sie wieder unten im Eingangsbereich bei den Neuerscheinungen steht, schaut sie plötzlich ein traurig aussehender Hund an, der offensichtlich um Asyl bittet. NIMM MICH! Der Titel macht neugierig. Es geht um die besondere Freundschaft zwischen einem alten Hund und einem kleinen Jungen, liest Gerder und geht zur Kasse.

Samstagabend

»Jetzt hast du es verstanden. Ja, wir leben, weil wir alles in uns und um uns herum zum Leuchten bringen sollen. Darin liegt der Sinn.«

Gerder ist gerührt. Da bringt ein alter Hund die ganze Formel des menschlichen Daseins mit wenigen einfachen Worten auf den Punkt. Auch Amondo hätte es nicht besser ausdrücken können. Er müsste jeden Augenblick auftauchen. Heute freut sie sich besonders auf ihn. Der Tag war anstrengend und nur er vermag es, ihr schnell wieder neuen Schwung zu schenken. Seit einer Stunde liest sie schon in dem kleinen Büchlein, das sie für ihn gekauft hat, und hofft, dass es ihm gefallen und ihn ein wenig milder den Menschen gegenüber stimmen wird. Sie weiß, dass dieser Gedanke etwas illusorisch ist und schmunzelt.

»Wie ich sehe, amüsierst du dich gut. Ich hoffe, nicht auf meine Kosten.«

Amondo setzt sich zu ihr auf die Bank und gibt ihr einen Kuss auf die Wange.

»Guten Abend, Amondo.«

»Oh, du hast mir wieder etwas mitgebracht«, freut er sich und nimmt ihr sogleich interessiert das Buch aus der Hand.

»Worum geht es darin?«

»Es geht um einen weisen alten Hund mit dem Namen Amadeus, der sich zur Aufgabe gemacht hat, Konrad, einen unglücklichen 9-jährigen Jungen wieder fröhlich zu machen.«

»Amadeus. Was für ein Hundename? Heißen sie denn nicht mehr Hasso, Waldi oder Lumpi?«

Gerder lacht. »Nein, diese Zeiten scheinen vorbei zu sein. Heute gehören die Haustiere mehr zur Familie und haben entsprechende menschliche Namen wie Sammy, Gina, Felix oder Carlo.«

»Das wurde ja auch schon in dem Hundehotel deutlich. Wie auch immer, das Buch scheint jedenfalls eine berührende Geschichte zu erzählen. Gibt es ein Happy End?«

»Das weiß ich noch nicht. Ich habe erst die Hälfte gelesen.«

»Dann werde ich dir morgen vom Rest berichten. Wie war dein Tag?«

Gerder atmet tief durch, nimmt die Hand ihres Freundes und beginnt, ihm ausführlich ihren Tagesablauf zu schildern. Dann greift sie in ihre Handtasche und zieht einen Flyer heraus, den sie Amondo in die Hand drückt.

»STICHWERK tattoo & piercing« liest er laut vor und schaut seine Gefährtin erschrocken an. »Du wirst doch nicht etwa …?«

Gerder lächelt vieldeutig.

»Ich dachte wirklich, dieses Brandmarken hätte sich im Laufe der Jahrtausende verloren.«

»Es erlebt gerade eine Renaissance und ist beliebt bei jeder Altersklasse.«

»Aha!« Unsicherheit macht sich in seinem Gesicht breit.

»Im Übrigen werden diese Ornamente nicht in die Haut gebrannt«, erklärt Gerder geduldig. »sondern gestochen.«

Sie zeigt auf eine kleine Abbildung auf der Rückseite der Broschüre. »Hier siehst du das Werkzeug dafür. Die Spitze rotiert und wird immer wieder in Farbe getunkt und dann durch die Haut geritzt.«

»Das Gerät sieht doch ganz harmlos aus, eher wie ein dickerer Stift zum Schreiben.«

»Ja, so ähnlich kann man es sich auch vorstellen. Nur schreibt man etwas tiefer unter die Haut. Es ist eine blutige Angelegenheit, doch das scheint den Menschen nichts auszumachen.«

»Das wundert mich nicht. Der Masochismus gehört meiner Meinung nach ebenso zu ihrer Natur wie der Sadismus. Wozu dient diese Marter?«

»Wenn ich es richtig verstanden habe, sehen die meisten darin eine besondere Dekoration, etwas Individuelles, mit dem sie sich schmücken können. Andere fühlen sich dadurch attraktiver, jugendlicher und auch mehr sexy.«

Die letzte Eigenschaft hat sie hinzugefügt, um Amondo ein wenig aus der Reserve zu locken. Doch er schweigt und sie sieht, wie eine leichte Röte sein Gesicht erfrischt.

»Vielleicht kann ich mir das Gerät einmal ausleihen, wenn du deinen Körper kreativ verschönern möchtest?«

»Gott bewahre!«, entrüstet sich Amondo sogleich. »Ich empfinde absolut keine Sehnsucht danach, mich zu verstümmeln.«

»Aber es gibt sehr schöne Motive. Schau mal hier«, stichelt Gerder weiter.

»Was ist das denn?« Erschrocken zeigt Amondo auf eine Abbildung im Innenteil des Prospektes und zieht sie ganz dicht vor seine Augen.

»Ach das. Das ist ein Zungenpiercing«, erklärt Gerder gelassen.

»Ein was bitte?«

»Nun ja. Diese hübsche kleine Schmuckkugel hier steckt auf einem dünnen Stäbchen, das durch die Zunge gestochen wird.« Gerder legt eine kleine Pause ein, um Amondo die

Möglichkeit eines Kommentars zu geben. Als dieser ausbleibt, ergänzt sie:»Ich weiß nicht, wie schmerzhaft und blutig das ist, und ehrlich gesagt möchte ich auch nicht darüber nachdenken. Rückblickend hatte ich wohl Glück, dass Ben ein normales Tattoo erhielt und keine ausgefalleneren Vorlieben hatte. Vielleicht wäre ich sonst ohnmächtig geworden?«

Gerder greift nach seiner Hand.»Es ist eine seltsame Welt, Amondo. Es fällt mir schwer, sie zu verstehen.«

»Da gibt es auch nichts zu verstehen, meine Liebe. Wenn die Menschen sich selbst mit unseren Augen sehen könnten, würden sie sich wohl auch nicht verstehen. Diese schwache Hoffnung habe ich noch.«

Gerder schüttelt traurig ihren Kopf.»Ich glaube, sie wissen einfach nicht, was sie tun. Sie sind haltlos und suchen Fixpunkte.«

»Wie, Fixpunkte.« Amondo setzt sich aufrecht hin.»Deinen Schilderungen nach zu urteilen haben sie unendlich viele Möglichkeiten. Warum also finden sie keinen Schlüssel zu ihrer Zufriedenheit?«

»Ja. Sie finden keinen Schlüssel«, wiederholt Gerder.

»Sie lassen sich ständig verführen«, erinnert Amondo, »leider von falschen Propheten.«

Gerder greift erneut in ihre Handtasche und holt den Lottoschein heraus. Sie faltet ihn auseinander und zeigt ihn Amondo, der die Zahlen studiert.

»Der Weg zum Glück! Die Verführung par excellence. Wenn du das große Los gezogen hast, bist du reich. Und wenn du reich bist, bist du auch glücklich. So funktioniert es also. Sind es wenigstens die richtigen Zahlen?«

»Ja«, sagt Gerder lächelnd, »es sind die richtigen Zahlen. Für das ganz große Glück.«

»Dann gratuliere ich dir! Hast du schon eine Idee, was du mit deinem großen Glück anfangen wirst?«

»Bisher noch nicht«, schmunzelt sie in Erwartung einer Anregung seinerseits, die auch prompt folgt.

»Du könntest das Geld in deine Handtasche packen, damit sie erstens eine Bestimmung hätte und zweitens eine passable Form«, gluckst Amondo laut auf. Dann wird er wieder ernst.

»Der Gewinn kann noch so groß sein, meine Liebe, die Menschen wirst du damit nicht retten können. Sie haben sich ein seltsames Glückskonzept aufgebaut. In meinen Augen können sie sich jetzt schon alles leisten. Sie sind also schon reich und trotzdem meilenweit von ihrem Glück entfernt. Denk doch nur an das Seniorenstift. Die Alten dort müssten überglücklich sein, weil sie schon so lange haben leben dürfen. Und weil sie so gut versorgt werden. Weil sie so viel Zeit zur Verfügung haben, um das Wetter zu genießen oder die Natur. Oder sich mit Dingen beschäftigen können, die sie ausfüllen und interessieren. Oder anderen helfen. Stattdessen verscheuchen sie all diese Möglichkeiten und alle guten Erinnerungen und kleben an ihren Krankheiten fest und an den Dingen, die sie nicht mehr selbstständig bewältigen können.«

»Vielleicht lernen sie von klein auf, sich auf das Negative zu fokussieren und können später gar nicht mehr anders denken?«

»Aber diese Denkart ist doch viel zu anstrengend und führt nur in eine Spirale des Ungesunden.«

»Das stimmt.«

»Mir kommt da eine Idee. Vielleicht wollen die Menschen auch gar nicht glücklich sein. Vielleicht nähren sie sich von der Sehnsucht nach dem Glück. Das würde alles erklären.«

»Ja, das würde alles erklären, doch nichts verbessern.«

Resigniert schaut Gerder auf den See, dessen glitzernde Oberfläche wie ein Sternenmeer funkelt. Ein Wunder der Natur.

»Ich muss immer wieder an die schöne alte Buchhandlung denken, die mich so magisch angezogen hat, weil sie nicht von Neonlicht und lauter Musik verschlungen wurde. Doch die vielen Bücher über Gewalt und Krieg, schwere Schicksalsschläge und Frustrationen, allesamt wahre Verkaufsschlager, haben meine Hoffnung schnell begraben.«

»Welche Hoffnung meinst du? Doch nicht etwa die, dass die Menschen noch zu retten sind?«

Nach diesen harten Worten greift Gerder erneut in ihre Handtasche und holt eine Tüte heraus.

»Das sind Croissants«, sagt sie und hält ihrem Freund ein Gebäckteil hin. Sie essen schweigend und genießen das gemeinsame Mahl.

»Diese hervorragenden Leckereien werden mir bald fehlen,« sagt Amondo wehmütig in die Stille hinein.

Gerder lächelt. »Ja, und diese Zeit kommt schneller als du denkst. Morgen werde ich mein Projekt beenden.«

Amondo zuckt zusammen. Was er selbst nicht versteht, wo er doch von Anfang an in diesem Abenteuer keinen Sinn gesehen hat.

»Hast du denn schon eine Lösung, die du Omega präsentieren kannst?«

»Nein, bisher nicht. Ich habe das Gefühl, mich im Kreis zu drehen. Und jeder zusätzliche Tag zehrt mehr an meinen Kräften. Außerdem registriere ich, dass ich schleichend immer ernster und humorloser werde. Ist das nicht eher dein Part?«

Amondo spürt einen Knuff an seinem Rippenbogen, der seinen spontanen Widerspruchsgeist sofort bremst und einen milden Ton entstehen lässt.

»Da hast du vollkommen recht. Die gelassene und vernunftorientierte Rolle besetze ich.«

»Weißt du, Amondo, ich habe doch nicht nur schlechte Erfahrungen gemacht. Ich habe zum Beispiel Sonja und Alex kennengelernt. Beide sind wunderbare, ganz ungewöhnliche

Menschen, die sicherlich einen anderen Weg gehen werden als den konsumorientierten ohne Verstand. Auch Sonjas Schwester gehört dazu.«

»Die Tattoostecherin?«

»Ja, genau die. Sei doch nicht so engstirnig. Ihr Handwerk hat doch nichts mit ihrer Gesinnung zu tun. Und dann noch die beiden Friseurinnen mit ihrem umweltfreundlichen Geschäft. Denk doch nur an sie.«

Das sind Sandkörner in der Wüste, überlegt Amondo, spricht seinen Gedanken jedoch nicht aus, denn er spürt Gerders Hoffnung in jedem ihrer Worte und möchte sie nicht zerstören. Er ist sich sicher, dass Omega all ihre Überlegungen mit einem Handstreich wegwischen wird. In diesen Fall wird er für seine Freundin da sein, ihr wieder Energie und Halt geben und sie mit allen Kräften für neue Projekte aufbauen. Bestimmt hat die BRUDERSCHAFT bereits Pläne für die Ära nach den Menschen geschmiedet, wenn sich die Erde gründlich erholt hat.

»Auch Raffaels Beruf steht für Nachhaltigkeit und Bewahrung.«

Als Amondo diesen Namen hört, kann er nicht verhindern, dass er sich innerlich zusammenzieht.

»Und sein Charakter für Verbundenheit und Solidarität«, spöttelt er, doch Gerder bemerkt seinen Sarkasmus nicht und spinnt erneut Fäden der Zuversicht.

»Warum willst du denn morgen überhaupt wieder in die Höhle des Löwen gehen, wenn dich die Menschen auszehren? Ist es nicht egal, ob du heute oder morgen dein Projekt beendest?«, fragt Amondo hoffnungsvoll.

»Im Grunde genommen schon, doch ich möchte mich noch gebührend verabschieden.«

Amondo schluckt den bitteren Geschmack, der sich in seiner Kehle bildet, hinunter. Gebührend verabschieden, was soll das denn heißen?

»Du meinst, von Raffael.«

Gerder schmiegt ihren Kopf an seine Schulter. »Ich möchte mich von all den Menschen verabschieden, die mir von Anfang an wohlgesonnen waren und mir geholfen haben, mich in ihrer Welt zurechtzufinden. Dazu gehört natürlich auch Raffael.«

Das Universum lacht und denkt:
Was glaubt ihr, wer die Erde lenkt?

Am Sonntag

Die Stadt macht einen menschenleeren Eindruck. Gerder ist früh unterwegs. Die Stadt erwacht heute langsam, denkt sie und schlendert durch die Straßen. Ziellos. Planlos. Hoffnungslos. Leer. Sie versucht, sich mit dem Gedanken vertraut zu machen, bald wieder allein zu sein. Wird sie um die Menschen trauern? Auf jeden Fall möchte sie ihr ökologisches System wieder ins Gleichgewicht bringen. Und dazu braucht sie Zeit, viel Zeit. Und Kraft. Die Menschen haben kaum noch sauberes Wasser übriggelassen. Zwar empfinden sie die Meere als klar, doch nur, weil ihre Augen nicht in der Lage sind, die mikroskopisch kleinen Schmutzpartikel zu erkennen. Ansonsten würde ihnen der Badespaß längst vergangen sein. Vom Genuss der Meeresfrüchte ganz zu schweigen. Glücklicherweise muss sie die Verantwortung für das, was die Menschen verzehren, nicht übernehmen. Allerdings obliegt ihr der Schutz der Tiere und dieser wäre ohne die Menschheit humaner und schonender zu gewährleisten oder überhaupt zu gewährleisten. Ihre dominante Lebensweise hat einen unkontrollierbaren Einfluss auf alle Bereiche der Natur genommen. Ohne Auswirkungen wird sich das alles nicht wieder ausgleichen lassen. Besitzt sie noch genug Optimismus, um an ein Gelingen zu glauben? Vielleicht sogar mit neuen positiven Veränderungen. Ohne den Lärm und die Abgase der Autos, Flugzeuge, Kraftwerke und Fabriken ergäben sich neue Chancen. Doch vor allem würde Frieden herrschen, ein Dasein ohne Angst. Und sie erhielte eine völlig neue Aura. Der blaue Planet hätte endlich wieder eine ungetrübte und leuchtende Ausstrahlung. Und wer weiß, welche Überraschungen die BRUDERSCHAFT im Anschluss für sie bereithielte?

Ein aufregender Traum, faszinierend und verlockend zugleich. Aber auch eintönig, schießt ihr durch den Kopf. Doch wie können Frieden und Freiheit eintönig sein? Ist Langeweile etwa die Motivation, die die Menschen zu ihrem egoistischen Tun antreibt? Haben sie in ihrem Tatendrang vielleicht irgendwann versehentlich den Bogen überspannt und können diesen Zustand nicht mehr rückgängig machen?

Jetzt suchst du schon wieder Entschuldigungen für die Menschen. Gerder lächelt gequält über Amondos Einmischung. Ihre Zerrissenheit ist zermürbend. Kann sie sich trotz allem ein Leben ohne die Menschen vorstellen? Möchte sie es? So oder so ist für sie jetzt schon eine neue Ära angebrochen. Es ist ihr nicht mehr möglich, in ihren alten Rhythmus zurückzukehren. Dazu ist zu viel geschehen. Omega hat sie gezwungen, ihre Augen zu öffnen, und was sie gesehen hat, lässt sie zweifeln. Doch insgesamt betrachtet, ist sie stolz darauf, etliche positive Ansätze für die BRUDERSCHAFT gefunden zu haben. Und ja, trotz aller Widrigkeiten möchte sie ihre Schützlinge immer noch nicht aufgeben. Das wird ihr in diesem Moment bewusst, ebenso wie die zweifelhafte Sicherheit, dass es ihr bestimmt gelingen wird, eine letzte Chance für sie auszuhandeln. Ganz sicher. Sie geht schneller. Die Tragetasche unter ihrem Arm knistert bei jedem Schritt. Was auch immer geschieht, das alte Weltalter ist auch für sie vorüber und für ihre liebgewonnenen alten Kleider hat sie keine Verwendung mehr. Noch eine Straßenecke weiter und sie biegt in die Lindenstraße ein. Ohne noch einmal in die Tüte zu blicken, stopft sie diese in den Altkleidercontainer. Er ist ziemlich voll und sie muss an dem großen Metallgriff ein wenig rüttelnd nachhelfen, damit die Tüte noch hineinrutscht. Dabei fällt ihr ein Hut in die Hände, der oben auf dem Containerdach gelegen haben muss. Es ist eine wunderschöne braune Melone. Gerder dreht und wendet sie in ihren Händen und gewinnt sie sogleich lieb. Sie setzt den Hut auf, doch ihre Haarmähne ist zu dick, so dass er keinen Halt findet. Das ist ein wunderbares Geschenk für ihren treuen Freund Amondo, damit auch er sich ein winziges Stück an ihre Veränderung anpasst. Ein neuer Stil für sie beide. Überzeugt davon, dass er ihm gefallen wird, steckt sie ihn in ihre Handtasche und geht weiter.

Plötzlich findet sie sich vor Lothars Büdchen wieder. Geschlossen. Wie schade. Sie hätte gerne ein paar letzte Worte mit ihm gewechselt. Vielleicht über seinen persönlichen Weg ins Glück? Wehmütig schaut sie sich um und nimmt innerlich Abschied von diesem idyllischen Ort. Die schönen alten Stadthäuser haben schon zwei Jahrhundertwenden überstanden. Neben den wenigen jüngeren Gebäuden wirken sie wie gesetzte Anker, die in ihrer Widerstandsfähigkeit eine Verbindung zwischen Vergangenheit und Gegenwart herzustellen versuchen. Oder zwischen alt und neu. Alte Werte und neue Werte scheinen sich wenigstens baulich zu ergänzen.

Es fehlen Bänke, fällt Gerder zum ersten Mal auf. Damit sich die Anwohner treffen und miteinander reden können. Und lachen vor allem. Hier wohnen doch sicher ein paar Hundert Menschen, überlegt sie weiter, ob sie sich überhaupt kennen? Auf der gegenüberliegenden Seite sieht sie einen alten Mann im Hauseingang stehen. Er hält sich gebeugt an seinem Gehstock fest und raucht eine Zigarette. Einem inneren Impuls folgend überquert sie den Platz.

»Ist das nicht ein herrlicher Morgen?«, begrüßt sie ihn.

»Das kann man so oder so sehen. Wenn er so weitergeht, wie er begonnen hat, kann ich nicht von Herrlichkeit sprechen.«

»Was ist denn geschehen?«

»Das Taxi ist zu spät. Ich bin es gewohnt, pünktlich in der Messe zu sein.«

»Ah, Sie möchten einen Gottesdienst besuchen.«

»Nicht einen Gottesdienst, sondern das Hochamt im Dom. Schließlich ist heute Sonntag.«

»Wann beginnt denn die Messe?«

»Um 10 Uhr.«

Dann ist doch noch reichlich Zeit, will Gerder schon erwidern, hält sich jedoch zurück, weil sie keine Lust auf eine bevormundende Antwort hat.

»Wäre es denn sehr schlimm, zu spät zu kommen? Wird niemand mehr eingelassen, wenn die Messe begonnen hat?«

Keine Antwort.

»Bitte entschuldigen Sie meine törichte Frage, aber ich gehöre keiner Konfession an.«

Ihre Hoffnung, den Mann mit dieser Erklärung etwas versöhnlicher gestimmt zu haben, verfliegt sofort, als sich sein Gesichtsausdruck verfinstert.

»Sie sind also ungläubig?«

»So würde ich es nicht nennen.«

»Wenn man keiner Kirche angehört, kann man auch keinen Glauben haben, also nicht im christlichen Sinne.«

»Vielleicht haben Sie recht«, antwortet Gerder ruhig. »Für mich hört es sich nur so distanziert an: Die Messe besuchen. Das klingt sehr förmlich, so ohne inneres Dabeisein.« Sie lächelt. »Aber das habe ich sicher falsch verstanden. Sie sind ein gläubiger Mensch und möchten nichts von der Messe versäumen, weil sie für Sie und Ihr Leben wichtig ist. Das kann ich verstehen.«

»Nein«, antwortet der Mann nach einigen Augenblicken erstaunlich ehrlich. »Ich besuche die Messe wegen der Tradition. Es gehört sich so, am Sonntag in die Kirche zu gehen. Das habe ich von klein auf gelernt. Für mich persönlich ist das Leben ein Zufallsspiel, entweder man gewinnt oder man verliert.«

Gerder hört Motorengeräusche.

»Na endlich«, wedelt der Alte mit seinem Stock durch die Luft. »Ganze acht Minuten.«

Gerder versteht diesen Mann immer weniger, ist jedoch neugierig geworden und fragt: »Darf ich Sie begleiten? Würde es Sie stören, wenn ich bis zum Dom mitfahre?«

Der Alte wirkt etwas überrascht, willigt jedoch ein und hält Gerder sogar die Tür auf. Sie sitzen beide nebeneinander auf der Rückbank.

»Zum Dom bitte«, befiehlt der Mann ohne Gruß.

»Darf ich Sie fragen, ob Sie im Zufallsspiel des Lebens gewonnen haben?«

»Ja.«

»Inwiefern?«

»Weil ich ein volles Bankkonto habe.«

Die Verknüpfung von Geld, Gewinn und Glück scheint bei den Menschen wirklich tief verwurzelt zu sein. Gerder ist enttäuscht.

»Das freut mich für Sie«, entgegnet sie freundlich und schweigt während der kurzen Fahrt. Ihr fallen keine Worte ein, keine Fragen, die ihr etwas Neues eröffnen könnten. Vor dem Dom angekommen, greift sie zu ihrem Portemonnaie und bezahlt die Fahrt.

»Ich schenke Ihnen diese Fahrt«, sagt sie lächelnd zu dem Alten. »Damit Sie an diesem herrlichen Sonntagmorgen auch einen Glücksmoment erleben. Auf Wiedersehen.«

Und mit diesen Worten verlässt sie ihn und betritt neugierig den Dom. Dieses Mal schaut sie sich genauer um. Marmorgetäfelte Wände und Säulen, edle glänzende Mosaikdecken, alte schwarz-weiß gemusterte Steinböden, bunte Fensterbilder, goldene Leuchter und Kreuze, prächtige Heiligenfiguren, geschnitzte Statuen, kunstvoll gesteckte Blumenbouquets und über allem die wertvolle Statue der Jungfrau Maria mit ihrem Kind. Ihr wurde vor vielen Jahrhunderten das prunkvolle Gotteshaus gewidmet. Gerder findet noch einen Platz in einem der beiden Seitenflügel. Hier kann sie sowohl die Kirchgänger als auch das Geschehen während der Messe gut beobachten. Viele Menschen haben sich schick gemacht. Die meisten Männer tragen dunkle Anzüge oder Jacken, die Frauen Kleider, Kostüme oder Hosenanzüge in etwas lebhafteren Farben oder aufgefrischt mit bunten Tüchern. Ein Querschnitt aller Altersgruppen hat sich hier still versammelt, nur wenige Kinder sind dabei. Ab und zu hört Gerder ein leises Murmeln, wenn sich einzelne begrüßen oder kurz mit ihrem Nachbarn reden. Ansonsten sitzen alle ziemlich unbeweglich auf ihren Stühlen und schweigen andächtig. Ja, andächtig ist wohl das richtige Wort. Dann wird die Stille von einer Ankündigung aufgelöst. Eine Männerstimme gibt bekannt, dass der Bischof persönlich am heutigen Tag die Feier zelebrieren wird. Der Bischof persönlich. Welch ein Glück ihr heute beschieden ist.

Wenige Minuten später ertönt der helle aufgeregte Klang eines Glöckchens und kräftige Orgelmusik setzt ein. Dann schreiten seltsam gewandete Männer in Zweierreihen durch den Mittelgang, der die voll besetzten Stuhlreihen teilt, zum Podium. Nein, zum Altar, korrigiert sie sich. Alle Augenpaare verfolgen schweigend die Prozession und Gerder wundert sich darüber, dass sich die Kleiderordnung der kirchlichen Würdenträger nicht der modernen Zeit ein wenig angepasst hat. Ist das ein gutes oder schlechtes Zeichen? Auf jeden Fall freut sie sich über den gut gewählten Sitzplatz, den sie sogleich wieder lüften darf, zusammen mit der gesamten Gemeinde. Ihr fällt auf, dass fünf der vierzehn Würdenträger in fein bestickte, grüne Kleider gehüllt sind, mit weißen gestärkten Hemden darunter. Diese formlosen Gewänder reichen bis zum Boden. Zwei Geistliche bieten ihren großzügig geschnittenen Umhängen keinerlei Spielraum mehr zum fließenden Fall, sondern füllen diese gänzlich aus. Gerder mutmaßt, dass einer von ihnen der Bischof sein muss, da er als einziger eine große ungewöhnliche Kopfbedeckung trägt. Eine Art Kirchendach auf seinem Haupt, schmunzelt sie. Die restlichen neun Männer tragen rote Gewänder, die durch weiße, in Falten gelegte Überwürfe vielleicht eine besondere Funktion oder Stellung kenntlich machen? Angeführt wird die kleine Parade von einem sehr streng aussehenden Geistlichen, der ein großes schwarzes Buch, wahrscheinlich die Bibel, mit beiden Händen hoch über seinem Kopf trägt. Für sie eine beängstigende, fast drohende Geste. Und der finstere Gesichtsausdruck des Trägers tut sein Übriges, die Bedeutung seiner Mission klarzustellen. Ohnehin wundert sich Gerder über die ernsten, starr nach vorn gerichteten Gesichter der Gemeinde. Sie sucht nach einem Lächeln, das ihr ein Gefühl der Geborgenheit schenkt, findet jedoch nur Distanz und eine gewisse Unzugänglichkeit. Wurde nicht eine Feier angekündigt?

Gerder lauscht gebannt den Orgelklängen und lässt jeden Ton in sich hineinfließen. Große Begeisterung erfasst sie und beflügelt ihre Fantasie, hinaus ins Universum zu fliegen und sich ins Unendliche treiben zu lassen. Ein Stück Heimat umfängt sie liebevoll und sie schließt die Augen in der Erwartung, Frieden zu spüren. Doch stattdessen entzündet eine innere Unruhe ihre zerstörende Flamme und breitet sich aus. Was ist geschehen? Wehmütig muss Gerder erkennen, dass sich die Musik verändert hat. Schwere dunkle Klänge erfüllen nun den Dom und sorgen für eine düstere und mahnende, ja sogar anklagende Atmosphäre. Die Augen immer noch geschlossen, denkt Gerder über diese seltsame Wandlung nach. Und noch etwas hat sich verändert. Der Geruch. Weihrauch, erkennt sie sofort und schaut neugierig zu den Kirchenmännern, die sich jetzt alle um den großen vergoldeten Altar versammelt haben. Offensichtlich kennt jeder seine Aufgabe genau. Der Bischof selbst füllt den goldenen Weihrauchbehälter auf und schwingt ihn so lange, bis dicke Nebelschwaden über den Köpfen aufsteigen. Dann setzt der Chor ein. Gerder dreht sich suchend um, kann aber keinen der Sänger entdecken. Ihre Stimmen kommen jedenfalls von oben, wahrscheinlich stehen sie auf der Empore. Bei der zweiten Strophe singt die ganze Gemeinde mit.

Alles scheint einem festgelegten Ritual zu folgen. Noch immer wird auf der Bühne nicht gelächelt. Zwei nicht kirchlich gekleidete Personen lesen lange Fürbitten vor, unterbrochen von eintönig gemurmelten Antworten der Gemeindemitglieder. Es sind Gebete für Menschen in Not, Menschen ohne Arbeit, ohne Wohnung, ohne Essen, ohne Zähne, ohne Geld. Dann wird wieder gesungen. Gerder kann nicht mehr stehen, sie spürt ihre Füße, doch niemand rührt sich. Einzig eine alte Frau und ein Mann mit Krücken sind auf ihren Stühlen sitzen geblieben und nun von stehenden Menschenwänden umgeben. Keine verlockende Alternative. Also lieber durchhalten. Schließlich möchte sie etwas vom Messeverlauf sehen. Sie hofft auf das Ende des Liedes und tatsächlich wird ihr Wunsch erfüllt. Wie von unsichtbarer Hand gesteuert, setzen sich alle hin. Gerder streckt ihre langen Beine aus und lehnt sich gemütlich in den Stuhl, so gut es der nicht gepolsterte Holzsitz und die senkrechte Lehne zulassen. Einige wohltuende Augenblicke lang lockert sie ihre Zehen und Füße bis sie merkt, dass die anderen irgendwie erwartungsvoll, aber auf jeden Fall ziemlich unbewegt auf ihren Plätzen verharren. Sie reißt sich zusammen.

»Das Thema unserer heutigen Feier lautet: Wenig Geld – große Not.« Der Bischof hat das Wort ergriffen. Jetzt versteht Gerder die Spannung der Gemeinde.

»Jesus hat uns vorgemacht, was wir tun sollen. Er stieg zu uns herab und kümmerte sich um die Bedürftigen. Die Kirche folgt seinem Beispiel und trägt diesen Gedanken zu den Menschen, damit auch sie Nächstenliebe üben. Wir können alle teilen!«, schlägt der Bischof vor. Er steht hinter dem prächtigen goldverzierten Tisch und faltet die Hände um seinen stattlichen Bauch. »Wir alle brauchen keine Fülle, keinen Überfluss, keine Macht«, spricht er in eindringlichen Worten weiter, während Gerders Gedanken sich davonzuschleichen beginnen. Sie friert. Ist es der kalte Raum oder die unstimmige Atmosphäre, die sie empfindet? Sie weiß es nicht.

»Gottes Haus steht allen offen. Nehmt die Bedürftigen mit hinein!«, nimmt sie irgendwann wieder wahr und denkt sofort an die beiden abgerissenen Gestalten, die vorhin vor dem Kirchenportal hockten und mit flehenden Augen um eine Spende baten. Suchend dreht sie sich um. Hat der Bischof etwa vergessen, diese beiden direkt vor seiner Haustür sitzenden Notleidenden einzuladen und in sein Haus zu bitten? Müssten sie nicht nach seinen brüderlichen Worten jetzt direkt neben ihm sitzen, so wie Jesus es damals vorgelebt hat?

Wieder erhebt sich die Gemeinde; das nächste Lied wird gesungen. Gerder beginnt, sich zu langweilen. Sie versteht nun den alten Mann von heute früh ein wenig besser, der von einem Besuch der Messe sprach. Ja, auch für sie läuft eine Zeremonie ab. Warum wird sie nicht mitgerissen vom Gedanken der Nächstenliebe, von der Kraft der biblischen Worte, die so lautstark verkündet wurden, von der Kraft der Liebe, die sie verbreiten sollen. Sie spürt nur Distanz. Zum einen zu den Menschen um sie herum und zum anderen zu den Kirchenvertretern, die das Miteinander preisen. Was war Jesus' Geheimnis, die Menschenmassen zu begeistern?

Erneut füllt der Bischof Weihrauch nach und verrührt sorgfältig das alte mit dem frischen Pulver. Wieder erklingt Orgelmusik. Dieses Mal darf Gerder ihr sitzend lauschen. Sie spürt, dass irgendetwas bevorsteht. Die Menschen rühren sich verhalten. Ein Rascheln von Kleidern, als die Männer in ihre Anzugtaschen greifen, ein dumpfes Surren von Reißverschlüssen, als die Frauen ihre Handtaschen öffnen, und das Knarren der Holzstühle trotz aller Behutsamkeit bei diesen Verrichtungen sind unvermeidbar. Mehrere Männer in dunklen Anzügen laufen durch die Gänge zum Ausgang und jeder kommt mit einem kleinen geflochtenen Sisalkörbchen zurück, um sich an die oberste Reihe einer Stuhlgruppe zu stellen. Mit auffordernden Blicken schauen sie auf die Menschen hinunter und geben ihren Korb der ersten Person vor ihnen in die Hand. Es soll Geld gesammelt werden, begreift Gerder sofort. Eine äußerst effektive Art, Spenden einzusammeln, denkt sie anerkennend, während sie das Zeremoniell verfolgt. Allerdings kann sie den Gesichtern der Gemeindemitglieder nicht entnehmen, ob sie gerne geben oder eher nicht, denn ihre Minen bleiben ausdruckslos. Nach Vollendung der großherzigen Schenkung reicht jeder das Körbchen an den nächsten weiter, so dass es sich von Sitz zu Sitz füllt bis zur letzten Person einer Reihe. Diese macht dann, selbstverständlich nach Erfüllung ihrer Pflicht, eine angemessen gemessene Drehung und gibt das Körbchen nach hinten weiter, wo es auf dieselbe Weise still und immer schwerer werdend zum Anfang der Stuhlreihe zurückwandert, wo der Bevollmächtigte bereits wartet und es wieder in Empfang nimmt. Dann macht er einen adäquaten Schritt zur nächsten Reihe und setzt das Sammelkörbchen wieder in Bewegung.

Fasziniert verfolgen Gerders Augen die Wanderung es Geldes. Sie fragt sich, warum die Körbe nicht völlig selbständig durch die Reihen gehen dürfen, also ohne die wachsamen Blicke der Helfer? Und auch, warum dieser Akt so ernst, so kontrolliert und irgendwie nachdrücklich geschieht? Sollte nicht jede freiwillige Gabe dankbar und fröhlich entgegengenommen werden? Und vor allem gegeben werden? Und noch ein Gedanke drängt sich ihr auf. Möchte auch sie etwas spenden? Bisher ist ihr niemand aufgefallen, der keinen Obolus gegeben hat. Verweigerer sind folglich nicht anwesend. Wenn sie selbst also nicht auffallen möchte, sollte sie sich wohl anpassen. Doch wieviel Geld ist üblich? Das entsprechende Körbchen bewegt sich in der Reihe vor ihr und rückt immer näher, in gleichmäßiger Routine unaufhaltsam von einem zum anderen. Schnell schiebt Gerder ihre Hand in die Jackentasche. Sie sieht Münzen und Scheine vorüberziehen. Jetzt ist schon die Frau vor ihr an der Reihe. Obwohl Gerder möglichst unauffällig den Hals renkt, gelingt es ihr nicht zu erkennen, wieviel Geld die Frau spendet, schon reicht sie den Korb weiter, um anschließend gelassen eine blonde Haarsträhne hinter ihr Ohr zu schieben. Fasziniert schaut Gerder auf rot lackierte Fingernägel und große goldene Ringe, drei an einer Hand. Und im gleichen Augenblick spürt sie die Kühle dreier Münzen, die sich in ihrer Sakkotasche formen. Schmunzelnd akzeptiert sie diese unbeabsichtigte, doch pünktliche Entscheidung und legt mit strahlendem Gesicht ihr Scherflein in das Körbchen, um anschließend den jetzt schmeichelnden und aufmunternden Orgelklängen zu lauschen.

Zehn Minuten später schiebt sie sich mit den anderen Kirchenbesuchern dem Ausgang zu. Jetzt ist die Menge wesentlich lebhafter geworden. Man unterhält sich, begrüßt Bekannte, schaut sich neugierig und interessiert um. Je weiter sie sich dem alten Portal nähern, umso enger fließt der Strom zusammen. Und es wird immer heller. Gerder freut sich über die Sonnenstrahlen und schließt kurz die Augen, um ihre Wärme zu spüren. Ein kratzendes, leicht klingelndes Rascheln stört sie dabei. Gerder stutzt. Ein junger Mann lächelt sie fröhlich an und schüttelt dezent, aber ungerührt fordernd seinen Sammelbehälter. Schon wieder?

»Für die Menschen in Not«, bittet er.

»Das ist ein lobenswertes Anliegen«, antwortet Gerder ebenso strahlend. »Soll ich das Körbchen gleich mit zu den beiden Bettlern dort draußen nehmen?«

Der Gesichtsausdruck des jungen Mannes wird unsicher. »Wir haben da unsere eigenen Wege«, stottert er leise und wendet sich dann schnell dem Nächsten zu. Seine Aufgabe scheint sich wohl nicht aufs Diskutieren, sondern allein aufs Sammeln zu beschränken. Auf dem Domplatz bilden sich kleine Gruppen schwatzender Menschen. Gerder geht achtlos an ihnen vorüber. Inzwischen kennt sie sich wieder gut in Aix aus, so dass sie auf dem kürzesten Weg ihr Ziel erreichen wird. Sie weiß nicht, was sie denken soll, und hat Angst, ihren Optimismus zu verlieren. Und ihre Hoffnung. Das darf auf keinen Fall geschehen. Und das wird es auch nicht. Schnell lässt sie die dunkle Menschentraube hinter sich und findet sich schneller als gedacht vor dem *LatteMacchiato* wieder. Als sie eintritt, wird sie von Sonja und Alex freudig begrüßt. Die Offenheit und gute Laune der beiden entschädigt sie sofort für die strenge Ernsthaftigkeit des Morgens und hüllt sie ein in eine Aura des Angenommenseins. Sonja begleitet sie zu ihrem Tisch am Fenster.

»Ich habe noch ein halbe Stunde Zeit, bevor ich hier loslegen muss, so dass ich mich so lange zu dir setzen kann, wenn du möchtest.«

»Herzlich gerne«, antwortet Gerder überrascht und hoch erfreut.

»Ich bin sofort wieder da«, lacht Sonja, als Gerder sich ein letztes Mal auf ihren Stammplatz setzt und ihren Blick wehmütig durch das Lokal wandern lässt. Sie denkt an ihren ersten Besuch und ihre Erfahrungen mit den vielen ungewohnten Spiegeln und dem Kaffee und beginnt zu schmunzeln. Wie schnell man sich doch an fremde Gewohnheiten anpassen kann.

»Du scheinst dich ja gut zu amüsieren«, freut sich Sonja

und stellt zwei Latte Macchiato und zwei Streuselbrötchen auf den Tisch. »Ich hoffe, ich habe das richtige ausgewählt?«

»Wie kannst du da fragen?«, erwidert Gerder und streut etwas Zucker in ihren Kaffee. Nachdenklich rührt sie ihn um.

»Du bist hier, um dich zu verabschieden, nicht wahr?«

Sonjas sechster Sinn überrascht sie nicht wirklich.

»Ja,« antwortet sie daher nur leise.

»Hast du deine Mission erfüllt?«

Verdutzt sieht sie jetzt auf und schaut in ein schmunzelndes Gesicht inmitten eines Busches aus struppigem Haar. In ein Augenpaar, dessen Ausdruck ihr tiefgründiger erscheint als der Ozean und dessen strahlendes Grün die Frische und Kraft der Natur reflektiert. In diesem kurzen Augenblick, der ihr wie eine Ewigkeit vorkommt, kann sie sich des Eindrucks nicht erwehren, in das Spiegelbild ihrer eigenen Existenz zu blicken. Um Zeit zu gewinnen, beißt sie in das Streuselbrötchen.

»Es schmeckt wunderbar«, lobt sie nach dem ersten Bissen, um dann Sonjas Frage wieder aufzugreifen: »Ja und nein.«

»Das heißt, du kommst noch einmal wieder, um letzte Antworten zu finden?«

»Ich glaube nicht«, antwortet Gerder ausweichend und sucht nach erklärenden Worten, denn sie hat das Gefühl, der jungen Frau mehr schuldig zu sein als Andeutungen.

»Ich weiß nicht, wie ich es dir erklären soll?«

»Das brauchst du auch nicht«, beruhigt Sonja sie, »ich bin jedenfalls froh, dass ich dich kennengelernt habe. Ich weiß, dass du etwas ganz Besonderes bist.«

Gerder legt ihre Hand auf den Arm der jungen Frau. »Vielen Dank für deine lieben Worte. Dieses Kompliment kann ich aus tiefstem Herzen zurückgeben.«

Die beiden Frauen lächeln sich an und in diesem Lächeln

stecken so viel Innigkeit und Vertrautheit, die weitere Erklärungen überflüssig machen.

»Bevor ich heute hierherkam, habe ich das Hochamt im Dom besucht.«

»Warst du deswegen so durcheinander, als du zur Tür hereinkamst?«

Gerder zieht die Augenbrauen fragend hoch.

»Du wirktest ein wenig abwesend.«

»Ach ja?«

»Ja«, grinst Sonja, »du kannst nur schwer deine Emotionen verbergen. Dein Gesicht verrät immer alles. Zumindest mir.«

Und genau diese Eigenschaft ist es, von der sie sich von Anfang an angezogen gefühlt hat, wird ihr jetzt bewusst. Keine Verschlossenheit, Arroganz oder Rechthaberei, wie sie es oft bei anderen Kunden erleben und ertragen muss. Diese Frau ist anders. Sie strahlt, unabhängig von Äußerlichkeiten, allein aus sich selbst heraus. Sie ist eingehüllt in eine Aura ehrlicher Kraft und ungeschützter Feinsinnigkeit, die sie zugleich angreifbar und verletzlich macht. Gerder ist ihrer Meinung nach für eine andere Welt geschaffen, für eine Welt des Friedens und der Gemeinschaft. So wie sie selbst auch.

»Die Messe hat dir also nicht gefallen«, nimmt Sonja den Faden wieder auf. »Was hat dir denn gefehlt?«

»Herzlichkeit, Nähe und vor allem Fröhlichkeit.«

»In einem Gottesdienst?«

»Ja, natürlich. Wo denn sonst, wenn nicht dort?«

Wieder ist es die Weltfremdheit Gerders, die einen anderen Blick auf Gewohntes möglich macht.

»Ja, das stimmt. Vielleicht ist das auch der Grund für die vielfachen Kirchenaustritte? Vielleicht spüren die Menschen unbewusst oder auch bewusst, dass ihnen genau diese Attribute fehlen?«

»Mich hat der nüchterne Ablauf der Zeremonie erschreckt.«

»Rituale eignen sich besonders gut, um sich hinter ihnen zu verstecken.«

»Das könnte natürlich eine Erklärung für das Festhalten an ihnen sein.«

»Rituale geben außerdem Halt«, grübelt Sonja weiter, »weil sie vertraut sind und immer gleichbleiben. Man fühlt sich sicher und hat gleichzeitig das beruhigende Gefühl, etwas für sein Seelenheil getan zu haben.«

Gerder schluckt. »Ist das eine Vermutung oder eine Tatsache?«

»Ich befürchte, es ist eine gelernte Gewohnheit.«

In den nächsten Minuten verzehren beide gedankenverloren ihren Kuchen.

»Mich hat auch die Humorlosigkeit erschreckt. Alles wirkte so ernst und düster.«

Sonja antwortet nicht.

»Alles, was vom Herzen kommt, ist doch von Freude durchdrungen, geradezu herzzerreißend beglückend. Und dieser Funke der Freude und des Glücks müsste doch von einem zum anderen springen und jeden infizieren.«

Gerder hat sich ein wenig in Schwung geredet, während Sonja sich jetzt ein Lachen nicht mehr verkneifen kann.

»Das mag früher mal so gewesen sein, ich hoffe es jedenfalls. Heute ist von dieser Euphorie der Herzen nichts mehr zu spüren. Und ja, dadurch ist viel verlorengegangen.«

»Existentielles«, sagt Gerder traurig. »Wie konnte das geschehen?«

»Geld und Macht«, antwortet Sonja trocken.

»Geld und Macht«, wiederholt Gerder bekümmert. »Dann sollten nur Menschen mit Tiefgang nach Geld und Macht streben.«

»Leider ist es in meist umgekehrt.«

»Aber mit Geld könnte man Vieles bewegen und vielleicht auch zum Guten wenden, oder?«

»Es würde helfen, Manches zu verändern, das ist richtig.«

»Darf ich fragen, in welcher Konfession du dein Glück suchst?«

Sonja lächelt. »Ich bin katholisch erzogen worden, habe aber schon vor Jahren erkannt, dass ich in keiner Religion ein Zuhause finden kann. So bin ich aus der Kirche ausgetreten, ohne es jemals bereut zu haben. Und du?«

»Ich gehöre auch keiner Konfession an.«

»Und wo hast du dein Glück gefunden?«

»Tief in mir selbst. Ich könnte auch sagen, im Universum oder in meiner Verbundenheit zur Natur.«

»Ich verstehe, was du meinst. Das ist auch mein Weg, den ich allerdings noch nicht so weit gegangen bin wie du.«

Gerder schaut auf die Uhr an Sonjas Handgelenk. Es wird Zeit für den Abschied.

»Du wirst sicherlich auf deinem Weg noch viel Glück erfahren.«

»Was macht dich da so sicher?«

»Weil du mit deinem Herzen denkst. Und das ist immer der richtige Weg.«

In diesem Augenblick tritt Alex an ihren Tisch.

»Darf ich den Damen noch etwas bringen?«

»Leider nein, ich muss mich jetzt verabschieden«, sagt Gerder. »Würdest du mir bitte noch zwei Streuselbrötchen einpacken? Für später?«

»Aber gerne«, antwortet Alex und läuft zurück in die Küche. Gerder greift in ihre Handtasche.

»Nein, nein, lass nur, Gerder, du bist eingeladen. Bitte mach mir die Freude.«

»Vielen Dank«, antwortet Gerder und spürt plötzlich den gefalteten Lottoschein in der Hand. »Der ist für dein persönliches Glück«, sagt sie und drückt ihrer jungen Freundin den

Zettel in die Hand. »Vielleicht denkst du ab und zu an mich, an unsere Gespräche und an die Hoffnung.«

»Jetzt weiß ich, was du bei uns gesucht hast«, sprudelt es plötzlich aus der jungen Frau heraus. »Es ist das Gute in den Menschen«.

»Und ich weiß auch«, flüstert sie weiter in Gerders Ohr, »dass die Suche nicht vergebens ist. Das Gute ist noch da. Nur ein wenig abgetaucht.«

Während des Abschieds von den beiden jungen Leuten beobachtet Gerder zum letzten Mal das Auf- und Abhüpfen von Sonjas Nasenperle. Dann steht sie wieder auf der Straße mit einem schweren und leichten Herzen zugleich. Schwer wegen des Abschieds von den beiden und leicht, weil diese den Keim der Hoffnung in sich tragen, nach dem sie so unermüdlich gesucht hat. Während sie schnell um die nächste Ecke läuft, steckt sie die Tüte mit dem Kuchenteilchen in ihre Handtasche. Zusammen mit ihrem Geschenk für Amondo wirkt sie endlich ausgefüllt und wohlgeformt. Ob er sich über den Hut freuen und ihn tragen wird? Mit dem letzten Streuselbrötchen wird sie ihm auf jeden Fall eine große Freude machen. Gerder biegt auf den Marktplatz ein und ihre letzten Schritte werden vom Schlagen der Rathausuhr begleitet.

»Pünktlich auf die Minute«, hört sie Raffaels Stimme und spürt seine Erleichterung über ihr Kommen. Gerder lässt sich von ihm herzlich umarmen und zwei Begrüßungsküsse auf die Wangen drücken.

»Ich freue mich, dass du die letzten Tage ohne einen Schutzengel gut überstanden hast«, lacht er und hakt sich bei ihr ein. »Wollen wir ein wenig spazieren gehen?«

Ohne eine Antwort abzuwarten, führt er sie zu einem wartenden Taxi und hält ihr die Tür auf.

»Zum *Kasteel Hooge Bos*, bitte«, sagt er zum Fahrer und schon sind sie unterwegs.

»Da bin ich aber gespannt«, freut sich Gerder.

»Ich dachte, ich führe dich einmal aus der Stadt hinaus, denn in Aix hast du dir sicher zur Genüge die Füße platt gelaufen oder hast du dir gestern wieder ein Pedelec gemietet?«

»Nein, gestern war ich wieder zu Fuß unterwegs. Stell dir vor, ich kam zufällig an einem Piercing Studio vorbei und durfte sogar beim Stechen eines Tattoos zuschauen.«

»Tatsächlich? Und hast du dir selbst auch ein Motiv ausgesucht?«

Gerder liest sowohl Ungläubigkeit als auch etwas Schalkhaftes in seinem Gesichtsausdruck. »Leider konnte ich mich für keine Illustration entscheiden«, erläutert sie ernsthaft, »zu viele kamen in Frage.«

Raffaels hochgezogene Augenbrauen verraten etwas Unsicherheit. Offensichtlich traut er ihr so viel Mut oder Verwegenheit nicht zu.

»Findest du, dass ich zu alt für so etwas bin? Du schaust so komisch.«

»Auf keinen Fall bist du zu alt für ein Tattoo. Ich finde die Idee großartig.«

»Ja? Ich hatte an ein Piercing gedacht, weil das schneller geht. Ein Zungenpiercing vielleicht.«

Bei diesem Stichwort bricht Raffael in ein schallendes Gelächter aus, in das Gerder schnell einstimmt.

»Der Bluff war nicht schlecht, Gerder. Alle Achtung! Ich wusste gar nicht, dass du so gut flunkern kannst.«

»Ich auch nicht«, gluckst sie. »Hast du eigentlich ein Tattoo oder ist diese Frage zu persönlich?«

»Sie ist schon sehr privat und ich würde sie auch nicht jedem beantworten. Aber ja, auch ich habe ein Tattoo, und zwar auf meinem linken Unterarm. Möchtest du versuchen, das Motiv zu erraten?«

»Hmm. Vielleicht dein Sternzeichen oder eine alte römische Stele?«

Raffael lacht. »Nicht schlecht.« Er krempelt den Ärmel seines Hemdes hoch und hält ihr die Innenseite seines Unterarmes hin.

»Eine Sonnenuhr. Wie interessant. Wofür steht sie für dich? Es gibt sicherlich verschiedene Interpretationen«, mutmaßt Gerder und begutachtet die kleine blau-goldene Darstellung. »Sie ist wunderschön.«

»Ja, ich finde sie auch sehr gelungen«, sagt er leise. »Für mich ist sie das Symbol für Leben und Tod. Für die Unendlichkeit und gleichzeitig auch für die Endlichkeit. Immer wenn ich unruhig werde, aus welchen Gründen auch immer, schaue ich sie mir an und rufe mir ihre Bedeutung für mich in Erinnerung. So bleibt mir das Wichtigste unseres Daseins, der stetige Kreislauf des Lebens stets präsent.«

Verlegen rollt Raffael den Hemdsärmel wieder hinunter. »Entschuldige bitte, das klang jetzt bestimmt sehr pathetisch.«

»Nein, ganz und gar nicht. Mir gefallen sowohl das Motiv als auch deine Erklärung gut. Und ich danke dir für deine Offenheit. Bestimmt wirst du oft auf das Symbol angesprochen, oder?«

»Eigentlich nicht. Den meisten genügt es, das Motiv der Sonnenuhr zu erkennen. Oder sie sehen die Darstellung im Zusammenhang mit meiner Vorliebe für die Antike.«

»Das ist schade.«

»Ja, aber so sind wir Menschen halt. Apropos: Wir sind da!«

Während Raffael den Taxifahrer bezahlt, steigt Gerder aus und entdeckt eine herrliche alte Schlossanlage mitten im hügeligen Grünen. Die Gebäude sind weiß gestrichen und in Verbindung mit dem Grau der Dächer wirken sie leicht und elegant. Die beiden schreiten durch ein hohes schmiedeeisernes Tor.

»Früher verstand man noch zu bauen«, schwärmt Raffael.

»Natürlich ist alles mehrfach verändert worden, doch ich finde, dass das Anwesen seinen Charme erhalten hat. Es wird heute übrigens als Tagungs- und Wellnesshotel genutzt. Komm, ich zeig' dir den See.«

Das gesamte Areal ist eingesäumt von alten Bäumen, vorwiegend Kastanien, auch der See. Sie erreichen ihn schon nach wenigen Minuten. Ein gepflasterter Weg macht es möglich, ihn auch bei schlechtem Wetter trockenen Fußes zu umrunden.

»Ein Kleinod zwischen Wiesen und Feldern«, schwärmt Gerder.

»Das ist richtig. Von hier aus führen auch viele Wanderwege in die Umgebung.«

»Kennst du sie alle?«

»Nein, alle nicht. Aber etliche schon. Früher habe ich viele von ihnen mit meiner Frau erkundet.«

Gerder stutzt: »Du warst einmal verheiratet?« Bisher hatte er nur von seinem Beruf erzählt, doch nie sein Privatleben erwähnt, so dass sie irrigerweise davon ausging, dass er keines besitzt.

»Ich war zehn Jahre verheiratet, bevor meine Frau erkannte, dass ihr das Leben an meiner Seite zu langweilig war, und sich von mir scheiden ließ. Das ist jetzt fünf Jahre her.«

»Das muss sehr schmerzhaft gewesen sein.«

»Ja, und manchmal tut es auch heute noch weh.«

Gerder nimmt Raffaels Hand und drückt sie sanft. »Das Leben hält manchmal sehr große Herausforderungen bereit.«

»Das ist wohl wahr. Meine Frau hatte eine Sehnsucht nach Unternehmungen und nach der großen weiten Welt. Dort suchte sie ihr persönliches Glück.«

Schon wieder so viel Leid auf der Suche nach dem Glück. Ob es eine Möglichkeit für sie gibt, den Menschen einen anderen Weg, einen fruchtbringenderen aufzuzeigen?

»Einige Jahre lange habe ich versucht, ihr dieses Glück zu bieten, und auch selbst Gefallen an dieser Art Leben gefunden. In dieser Zeit waren wir sehr viel unterwegs, besuchten Museen und Theatervorstellungen in der ganzen Umgebung und musikalische Mega-Events, wie sie es nannte, in den großen Metropolen. Zusätzlich fuhren wir mindestens viermal im Jahr in den Urlaub zum Tauchen, Klettern, Segelfliegen, Surfen. Wir haben so ziemlich alles ausprobiert, was gerade im Trend lag und halbwegs bezahlbar war«, lacht Raffael. »Meine Frau war sehr sportlich.«

»Das klingt aber auch nach einer spannenden Zeit.«

»Auf jeden Fall war diese Zeit sehr aufregend und faszinierend, dennoch wurde mir irgendwann klar, dass sie mich auslaugte, dass mein Weg zur Zufriedenheit ein anderer ist. Ich stand ständig unter Strom und hatte völlig vergessen, meine eigene Ruhe zu finden. Ich habe wohl gespürt, dass die Füße, auf denen unsere Ehe stand, immer wackeliger wurden, so dass ich versuchte, Miriam so viel wie möglich recht zu machen und ihren Wünschen entgegenzukommen.«

»Trotzdem hat eure Ehe nicht gehalten«, stellt Gerder traurig fest und bleibt stehen. Sie zeigt auf die gegenüberliegende Seite des Sees, wo sie ein kleines Bistro mit einer großen Sonnenterrasse entdeckt hat. Mehrere Tische sind besetzt, alle mit Pärchen.

»Und dennoch scheint die Zweierbeziehung die Idealvorstellung der Menschen zu sein.«

»Vielleicht ist sie in der Natur so angelegt. Schließlich dominiert auch in der Tierwelt das Paarverhältnis.«

»Wenn das so ist, müsste es doch auch eine Zauberformel für das Bestehen einer Beziehung geben, oder? Ich kann mir nicht vorstellen, dass die Natur etwas einrichtet, das von vornherein zum Scheitern verurteilt ist.«

Raffael lacht. »Die gibt es bestimmt auch, nur schauen wir nicht mehr genau hin oder suchen nicht nach ihr.«

»Wie meinst du das?«

»Meiner Meinung nach besteht das Grundgerüst einer jeden guten Beziehung aus Ausgewogenheit.«

»Du meinst, das gleiche Recht für jeden.«

»Das ist zu kurz gegriffen. Du kannst dir sicher vorstellen, dass ich mir in den Jahren nach unserer Trennung sehr viele Gedanken zu dem Thema gemacht habe.«

»Es ist ganz natürlich, dass man nach den Gründen für diesen Schritt sucht.«

»Das auch. Aber anfangs habe ich immer nach einem Schuldigen gesucht.«

»Auch das ist verständlich.«

»Doch nicht sehr hilfreich. In diesem Prozess ist mir dann klargeworden, dass unser Blickwinkel in der modernen Welt viel zu sehr nach außen gerichtet ist. Immer stehen Leistung, Geld, Freizeit und Spaß im Vordergrund. Und dabei geraten wir selbst mehr und mehr in den Hintergrund, ohne es zu merken.«

»Wenn ich das mal auf deine Ehe mit Miriam beziehe, dann hast du deine eigene Sehnsucht immer mehr außer Acht gelassen.«

»Ganz genau. Ich hatte verlernt, nach innen zu schauen auf das, was mir viel bedeutet, auf das, was den Wert meines Lebens ausmacht, mich zufriedenstellt und glücklich macht.«

»Du hast vergessen, dein Herz mit in dein Leben zu holen.«

»Das klingt gut. Ja, genauso war es.« Vorsichtig legt Raffael seinen Arm um Gerders Schulter und führt sie zu einer Bank, von der sie einen herrlichen Ausblick in die Umgebung genießen können. Nachdem sie sich dicht aneinandergeschmiegt hingesetzt haben, nimmt er den Gesprächsfaden wieder auf.

»Und genauso war es auch auf Miriams Seite.«

»Nur dass sie ihre Wünsche größtenteils ausgelebt hat.«

»Ja, vielleicht. Vielleicht aber auch nicht? Vielleicht ist auch sie vor sich selbst davongelaufen? Vor der Ruhe oder Unruhe in ihrem Inneren. Ich weiß es nicht, weil wir uns nie darüber unterhalten haben. Wir haben nie wirklich nach uns gesucht. Es ging immer um die Befriedigung äußerer Bedürfnisse, nie um unser tiefes inneres Sehnen. Es ist so viel im Alltag versandet.«

»Du meinst, dass auch sie ihr Herz nicht in ihr Leben geholt hat. Eventuell.«

»Unser Leben heute wird von klein auf von unseren Herzen weggeführt. So sehe ich das inzwischen. Wir werden vollgestopft mit Leistung und Wissen und sogar mit Egoismus. Daran wird fast alles gemessen, nicht nur im Beruf, sondern auch in der Freizeit und in der Familie. Wenn du als Kind nur diese Parameter kennenlernst, gelingt es dir nur mit Mühe, eine andere Ausrichtung zu finden und auch zu leben.«

»Und zu lieben.«

»Und zu lieben«, wiederholt Raffael. »Und in diese Lücke sind in steigendem Ausmaß die Medien getreten. Film und Fernsehen stillen immer mehr unsere emotionalen Bedürfnisse, denn zu Hause ist kaum noch Zeit dazu, weil wir ständig in Bewegung sind. Kannst du dir das vorstellen?«

»Nur schwer«, überlegt Gerder. »Als ich im Kinopalast war, habe ich aber nicht nur Liebesfilme gefunden, sondern viele Plakate mit Krieg und Gewalt.«

»Die emotionalen Facetten werden natürlich nicht nur in Liebesfilmen ausgelebt, sondern auch in den anderen Kategorien. Aber es stimmt, leider spielt auch die Gewalt eine immer größere Rolle in den Filmen.«

»Ich verstehe nicht, warum? Sie scheint mir verherrlicht zu werden. Nicht nur in Filmen, sondern auch in unglaublich vielen Büchern, was mich immer wieder erschreckt.«

Über ihnen zieht ein Greifvogel, vielleicht ein Bussard, seine kreisenden Schleifen. Offensichtlich hält er Ausschau nach einer aussichtsreichen Beute. Beide sind fasziniert von seinem anmutigen Flug, der die Harmonie zwischen Tier und Thermik nicht deutlicher hätte zeigen können.

»Die Erklärung liegt vielleicht in der Natur«, antwortet Raffael, den Blick weiter nach oben gerichtet. »Die Pflanzenwelt schenkt uns ihre Fähigkeiten und ihren Reichtum uneigennützig und aus einer inneren Bestimmung heraus. Sie richtet sich nicht nach irgendwelchen Maßstäben aus. Ihr Dasein begründet sich aus dem Da-Sein. Also aus dem Sein generell und aus dem Sein im Augenblick.«

»Ich verstehe. Und die Tierwelt?«

»Bei den Tieren ist es genauso. Sowohl Flora als auch Fauna leben aus einer tiefen Verbindung zum Urgrund ihrer Existenz.«

»Du magst nicht von Seele sprechen?«

»Der Begriff Seele ist leider sehr verschlissen und wird überwiegend mit Religion in Verbindung gebracht, daher benutze ich ihn nur ungern. Für mich jedoch hat alles eine Seele.«

»Das habe ich verstanden, doch wie schlagen wir jetzt den Bogen zurück zur Gewalt. Das wir Menschen gewalttätig sind, beweist ja die Geschichte zur Genüge, darüber müssen wir nicht diskutieren. Doch unsere freiwillige Beschäftigung mit Brutalität und Leid kann ich nicht nachvollziehen. Ist unser Leben so langweilig geworden? Oder lebt in uns eine Sehnsucht nach Gewalt?«

Gerder freut sich, dass es ihr so leicht gelungen ist, sich selbst in den Reigen der Menschen einzureihen.

»Ein interessanter Gedanke«, antwortet Raffael. »Vielleicht ist es so? Ich weiß es nicht, denn ich empfinde diese Sehnsucht nicht und habe es nie getan. Ich bin mir allerdings sicher, dass sich die Menschen nach Macht sehnen. Und in jeder Gewaltausübung geht es im Grunde genommen um die Ausübung von Macht. Welche Kräfte oder Mächte im

Unbewussten auch die friedliebenden Menschen zum Konsum von entsprechenden Filmen und Büchern drängen, kann ich beim besten Willen nicht sagen. Aber auch ich empfinde es als besorgniserregend.«

»Spielt die Macht auch im Zwischenmenschlichen eine Rolle?«

»Auf jeden Fall. Du erkennst es schon daran, dass jeder immer recht haben möchte. Schon in kleinen unbedeutenden Dingen.«

»Dann liegt dort vielleicht der Schlüssel für vieles Ungute begraben?«

»Ganz bestimmt. Aber Gerder, mein Liebe, welch ein schweres Thema an einem so wunderbaren Tag.«

»Ich würde unser letztes Treffen auch gerne mit etwas Erfreulichem abschließen«, sagt Gerder leise.

»Heißt das, dass du schon bald gehen musst?«

Während ihres interessanten Gespräches ist Gerder immer klarer geworden, dass sie den Abschied von Raffael nicht länger hinausschieben darf. Jede Verzögerung würde ihn erschweren und sie möchte ihrem lieben Freund keinen unnötigen Schmerz zufügen oder gar Hoffnungen in ihm wecken, die sie nicht halten kann.

»Ja, das heißt es«, antwortet sie daher. »Ich bringe dich noch zur Gartenterrasse. Dort kannst du einen Kaffee oder ein Glas Wein trinken, während ich mich auf den Weg mache.«

»Es tut mir so leid, jetzt haben wir nur über mich gesprochen.«

»Das kommt dir nur so vor«, sagt Gerder und hakt sich bei ihm unter. »Lass uns gehen.«

Omega

Eine sanfte Brise weht über den See. Gerder beobachtet die feinen Kräusel auf der Wasseroberfläche, die sich irgendwann in der nassen Tiefe verlieren. Ihr Lieblingsplatz ist genau der richtige Ort, sich zu sammeln, bevor sie versuchen wird, ein Treffen mit Omega zu vereinbaren in der Hoffnung, dadurch einen anderen Ort als die Müllkippe auswählen zu können. Die Erinnerung an diese Halde mit ihrem Geruch oder besser gesagt Gestank und den ekelerregenden Hinterlassenschaften der Menschen raubt ihr noch immer jeden klaren Gedanken und vor allem jede Hoffnung. Nein, dieses Mal möchte sie sich gut vorbereitet und ausgeruht wissen. Denn nur so wird es ihr gelingen, ihre Energie zu bündeln und ihre Chancen zu nutzen.

Doch was soll sie Omega sagen? Einerseits hat sie viele - Waren es wirklich viele? - positive Ansätze gefunden, vor allem so liebe Menschen, die es wert sind, sich für sie einzusetzen. Andererseits scheint es sich dabei um Individualisten und nicht um die breite Masse, den Ottonormalverbraucher zu handeln. Und gerade die Menge muss von einem Umdenken überzeugt werden. Ja, mit dieser Einstellung hat Omega wohl recht. Nur wenn diese ihre Kraft einsetzt, kann es gelingen, noch rechtzeitig Maßnahmen zu ergreifen, um den endgültigen Zusammenbruch ihrer Balance zu verhindern. Zu große Schäden sind bereits entstanden.

Gerder atmet schwer. Sind denn nur die lieben Menschen lebenswert? Haben nur sie einen Anspruch auf Überleben? Eine gute Frage. Wie würde Amondo sie wohl beantworten? *Sie haben dieses Recht selbst verwirkt*, wäre seine Antwort, da ist sich Gerder sicher. Und genau das ist der Grund dafür, dass sie Omega treffen möchte, ohne sich mit ihrem besten Freund vorher noch einmal beraten zu haben. Schließlich geht es um ihre Zukunft mit den Menschen, die Amondo ohnehin schon abgeschrieben hat. Sie bräuchte jetzt die Unterstützung von Befürwortern, um gute Argumente zu sammeln. Er wird ihr hoffentlich verzeihen.

Was haben ihr die Tage unter den Menschen gebracht? Sie fühlt sich heute genauso zerrissen wie zu Beginn ihrer Mission. Leider ist das kein Erkenntnisgewinn zur Sachlage, sondern ihr emotionaler Zustand. Natürlich ist dieser ernst zu nehmen, doch er hilft ihr nicht dabei, Omega zu überzeugen. Dazu braucht sie Fakten. Fakten, ja. Hat sie denn welche gefunden? Sie versucht, ihren Gemütszustand beiseite zu schieben und sich auf die gewonnenen Sachinformationen zu konzentrieren. Was ihr sehr schwerfällt, da diese Art zu denken nicht ihrem Naturell entspricht. Von Beginn an hat Amondo in Krisensituationen für sie diesen Part übernommen. Doch was nützt alles Lamentieren? Sie hat es schließlich so gewollt und wird doch wohl in der Lage sein, ein Projekt objektiv zu beurteilen.

Also, es gibt durchaus vielversprechende Ansätze, redet sie sich Mut zu. Zum Beispiel der Friseursalon von Elena und Cornelia, wie heißt er gleich? Ach ja! LOCKE 'n KOPF. Die beiden Frauen beweisen so viel Mut und Zuversicht, gegen den Strom zu schwimmen und ausschließlich Bioprodukte einzusetzen und zu verkaufen. Oder Paul, der kleine Rotschopf aus dem Klinikum, der seine Eltern nicht mit seinen eigenen Sorgen belasten wollte. *Hast du nicht selber von einem gestörten Vertrauensverhältnis zwischen dem Jungen und seinen Eltern gesprochen?*, hört sie Amondos Einwand. Bestimmt nicht, eher für sein hohes soziales Empfinden, wehrt sie sich gedanklich und schiebt seinen Einspruch beiseite. Was noch? *Wenn du so lange überlegen musst, ist doch schon der Wurm drin.* Wieder kann sie Amondos Stimme nicht verdrängen. Sie lacht. Wie schafft er es nur immer wieder, sich bemerkbar zu machen, ohne anwesend zu sein? Sind sie bereits so eng miteinander verbunden? Egal, weiter.

Gerder lässt die Ereignisse der letzten Tage Revue passieren. Was ist mit dem Stadtstreicher, der sich für eine schwierige Lebensweise außerhalb von Leistung und Konsum entschieden hat? Kaum, dass sie diesen Gedanken zu Ende gebracht hat, wird sie von einem heftigen Lachanfall aufgerüttelt. Erschrocken dreht sie sich um, weil sie Amondo hinter sich vermutet, doch sie ist immer noch allein. Also gut. Den Clochard sollte sie schnell vergessen, obwohl – na ja. *Was ist denn mit dem Busfahrer, den du mitsamt Fahrzeug und aller Insassen in eine Erdgrube steuern wolltest?* Jetzt reichts mir langsam. *Oder mit den Alten, die alle Zeit der Welt haben und nichts mit ihr anzufangen wissen?* Hör auf, Amondo, sagt sie in die Stille hinein und schiebt schmollend ihre Hände in die Taschen. Im Grunde genommen muss sie ihm zustimmen. Seine Argumente sind durchaus berechtigt und verdienen eine genauere Betrachtung, zu der sie allerdings nicht bereit ist. Sie braucht positive Fakten, die nicht mit einem Handstreich weggewischt werden können. Und wenn Amondo das so leicht gelingt, wird Omega sie erst gar nicht ausreden lassen.

Schweren Herzens sackt sie in sich zusammen. Was soll sie tun? Aufgeben? Sie muss etwas übersehen haben. Aber wo? Oder was? Wie sie das Blatt auch dreht und wendet, sie kann keine Ansätze finden, die stark genug wären, Omega zu überzeugen. Und ihr Hoffnungsargument, dass sich die Menschen durch ihre rasante technische Entwicklung selbst überflüssig machen, lange bevor die natürlichen Ressourcen ihres Planeten versiegen und ihnen die Lebensgrundlage entziehen, hat die BRUDERSCHAFT selber bestimmt schon in allen Facetten durchdacht und durchgespielt. Ihre Weitsicht sollte sie keinesfalls unterschätzen.

Wenn sie ehrlich ist, muss sie leider zugeben, dass ihre Lust, sich mit den Belangen der Menschen auseinanderzusetzen, versiegt ist. Sechs Tage lang hat sie sich fast ausschließlich mit ihnen beschäftigt und viel Energie darauf verwendet, sie zu verstehen. Nicht nur ihre Lebensweise, vor allem auch ihr Denken. Jetzt, wo ihr klar wird, dass diese Zeit dafür nicht ausgereicht hat, wird ihr auch bewusst, dass sie kein Interesse mehr daran hat, weitere Anstrengungen zu investieren. Warum soll sie sich so stark für die Existenz der Menschheit bemühen, wenn diese es selbst nicht für nötig erachten? Sie hat nicht herausfinden können, ob Ignoranz oder Dummheit dafür verantwortlich sind. Oder Gier? An dieser Stelle ihrer Überlegungen hat sie eigentlich eine Zustimmung oder einen Kommentar von Amondo erwartet, doch beides bleibt aus und auch darüber will sie sich im Augenblick keine Gedanken machen.

In den Taschen ihres Sakkos sind beide Hände zu einer Faust geballt. Entspanne dich endlich, es ist vorbei, beruhigt sie sich. Lass einfach geschehen, was geschehen soll. Als sie ihre Hände lockert, spürt sie einen leichten Stich am linken Handrücken und zieht ein kleines Kärtchen aus der Tasche. Es ist ein Bild. Genauer gesagt eine Fotografie von Raffael und ihr. Das Selfie, erinnert sie sich strahlend und streichelt über die glänzende Oberfläche. Dann dreht sie es um und liest:

Für eine ganz besondere Frau, die ich hoffentlich bald wiedersehen werde. Dein schwarzer Schutzengel. Darunter stehen seine Adresse und zwei Telefonnummern.

Raffael hat die Hoffnung noch nicht aufgegeben. Gerder ist zu Tränen gerührt. Der Abschied von ihm war unangemessen kurz und doch war es richtig so, denn sie hat gespürt, wie er von Augenblick zu Augenblick mehr gelitten hat. Und auch ihr eigenes Herz ist immer schwerer geworden. Wie stark die Emotionen auf das Leben der Menschen einwirken. Zumindest diesen Punkt kann sie jetzt gut nachvollziehen und vielleicht, überlegt sie, vielleicht kann sie ihn sich auch zunutze machen? Wenn sie also bei ihren Menschen einen Sinneswandel hervorrufen möchte, scheint es wohl klüger zu sein, diesen Aspekt mit einzubeziehen, also die Zerstörung ihrer Lebensgrundlage mit einem direkten emotionalen Zustand zu verbinden. Könnte auf diese Weise das Ruder noch herumgerissen werden? Könnte sie mit dieser Idee Omega überzeugen? Sie braucht auf jeden Fall kraftvolle praktische Ideen dazu, die sich möglichst rasch umsetzen lassen. Ein wenig Hoffnung keimt in ihr auf, bis das Wort *Massenhysterie* in ihrem Kopf widerhallt. Schon wieder Amondo. Im ersten Augenblick ist Gerder von dieser Idee geschockt, obwohl sie sich noch nicht näher mit ihr beschäftigt hat. Doch jegliche Form einer Panik löst negative Erinnerungen in ihr aus. Dennoch lässt sie dieser verrückte Gedanke nicht los. Eine Massenhysterie ist sicherlich für sie nicht der richtige Weg. Aber eine Masseneuphorie. Ja, das ist es. Eine Massenbegeisterung für die Rettung der Erde, für dieses gemeinsame Ziel, für ihre Zukunft.

Ein leises Knistern im Wald hinter ihr erweckt ihre Aufmerksamkeit. Für Amondo ist es noch viel zu früh und Rehe oder Hasen lassen sich nur selten an diesem Ort blicken. Gerade, als sie sich umdrehen will, hört sie eine vertraute Stimme.

»Welch ein wundervoller Tag, meine liebe Blue. Ich grüße dich von ganzem Herzen.«

Vor Schreck und Erstaunen bringt Gerder kein Wort heraus. Es ist noch viel zu früh für ein Treffen mit Omega. Sie ist ja noch gar nicht fertig mit ihrer Rückschau, geschweige denn mit der Herausarbeitung neuer Pläne. Unsicher schaut sie ihn an.

»Guten Tag, Omega,« stottert sie und während eines kümmerlichen Versuchs, sich zu sammeln, nimmt er neben ihr auf der Bank Platz, wo normalerweise Amondo sitzt. Ein ungewohnter Anblick und ein noch ungewohnteres Gefühl.

»Mir wurde zugetragen, dass du deine Mission in Aix la Chapelle beendet hast«, beginnt Omega das Gespräch.

»Ja, das ist richtig«, antwortet Gerder, »doch ich habe noch kein abschließendes Resümee gezogen.«

Seine Nähe irritiert sie. Auch dieses Mal ist er leger gekleidet. Den schwarzen Leinenanzug hat er gegen einen naturfarbenen ausgetauscht, der einen wunderbaren Kontrast zu seinem schwarzen Shirt darunter bildet, das wiederum bis zur kahlen Brust aufgeknöpft ist. Wieder fragt sie sich, ob Raffaels Brust stark behaart ist? Erschrocken verscheucht Gerder diesen Vergleich sofort in der Hoffnung, dass Omega ihn noch nicht registriert hat. Zumindest lässt er sich nichts anmerken.

»Ich habe mir überlegt, dir bei deiner Schlussbetrachtung ein wenig behilflich zu sein«, antwortet er ungerührt. »Das ist dir doch recht, oder?«

»Natürlich«, antwortet Gerder schnell, bevor sich in ihr ein kritischer Gedanke auf den Weg machen kann.

»Du siehst übrigens großartig aus. Die Menschen scheinen dich inspiriert zu haben.«

Da Gerder sich müde und abgespannt fühlt, kann sie Omegas Kompliment im ersten Augenblick nicht nachvollziehen. Erst als sie auf seine nackten braunen Füße schaut, die wieder in den schwarzen Mokkassins stecken, wird ihr bewusst, dass er ihre neue Kleidung meinen muss, an die sie sich schon so sehr gewöhnt hat, dass sie ihr gar nicht mehr neu erscheint.

»Danke«, antwortet sie freudlos, denn ein leichter Ärger über sein viel zu frühes Erscheinen lässt sich einfach nicht unterdrücken. Keine gute Ausgangssituation für ein erfolgreiches Gespräch. Sie reißt sich zusammen.

»Das stimmt, Omega. Ich habe mich neu eingekleidet, um nicht unangenehm aufzufallen.«

»Bist du denn unangenehm aufgefallen?«, fragt Omega neugierig und um die Situation ein wenig aufzulockern. »Das kann ich mir bei einer so schönen Frau wie dir überhaupt nicht vorstellen.«

»Nun ja«, zuckt Gerder mit den Schultern, »es genügte schon, dass mir die Lebenssituation, also der Alltag der Menschen sehr fremd geworden ist. Da wollte ich mich wenigstens äußerlich anpassen.«

»Ich kann nur wiederholen, dass du blendend aussiehst. Der neue Look steht dir ausgezeichnet.«

Wieder ist es Omega leichtherzig gelungen, seine Kompetenz unter Beweis zu stellen und ihr zu zeigen, dass er sowohl mit der augenblicklichen Mode als auch mit der modernen Ausdrucksweise auf der Erde vertraut ist.

»Erzähl' mir bitte von den Veränderungen.«

Gerder atmet tief durch. »Das Leben der Menschen hat seine Gemütlichkeit verloren. Es ist rasant schnell geworden. Daran musste ich mich erst einmal gewöhnen.«

»Wie ich dich kenne, ist dir diese Anpassung mühelos gelungen«, schmunzelt Omega in Anspielung auf Gerders Temperament.

»Ja, doch, sie ist mir gelungen, jedoch nicht mühelos. Dazu ist in diesen hundert Jahren zu viel geschehen. Besonders die Industrialisierung hat ein Tempo vorgelegt, das beeindruckend ist. Wird man in diese Welt hineingeboren, wächst man in diese Geschwindigkeit hinein. Doch für mich gab es ein paar Herausforderungen.«

Ohne auf diese einzugehen, fragt Omega: »Kommen denn alle Menschen mit dieser Schnelligkeit zurecht? Oder anders ausgedrückt: Ist es möglich, auch eine andere Form des Alltags zu wählen?«

Gerder muss unwillkürlich an den Stadtstreicher denken, hat aber nicht vor, ihn zu erwähnen. Zumindest nicht freiwillig. Sie möchte Omegas Aufmerksamkeit unbedingt auf ihre neuen Freunde lenken, den einzigen Trumpf, den sie in der

Kürze finden konnte. Doch wie lässt sich dieses anstellen, ohne unhöflich zu sein? Omegas Frage nicht zu beantworten, ist keine Option.

»Die meisten Menschen haben sich gut akklimatisiert. Meiner Meinung nach genießen sie sogar ihren modernen Lebensstil.«

»Das heißt, sie sind gesund und glücklich«, resümiert Omega und schaut Gerder so tief in die Augen, dass die Konturen seines Gesichts vor ihr verschwimmen. Betreten greift sie nach ihrer Handtasche, um sie zu kneten. Was sie jedoch fühlt, ist eine ungewohnte Fülle, auf die sie sich einen flüchtigen Augenblick lang keinen Reim machen kann. Amondos Hut, fällt ihr dann ein und sie wünscht sich nichts sehnlicher, als dass er ihr jetzt mit seinem klaren Verstand beistehen könnte.

»Hast du nicht auch ein Krankenhaus besucht?«, hakt Omega nach.

»Ja, die größte Klinik der Stadt.«

»Und hast du den Eindruck gewonnen, dass sie nicht ausgelastet ist?«

»Es gibt noch weitere Spitäler in Aix und da sie schon seit Jahrzehnten Bestand haben, werden wohl alle gebraucht«, antwortet Gerder, froh darüber, etwas Alltägliches berichten zu können.

»Dann blühen die Menschen also nicht vor Gesundheit«, fasst Omega zusammen. »Kann es sein, dass ihre Art zu leben sie krank macht?«

Gerder stutzt. Wie ist es nur möglich, dass jede Frage Omegas zu einer Falle wird. Zumindest kann sie es nicht anders empfinden.

»Wie sieht es denn mit ihrem Glück aus?«

Und mit diesem unglückseligen Wort verliert Gerder jegliche Hoffnung und gibt ihren Plan auf, Omega von der Existenzberechtigung der Menschen auf ihrem Planeten zu überzeugen. Sie kann sich des Eindrucks nicht erwehren, dass er ihre Mission auf Schritt und Tritt beobachtet hat. Zwar kann sie sich daran erinnern, seine Präsenz am ersten Tag gespürt zu haben, doch anschließend ist sie so abgelenkt gewesen, dass sie nicht mehr auf solche Signale geachtet hat. Auf jeden Fall macht es keinen Sinn, ihm etwas vormachen zu wollen. Das wird ihr jetzt endlich bewusst. Und letzten Endes würde sie sich auch nur selbst täuschen.

»Glück ist ein hohes Gut bei den Menschen. Anders kann ich es nicht ausdrücken«, antwortet sie.

Omega hebt leicht irritiert seine linke Augenbraue, eine Geste, die Gerder sehr vertraut ist.

»Im Grunde genommen«, erklärt sie weiter, »sind sie ständig auf der Suche nach ihrem persönlichen Glück.«

»Darf ich auch erfahren, wo sie es suchen oder zu finden glauben?«

»Sie suchen es in ihrem Aussehen«, lacht Gerder, nach ihrer Entscheidung, die Rettung der Menschen aufzugeben, deutlich erleichtert und befreit, und zupft verschwörerisch an ihrer neuen Frisur herum. »Sie suchen es in ihrer Fitness. Und in ihrer Arbeit, besonders auch in dem, was sie sich für ihren Lohn kaufen können. Außerdem in Ablenkungen.«

»Worin bestehen ihre Ablenkungen?«

»In der Literatur, Filmen, Reisen, gutem Essen und Trinken ...«

»War es schwierig für dich, diese Dinge zu ergründen?«, unterbricht er ihre Aufzählung, die ihn zu langweilen scheint.

»Nein, nein, ganz und gar nicht«, erzählt Gerder immer freimütiger. »Niemand kann sich diesem Umstand entziehen, weil die Stadt voll von Geschäften mit entsprechenden Angeboten ist. Alles glitzert und blinkt wie in einer Weihnachtsstadt im Kindermärchen.«

Als Omega gemerkt hat, dass Gerder ihm nichts mehr vorzumachen versucht, hat er ihren Blick wieder freigegeben. Nun schaut er auf den See, der so friedlich vor ihnen liegt wie ein Kind im Schoß seiner Mutter.

»Was ist mit den Kindern?«, fragt Omega gedankenverloren.

»Sie wachsen so auf, dass sie in dieser Welt bestehen können.«

»Lernen sie die Bedeutung des Lebens schätzen in all seiner Tiefe und Großzügigkeit?«

»Das kann ich nicht beurteilen.«

»Wenn ich dich aber um eine subjektive Einschätzung bitte, wie sähe diese aus?«

Gerder überlegt lange. »Ich fürchte, dass die Familien so viel mit sich selbst und dem unruhigen Leben beschäftigt sind, dass diese Aspekte zumindest zu kurz kommen.«

»Ich danke dir für deine ehrliche Antwort, Blue. Mit deinen Schilderungen hast du unsere Theorie über die Menschen bestätigt. Natürlich ist uns bewusst, dass du in diesem kurzen Zeitabschnitt keine vertiefenden Erkenntnisse gewinnen konntest, doch uns interessiert natürlich besonders, ob sich dein persönliches Bild über die Erdlinge verändert hat? Kannst du jetzt klarer erkennen, wohin ihr Weg sie führen wird? Nämlich direkt zu deiner Zerstörung. Oder bist du da anderer Meinung, Blue?«

Nachdenklich schüttelt sie ihren Kopf, ohne darauf zu achten, dass Omegas Blick nicht auf sie, sondern in die Ferne gerichtet ist. Nach einer Weile des gemeinsamen Schweigens, beginnt sie erneut zu erklären.

»Trotzdem bin ich zutiefst davon überzeugt, dass die Menschen in ihrem Innersten Suchende sind.«

Omega dreht sich interessiert zu ihr um und lächelt. Dann beginnt er aufzuzählen. »Sie haben ihre Krankheiten nicht überwunden. Hast du dennoch eine innere Harmonie in ihnen entdeckt? Sind sie vereint mit der Natur? Erkennen sie das Paradies, das in ihnen, in jedem einzelnen von ihnen steckt? Das Paradies, das du ihnen schenkst? Ich weiß, dass sie intensiv nach Wissen streben. Doch streben sie auch nach persönlichem Wachstum? Ist es ihnen gelungen, ihr Ego zu überwinden oder wenigstens zu beherrschen oder füllen sie die Atmosphäre weiterhin mit ihrem Egoismus auf? Versinken sie immer noch in negativen Worten oder haben sie endlich begriffen, wie machtvoll Worte und Gedanken sind? Haben sie das richtige Maß für den Wert der Dinge gefunden? Wenn Leistung und Konsum zu ihrer neuen Religion geworden sind, wovon träumen ihre Seelen, Blue? Kannst du mir das erklären?«

Die Offenheit in seinem Augenausdruck hat sie schon immer berührt. Strahlt sie selbst auch diese Liebe und Ehrlichkeit aus? Ist es das, was Menschen wie Sonja, Alex und Raffael bei ihr wahrgenommen haben?

»Ich habe erlebt, dass sie sich an Traditionen und spirituellen Ritualen festhalten. Und in diesen Momenten öffnet sich vielleicht auch der schwere Vorhang, der ihre Seele umschließt. Doch konnte ich nicht den Eindruck gewinnen, dass diese Impulse eine anhaltende Wirkung haben. Leider.«

»Die Liebe zu sich selbst in ihrer negativen Form besitzt also immer noch alle Macht über sie, trotz der schweren Kriege und menschlichen Dramen und Verluste vor wenigen Dekaden. Sag mir bitte, Blue, wann und wo sind Ehrfurcht und Respekt der Menschen vor der Schöpfung verloren gegangen?«

Als Omega die aufkommende Verzweiflung in Gerder spürt, ergreift er ihre Hände. Sie fühlen sich kalt an.

»Habe ich etwas falsch gemacht?«, fragt sie, während langsam eine vertraute Kraft in ihr aufsteigt. Es ist ihre ureigene Energie, mit der das gesamte Universum ausgestattet ist und die Omega in ihr soeben wieder geweckt hat, in dem er ihre inneren Blockaden des Zweifels und der Hoffnungslosigkeit gelöst hat.

»Nein«, sagt er, »wir haben nichts falsch gemacht.« Und das WIR in seinen Worten macht sie glücklich. »Du fühlst jetzt die Kraft des Universums. Es ist deine Kraft. Es ist die Kraft, die in ALLEM steckt. Wir haben auch die Menschen mit ihr ausgestattet, damit sie ihr Denken und Tun entsprechend bereichern. Doch sie beten etwas an, das sich außerhalb ihrer Seele befindet.«

Als ihre Hände wieder warm geworden sind, gibt Omega sie frei und Gerder versucht, das wunderbare Gefühl der Berührung noch eine Weile festzuhalten. Sie weiß jetzt wieder, wohin sie gehört.

»Trotz all dieser Erkenntnisse habe ich auch wunderbare Menschen kennengelernt. Ich werde sie vermissen.«

Omega lacht und schaut auf das Foto in ihren Händen. »Ich habe dir doch schon bei unserem letzten Treffen erzählt, dass viele außergewöhnliche Menschen auf der Erde sind und versuchen, deutliche Zeichen der Liebe zu setzen. Jeder möchte auf seine Weise dazu motivieren, endlich zu leben, um zu *leben*.«

»Das ist schön ausgedrückt und gleichzeitig ein großes Ziel«, sagt Gerder.

»Ja, und es gelingt nur, wenn man die Sinnhaftigkeit der Worte begreift und versteht, was *Leben* bedeutet. Was es heißt, dieses Geschenk zu ehren, sich selbst zu ehren. Die innere Verbundenheit mit dem Universum zu spüren, um sein Dasein zu meistern und seine Bestimmung auszukosten.«

Unwillkürlich denkt Gerder an ihre menschlichen Freunde zurück. Jetzt allerdings ohne Sorge, sondern mit einem tiefen Gefühl der Verbundenheit.

»Und es geht nicht darum, in einem einzigen Leben die Welt zu verbessern«, präzisiert Omega. »Nachhaltigkeit ist nur in vielen kleinen Schritten möglich und jeder Schritt ist bedeutend, denn er ist ein Samenkorn, das tief in den Urgrund eingepflanzt wird. So entstehen Hoffnung und tief empfundenes Glück.«

Bei diesem Stichwort erinnert sich Gerder an den Lottoschein und weiß nun sicher, dass Sonja das Richtige mit ihrem Gewinn anstellen wird. Insgeheim freut sie sich darauf, dieses zu beobachten, egal wie das heutige Treffen mit Omega ausgehen wird. So oder so wird sie ausreichend Zeit haben, die Freunde noch eine Weile zu begleiten. Sie hat sich ohnehin vorgenommen, ihre Schützlinge in Zukunft regelmäßig aufzusuchen, allein, um sich selbst an ihnen zu erfreuen. Denn bei aller Kritik sind und bleiben sie ein Teil von ihr.

»Die BRUDERSCHAFT freut sich, dass du bei deiner Erkenntnis geblieben bist, für die Menschen einzutreten unter der Prämisse, das Gesamtgefüge des Universums nicht zu gefährden, und dich der Weisheit der BRUDERSCHAFT zu beugen«, mischt sich Omega in ihre Gedankenwelt ein. »Jeder einzelne von uns ist während deiner Mission noch einmal in sich gegangen, weil du alle mit deinem Enthusiasmus und deinem selbstlosen Einsatz für deine Spezies zum einen überrascht, zum anderen aber auch stark beeindruckt hast. Nach intensiven Diskussionen möchte die BRUDERSCHAFT die Möglichkeit nicht mehr gänzlich ausschließen, dass deine positive Kraft vielleicht doch noch einen Wandel herbeiführen könnte. Noch bleibt uns ein wenig, nun, nennen wir es Zeit, obwohl ich es eher die letzte Runde einer Endphase nennen würde. Die BRUDERSCHAFT hat ihren Plan, das Projekt Mensch zu beenden, zwar nicht aufgegeben, jedoch für den Augenblick verschoben. Schauen wir also, was deine Schützlinge mit diesem Geschenk anstellen.«

Gerder glaubt, sich verhört zu haben. Mit großen Augen schaut sie Omega an und ohne nachzudenken springt sie auf, um ihn zu umarmen. Nur ganz kurz, dann wird ihr die Unverfrorenheit ihres Tuns bewusst, doch auch Omega lacht und freut sich über ihre Ausgelassenheit. Er verfolgt ihre tanzenden Sommersprossen und bevor er sich in ihnen verlieren kann, gibt er ihr das Foto mit dem Schnappschuss zurück, das ihr bei der stürmischen Umarmung aus der Hand gefallen ist. Gerder schaut ein wenig beschämt zur Seite, doch Omega schmunzelt nur.

»Während dieser Frist, meine liebe Blue, werden dir weiterhin Verbündete unter den Menschen helfen. Wir haben beschlossen, zusätzliche Abgesandte zu schicken und sie mit sehr unterschiedlichen Aufträgen zu versehen. Die meisten von ihnen kennen ihre Mission nicht, dennoch wirst du sie ausfindig machen, denn sie sind anders als die Allgemeinheit. Oftmals nur in kleinen Dingen, doch sollen sie, wie bereits erwähnt, eigene Impulse setzen, um sich aus der Masse abzuheben und ihr den Spiegel ihres Tuns vorzuhalten.«

»Ich werde sie mit allen Mitteln unterstützen und vor allem immer wieder nach ihnen sehen«, verspricht Gerder und hätte am liebsten gefragt, ob auch Raffael zu diesen besonderen Menschen zählt, aber das wird sie wohl selbst herausfinden müssen. Ein leichtes Kribbeln unter ihrem Zwerchfell weitet sich aus.

»Und noch etwas, Blue. Die BRUDERSCHAFT hat mir aufgetragen, dich bei dieser Aufgabe intensiv zu betreuen. Ich hoffe, du vertraust mir genug, um wirklich alles mit mir zu besprechen. Auch wenn sich Probleme entwickeln sollten, die fatale Folgen nach sich ziehen könnten. In diesem Punkt erwarte ich deine uneingeschränkte Zusicherung. Kann ich mich darauf verlassen?«

»Ja, Omega«, antwortet Gerder von ganzem Herzen und überaus erleichtert. Ihr Blick gleitet über den See, dem die Sonne ihre letzten Strahlen spendiert. Und ganz in der Ferne auf der anderen Seite erkennt sie schon den zarten Schein ihres alten treuen Weggefährten. Sie weiß, dass auch Amondo sie unterstützen wird, wenngleich eher mit spitzzüngigen kritischen Analysen. Aufgeregt und zutiefst dankbar wendet sie sich Omega zu, um sich noch einmal bei ihm zu bedanken, denn sie weiß, dass er sich im höchsten Maße für sie eingesetzt hat, doch sein Platz ist leer.

Das Universum schaut und lacht:
Ihr seid doch frei. Ihr habt die Macht.

FSC
www.fsc.org

MIX

Papier | Fördert
gute Waldnutzung

FSC® C083411

Zeitfracht Medien GmbH
Ferdinand-Jühlke-Straße 7
99095 Erfurt, Deutschland
produktsicherheit@kolibri360.de